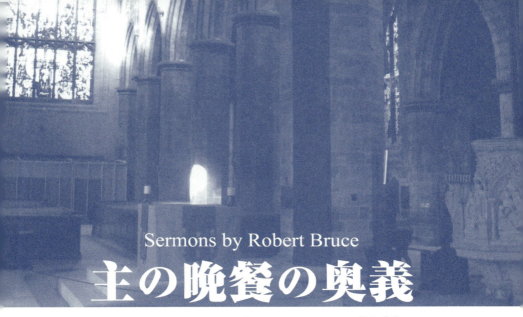

Sermons by Robert Bruce

主の晩餐の奥義
ロバート・ブルースの説教

THE MYSTERY OF THE LORD'S SUPPER
Edited by THOMAS F. TORRANCE

トーマス F. トーランス◆編

原田浩司◆訳

The Mystery of The Lords' Supper

by Robert Bruce in A.D. 1589

edited by
Thomas F. Torrance

tr. by
HARADA Koji

Copyright ©2005 by CHRISTIAN FOCUS PUBLICATIONS

Ichibaku Shuppansha Publishing Co., Ltd.
Sapporo, Japan
© 2025

Soli Deo Gloria

目　次

初版（1958年）への序文 ………… 4
2005年版への序文 ………… 7
はじめに　キンナードのロバート・ブルース略伝　ロバート・ウドロー ………… 9
国王ジェームズ6世への書簡（献呈の辞） ………… 35

五篇の説教

1　サクラメント全般について ………… 38
2　主の晩餐の特徴（一） ………… 78
3　主の晩餐の特徴（二） ………… 115
4　主の晩餐への備え（一） ………… 170
5　主の晩餐への備え（二） ………… 209

訳者あとがき ………… 245

初版(1958年)への序文

　サクラメント（聖礼典）をめぐるロバート・ブルースの古典的な説教集は，わたしにとってはたくさんの思い出の詰まった，少年時代の頃から欠かせない神学の糧の一つでした．わたしは家庭でその説教集を読むことによって養われ，後に神学生としてエディンバラ大学のニュー・カレッジに進学してからも，H. R. マッキントッシュ教授の強い薦めもあり，この説教集をより深く丁寧に学ぶ機会が与えられました．マッキントッシュ教授御自身が講じていた主の晩餐に関する講義内容の多くの部分がブルースの説教から数々の示唆を得たものであり，スコットランド教会におけるサクラメントの伝統のまさに核心部として，それらをこれまで以上に大切にすべきことを教わりました．1589年の2月と3月に，エディンバラの壮麗なセント・ジャイルズ教会ではじめて説教が語られてから300年〔現時点では400年〕以上にもわたって出版され続けている説教集は実のところ比較的に稀であり，しかもその教えは教会の信仰をかたちづくりながら，また主の食卓にあずかる教会の礼拝を伝えながら，教会の魂の深奥に浸透してきました．
　説教の初版にはスコットランド国王ジェームズ六世への献呈文が添えられ，1590年と1591年に出版されました．当時ブルースが使用した幾つものスコットランド訛りの表現をそのまま読者に紹介したいとの思いから，わたしはこの献呈文に加筆や修正を一切加えませんでした．説教は，ブルースの口から語られたまま書き留められ，加筆や修正が加えられることなく印刷されました．それらの説教をその当時語られた豊かな言葉遣いや力強さのまま読むことで，彼と同時代を生きた若きジョン・リビングストンの「わたしはロバート・ブルース師の説教を何度も聞いたが，個人的な感想を言えば，使徒たちの時代以降，これほど力強く語る者はいなかっただろ

う」との見解を正当に評価することができます．

　1614年に，説教の冊子は，ロンドンで刊行された際には「英語を話すための教材」として『主の晩餐の奥義』のタイトルのもとに出版されました．その3年後には，M. S. ミッチェルの英訳による改訂版が出版されると，さらに1591年には新たに11編の説教を初版に追加した説教集『真の平安と休息に至る道：敬虔かつ信仰深き御言葉の説教者ロバート・ブルース氏によってスコットランドにおける今日の御言葉の牧師たちのためにエディンバラで語られた，主の晩餐，ヒゼキヤの病，そして，他の聖書から選ばれた主題をめぐる16編の説教』がイングランドでも出版されました．

　この説教集のスコットランド語版は，1843年にエディンバラのウィリアム・カニンガムによって再版され，そこにはウドローによるブルースの略伝とともに，ブルースや他の人びとによるふさわしい諸文書や手紙なども多数添えられました．別の英語版では，サクラメントに関する最初の5篇の説教が，H. R. マッキントッシュ教授の前任者だったジョン・レイドロー教授の編纂によって1901年に出版されました．いずれの版にもウドローが記した評伝に基づく，ブルースの略伝が添えられています．

　1614年版の「主の晩餐の奥義」というタイトルのまま，現代語に訳した説教集を刊行することで，スコットランドの遺産のなかからこの宝物を次世代に引き継げることは，カニンガムへ，レイドローへ，さらにマッキントッシュへと歴代のニュー・カレッジの後継者として今のわたしがあずかれる特権です．この現代語訳の出版によって，これまで以上にブルースの著作が広く読まれ，昔のスコットランド人の語りの活気と力強さを公正に判断していただき，また，正当に評価をしていただきたい，とわたしは切望します．研究者たちはきっと元の原典に遡りたいと思うでしょう．今回の版は，あいにく研究者たちのためではなく，説教が最初に聴き手として語られた人たちの後継者である一般の教会員のためのものです．わたしはできる限り原本に忠実であることを心掛けて，ブルース自身の独特な文体を保ちつつ，他方では，今日の基準に即して，語られている論点をよりいっ

そう鮮明にするために，またくり返しが不要と思われる箇所を割愛するなど，最小限，ところどころで思い切って節や文を自由に再構成しました．ブルースがおこなった聖書引用はジュネーヴ版からのものでしたが，わたしたちに馴染みのあるジェームズ王欽定版および改訂版から引用しました（※日本語版では「聖書協会共同訳」を採用）．

　本書は E. R. オルブリヒト夫人が，忍耐強く，またとても注意深く，わたしの自筆原稿をタイプで入力するのを手伝ってくれたおかげであることを，加えて言及させていただきます．

1957 年 7 月
エディンバラ　ニュー・カレッジにて
トーマス・F. トーランス

2005年版への序文

　主の晩餐をめぐるロバート・ブルースのこの主要な著作の再版を，ラザフォード・ハウスから出版することを寛大にも許可してくださったT. F. トーランス教授に心より感謝いたします．さらに，クリスチャン・フォーカス社のウィリアム・マッケンジー氏に，共同出版社となることに合意していただき御礼申しあげます．そのおかげで，可能な限り広範囲に本書を配給できるようになりました．トーランス教授による原典からの現代英語訳は，1590年の初版のまま何ら変えられてはいません．ただ，二か所に小さな註を加え，そして，幾つかの長い段落の文章の合間に，重要な神学内容について，ブルースが注意深く語ったことがわかりやすくなるようにとの願いから，ところどころ本文中に，読者の道標として，その箇所に応じて小見出しを挿入しました．

　わたし自身にとって，スコットランド教会での二か所めとなる任地は，1626年にブルースが新しい牧師館を建てたと考えられている「ラーバートの旧教会」でした．その牧師館はスターリング州内では居住者のいる最古の建築物として今も健在で，今日では「旧牧師館」として親しまれています．ブルースはこの地で，1625年から彼が逝去した1631年までの６年間，ほとんど廃墟も同然だった教会を再建することに献身し，定期的に説教を語り続けました．日曜日毎に，彼の力強い神の御言葉の宣教を聞くために大勢の群衆がラーバートに押し寄せてきたのも，何ら驚くことではありません．

　ブルースは，その最晩年に仕えた教会堂の説教壇の足もとに埋葬され，彼の墓標と並んで大きな石碑が設置されました．しかし，その教会の建物は，1820年に現在のグレゴリアン様式の立派な会堂への改築の際に

とり壊され，それによって，その墓石と目印は教会堂の屋根の傘下から外れ，雨ざらしの状態となり，深刻な損傷が生じてしまいました．そのため，わたしはブルースの直系の子孫であるエルギン伯に，新しい会堂の建物中に墓石を移し，保護してもらえるよう，許認可申請をしました．

その結果，今ではその墓石は教会堂の中央玄関の内側に移設され，そこにはラテン語で「*Christus vita et in morte luvrum*」[1]，つまり「生きることはキリストであり，死ぬことは益なのです」（フィリピの信徒への手紙 1:21）の文字が刻まれています．トーランス教授による本書の「序文」を読まれた方々は，その数々の言葉の妥当性を直ちに認めることでしょう．

この『主の晩餐の奥義』の第二版が 21 世紀のキリスト教会へのきわめて貴重な贈り物となり，その理解と実践にきっと意義のある貢献を果たしてくれるでしょう．

2005 年　エディンバラ
デイビッド・C. シール

---

1) そのラテン語は，フィリピの信徒への手紙 1 章 21 節のベザ版から引用されています．ベザ版は，ブルース自身が使用していたジュネーヴ版が依拠したものでした．しかし，言葉遣いが若干異なっており，おそらく石職人の仕事を助けるための修正によると思われます．ブルースが所持していたジュネーヴ聖書の写しは，今もエルギン伯が所有しています．

はじめに　キンナードのロバート・ブルース略伝

ロバート・ウドロー[2]

ロバート・ブルースは，ジョン・ノックスへ，そしてジェームズ・ローソンへと継承されたエディンバラのセント・ジャイルズ教会の後継者であり，これまでスコットランドに登場した福音の牧師たちのなかでも，最も敬虔で，力漲る牧師の一人でした．宗教改革がまさに起きようとしていたその直前の混乱期に誕生し，神の摂理により，キリストがその恵みと誠実さをもって設立される彼の国（であ

ロバート・ブルース肖像画

るスコットランド）での難しい役目が割り当てられ，飢え渇く大勢の人びとに福音を告げ知らせることに徹し，また教会と国家における陰謀や敵意の真っただなかで自らの誇りを貫き通すなど，教会はブルースに測りしれないほどの恩恵を受けています．スコットランドの宗教改革運動に，ノックスの指導下でも得られなかった安定と持続性が得られたのは，総じて言えば，ブルースの指導下のことでした．それとともに，ブルースの傑出した牧会のつとめをとおして，御言葉とサクラメントにおいて，またキリストの会衆への牧会的配慮においても，その福音主義的な伝統に恒久的な特徴が具わりました．

　ロバート・ブルースは，王家の血統を継ぐ，由緒あるスコットランドの

---

[2]　Robart Wodrow（1679 – 1734 年）は，グラスゴー大学の神学部教授だった父ジェームズのもとに生まれた．グラスゴー大学神学部で学んだ後，1703 年に牧師となった．16 – 17 世紀スコットランドの教会史家としてしられている．

一貴族（バロン），スターリング州のアース城主アレクサンダー・ブルース卿の次男でした．彼の母ジャネット・リヴィングストンはジェームズ1世の孫にあたり，ローマ・カトリックを堅く信奉していました．1568年，宗教改革の支持者の一人だった彼の父は，ロバートをセント・アンドリュースへと送り出し，セント・サルバトール・カレッジで人文学を学ばせました．当時，セント・アンドリュースでは，ジョージ・ブキャナン[3]がセント・レオナルド・カレッジの学長を務め，アンドリュー・メルヴィルがセント・メアリー・カレッジで教鞭をとっており，しかも1571年には後にブルースの盟友となるジェームズ・メルヴィルが学生仲間の一人としてやってきました．こうした諸々の状況のなか，ロバート・ブルースが教養学修士課程を学び始める直前の一年間は，いみじくもこの地で，説教と御言葉の教導に従事したジョン・ノックスにとっての人生の最後の年となった1572年であり，彼は改革派の教えの影響を強く受けないはずがありませんでした．ジャン・カルヴァンと同じく，ロバート・ブルースも法律を学ぶよう父親から期待されて，セント・アンドリュースからフランスや低地帯（つまり，現在のオランダとベルギーが占めるネーデルラント）へ渡り，特にルーヴェンでさらなる研鑽を積み重ねました．

　法律家としての手腕を身につけて大陸から帰国すると，彼は瞬く間に高い評判を博すようになり，その結果，ロバートの父は，彼がゆくゆくは司法大学の評議員になるとの期待を込めて，ラーバート近郊のキンナードの貴族領地を彼に譲りました．しかしこのとき，ブルースはすでに「内に働く力」によって，神学を学びたいとの高鳴る思いに惹き寄せられていたため，彼はその胸の内をメルヴィルに相談すると，間もなく彼は入学が許可され，押し迫る良心の呵責に苛まれながら，葛藤の渦中に飛び込んでいき

---

3)　Geoge Buchanan（1506－1582年）は，人文主義者として知られた学者，教育者，そして詩人．当時においてスコットランドで最も傑出した学者と評価されている．

ました．司法に対する彼の高度な感性と誠実さが，エディンバラの廷臣の一員になるよう強いられる人生に反発し，それとともに，教会に仕えるために自らの人生を献げて，彼をその指導者たらしめたことは明らかです．彼の両親はこうした経緯に断固として反対したものの，最終的には，彼の父がしぶしぶ黙認する形で，彼はセント・アンドリュースに戻り，牧師となるために学び始めました．そのあたりのことが，1624 年の日付の文書の中でカルダーウッドとウッドローによって記録されているので，以下，ブルースに自らについて語ってもらおうと思います．

「わたしの牧師職への召命に関しては，牧師職への召命に従う前に，わたしはまず恵みに招かれました．神は，わたしを牧師とする前に，まずキリスト者にしてくださいました．長い間，わたしは自らに対する牧師職への召命に抗いました．少なくとも 10 年間は，自分の良心が自らに抗うことも公正に自らを責めることもせず，わたしは大胆な行動に出るようなことは決してしませんでした．ついに，1581 年 8 月の最終日の夜，神を喜ばせることが起きました．それはわたしがアースの家に設けた新しい屋根裏の寝室で身を横たえていたときのこと．心の内で，わたしの良心において公正にわたしを咎めるため，神はわたしのすべての罪をわたしの前に明らかにし，しかも，そのときの諸々の状況についてはまったく考慮してはいただけず，それらを犯したときと場所をわからせては，わたしの良心ができるだけ詳細に自分がそれらを犯したときのことを自覚できるようにしたのでした．神は悪魔に実際に耳で聴きとれるしかたでわたしを非難させ，わたしはいまだかつて聞いたことがないほど生々しく悪魔の声を聞きました．そのとき，わたしは眠って（夢を見て）いたのではなく，はっきりと目覚めていました．悪魔が真実を告げる限り，わたしにとって明らかに非常に不利な証言でも，わたしの良心はわたしを試みる悪魔の言葉を記憶に留めました．ですが，悪魔が虚偽の批判者となり，わたしがまったく犯してもいない罪について告発を並べ立てたとき，わたしの良心は悪魔を見限り，悪魔の証言を斥けました．しかし，真実だった告発においては，わたしの良心は自らを責め，その責め苦はわたしを悩ませ，わたしは自分を押し潰そうとする神の逆鱗を感じずにはいられなくなり，本当にわたしは奈落の底に突き落とされるように感じたのです．実際，わたしはこれまでに自分がしてきたことに満足して

きた自分を思うと，あまりにも恐ろしくなり，ひどく苛まれました．悪魔が真実を告げる限りは常に，わたしは罪を告白し，神に栄光を帰し，そして，キリストの恩恵ゆえに，神に憐れみを請うて嘆きました．わたしは，どんなときも，キリストの血と死と受難によって備えられている神の慈愛に訴えました．神の限りない慈愛をとおして，わたしの魂のために開かれたこの法廷は，わたしのための慈愛の法廷の場に変わりました．その夜の間，夜明け前，または太陽が昇る前に，神はわたしの良心を公正に非難する憤激や抗議を制圧してくださり，わたしは翌朝に起き上がることができました」．

「あの日の夜，わたしの傍らには牧師のつとめに従事するひとりの兄弟が身を横たえていました．わたしは自らの苦しい状況を彼の祈りに託しました．しかし，彼が慰めることのできない慰め手であることがわたしにはわかりました．この天罰は，わたしを天恵へと駆り立てた最初の出来事でした．このことが起こるまでの長い間，わたしは抗い続けてきましたが，これを機に，わたしはセント・アンドリュースにいるアンドリュー・メルヴィルのもとに行き，わたしを襲う苦しみを彼に打ち明け，わたしの嘆きのすべてを伝えようと決心しました．わたしが出発するまでに長い時間がかかりました．というのも，わたしが進もうとする道にわたしの母が数々の障壁を設けたからです．わたしの父は，わたしが幾つかの土地や権利を放棄することで，ついには威圧的な態度をとらなくなりましたが，母は頑なに反対し続けました．しかし，わたしは喜んで，自から法衣を脱ぎ捨て，自分の誉れや名声を捨てて，自分が所有する家も売却し，そして人生のすべてだった自分自身を捨てて，ニュー・カレッジに行きました．わたしが思い切って自らの口を開くまで，長い間，そこに留まっていました．わたしはとても内気で，恥らいとはにかみに悩まされていました．アンドリュー氏はわたしにエクササイズ[4]（聖書の講解と説教実習）に出席するよう求めましたが，わたしは敢えて出席しませんでした．しばらくして，わたしは個人的に聴講することに同意し，そしてある部屋に行ってみると，ジェームズ・メルヴィル氏とジョン・

---

4) エクササイズ（Exercise）とは，規律の書（1560/1年）の中ではじめて提示された各地区毎におこなわれる週に一度の聖書研究および説教の実習の集会である．エクササイズには牧師の他に，長老や牧師志願者も参加が促された．後の「プレスビテリー」の元型と見なされる会合である．

デュリー氏，そしてきわめて優秀な何人かが是非わたしの話を聞きたいと要請し，それ以降，わたしは彼らの食卓に加わるようになり，そしてついには，講義がおこなわれる教室に出席するようになり，やがて，大勢の人たちの前でわたしが聖書を解説する順番になりました．このことは今も存命の多くの人たちが証言してくれるでしょう」．

「ついに，1587年6月，わたしはアンドリュー・メルヴィル氏に伴われて，エディンバラで開催された教会全体総会に出席しました．当時，エディンバラは牧師不足で，総会議員たちは，他の人びとの名前に混じって，わたしの名も記載された牧師候補者の一覧表を作成し，彼らはそれを教会総会に提出しました．総会前のある日のこと，総会の議員たちの前でわたしが説教を披露すべきである，と彼らは主張しました．長時間に及ぶ彼らの説得の末，わたしは同意し，わたしはエフェソの信徒への手紙6章から，信仰の武具について解説しました．総会が会議を招集し，そこには大勢の人がいたのをわたしは覚えています．イングランド人のウダル氏もそこにいましたし，ほかにも大勢の外国人もいました．最後に，彼らは誰が任職されるのかを決める牧師候補者の一覧表について審議する段となりました．ほんの僅かに反対者がいたものの，事実上の全会一致で，わたしが選任されました．こうして，わたしの意志に反して，その責務がわたしに重くのしかかることになりました．というのは，同じ頃，わたしは，大学全体，そして大学を取り巻く地元の有力者たち全員の総意により，セント・アンドリュースから招聘状を受け取っていたからです．わたしはまだそれを証明できる彼らの署名入りの書状をすべて保管しており，わたしは間違いなく，セント・アンドリュースに行くことの方を好ましく思っていました．裁判所は自分の性にまったく合わないことがよくわかっていたので，わたしは裁判所には何の未練もありませんでした．

ですから，しばらくの間，わたしはエディンバラの兄弟たちの招聘を拒み続け，セント・アンドリュースに戻ったままでした．エディンバラの市長と市議会によって，わたしはただちに移送されたため，時間の猶予などまったくなかったことを，わたしは思い出しました．市長の娘婿のジェームズ・ダルジエルと，ほかにも数人が，わたしを連行しにやって来ました．わたしは行きたくはありませんでしたが，彼らはわたしを権力で脅してきました．そうして，わたしは神と話し合い，それに従うことが正しいと考えたのは，十分にその責務を担えるからではなく，主

がわたしの働きを祝福してくださるかどうかを見極めるべく，しばらくの間，その責務を担ってみようと思ったからでした．わたしは統治者なるお方の慰めの現臨（つまり，神の現臨）とわたしとの間に壁があることに気づかされました．もしこの障害物が破壊され，あらゆる邪魔が取り除かれることがなければ，わたしが自分に圧し掛かる重荷のすべてを受け止めることを神は喜んではくださらない，とわたしが考えていたことがその壁でした．ですから，時間が経つにつれ，わたしはついに同意し，それ以降は，わたしが追放されるまでの約12年間，エディンバラに留まり，そして今となっては，26年間にわたって罰を受けているのです．わたしはフランスに二度滞在しました．最初のときは，わたしが牧師に召される前のことで，そして二度めのときは，わたしが牧師になってから，ガウリ伯の師だったからです（ガウリ陰謀事件）．再びわたしを罰そうとする絶えざる試練と不安から，わたしはまだ解放されてはいません．

　主は，御自身の測りしれない慈愛において，わたしが自らの進路を見事に断ち切ること，しかも喜んでそうすることができるようにしてくださり，キリストにおける神の是認をもって，また良き分別の是認をもって，わたしの伝道のつとめを成就するために，信仰を保つためのよき戦いを戦えるようにしてくださいました．

†

　人生の晩年にさしかかったブルース自身によって述懐された，自らの生涯と牧会に関するこの簡潔な描写が，本書の説教を語った人物について奥深く，感動的な洞察をわたしたちにもたらします．幾つかの重要なポイントだけに絞って，とても興味深く確実な詳細を添えた素描を提示できましたので，ここでの目的は十分に果たせたと思います．

　ブルースが，終世，エディンバラでのつとめを受諾するよう説得されたことは，彼が最初に召しを受けてから数年後のこと，つまり彼が御言葉とサクラメントのつとめに公式に按手を受けてから数年を経てのことでした．長老たちによって手が置かれることをとおして課せられるそのつとめの負担の大きさを思うと，まったく気が乗らないまま，一定の期間だけと心に決めて，彼は説教のつとめだけを果たし続けました．とはいえ，会衆

とプレスビテリーによって，そのつとめは年を追うごとに彼に課せられました．そして遂に，異例な状況のなかで，彼はつとめを譲られることになり，これについては，ジョン・リビングストンによる詳細な記述が残されています．

> ある日のこと，聖餐式をおこなう牧師の一人が，その日の夕礼拝で説教することになっていたブルースに，自分の隣に座るよう促しました．するとその牧師は，序盤の2～3の聖餐の食卓を執行したとき，あたかもすぐに戻ってくる様子で教会の外に出て行きました．しかし，ブルースと幾人かの長老たちのもとに，彼は戻らないとの連絡が届きました．こうして，ロバートが聖餐式でやり残されていた部分を執りおこなうか，そうでなければその執行を中止するか，ということになりました．その結果，すべての人の視線が彼に集まり，そしてさらに大勢の人びとが彼にその聖餐式を今執行して欲しいと願い出て，この場所でこれまで見たことがないような，人びとの間での珍しい形での支援と高揚した好意が相俟って，彼は残りの聖餐式を続けて執行しました．

もちろん，これはきわめて異例中の異例ですが，一度ブルースが聖餐の品をその手に取るよう強いられ，サクラメントを執行した以上，そして，すでに自らに十分に委ねられたそのつとめと会衆の了承がある以上，彼は按手礼の「要素」を得ており，それ以降，セント・ジャイルズ教会で，按手を受けた牧師としての責務を十分に果たしました．これは奉献と「諸々の手の充填」をとおしての祭司への聖別に関する旧約聖書の思想を鮮明に反映したもので，それは按手礼での「諸々の手の充填」は「手を置く」ことよりも重要であるとの認識のもと，幾世紀にもわたって西欧の教会で顕著に継承されてきました．想像されていたことですが，教会の慣例に則って，手を置くことによる儀礼的な按手礼を省いたことは，後にブルースとプレスビテリーとの間だけでなく，ブルースと国王との間でも深刻な議論となりました．

そのきっかけとなったのは，1598年に，ブルース本人の要請で，他の人びとと協力し，8人の牧師たちが自らの牧会のつとめをそれぞれの各個教

会で十分適切に担えるようにするため，エディンバラ市街が八つの区域に分割されることになったときでした．ブルースがある教会の責務を担うことに同意した際に，国王は今度こそ彼が正規の按手を受けるべきであると主張しました．ブルースは，自分にはすでに特別な任職として認められるようになるために「手による按手」を受ける心備えがあるものの，8年ないし9年にわたって神が非常に鮮明に祝福してくださったその牧師のつとめに疑問を招くことになるような「新たな叙任」に，自分は甘んじて従うことはできない，と主張しました．この場合，「手の按手」は，彼が今まで御言葉とサクラメントにおいて与えられてきた牧師のつとめを「確証」する行為として解釈されるべきでした．プレスビテリーはブルースに心から共感したものの，最終的には，彼が信頼を寄せていた牧師たちが皆，彼が以前に受けた「任職」は変則的なものとみなしていることが，長い議論を経るなかで彼にもはっきりとわかり，その後，彼は「按手」を受けることに同意し，そして正式に彼は牧師の職責に任命されました．ウドローによれば，この種の類としては，これは教会において知られている唯一の変則的な事例です．

　彼の有名なサクラメントに関する説教集は，この出来事の9年前，1589年にセント・ジャイルズ教会で語られたものであり，おそらく彼が否応なくサクラメントの執行者とされた後のことです．ブルースが「通常の按手」を受けなければならなかった事例では，プレスビテリーに同意することしかできませんが，彼の御言葉とサクラメントのつとめが，聖霊の力強い効果を伴った比類のないしかたで，そのはじめから祝福されてきたことを，わたしたちは何の躊躇もなく認めなければなりません．会衆は，なぜ自分たちの牧師がこのように叙階されなければならなかったのかを理解するのはとても難しいことに気づきましたし，それに，牧師のこころを具えるブルースが，たとえすべての人が具えていたとしても，その批判の攻撃が，自分の教会，とりわけ貧しい人びとや騙されやすい人びとが攻撃されやすいことに十分気づいていました．しかし，実際には，ブルースの牧会のつ

とめはますます力強く推し進められ，そして，神は，彼がこれまでしてきたあらゆることに傷をつけて，失敗に帰すようなことはなさいませんでした．メルヴィルがそれを彼の日記にこう記しているとおりです．「彼の力強い，感銘させられる説教への敬虔さによって彼は愛されました．彼の家柄や地位によっても人びとは彼を敬いました．そして，両方の理由から，敵対者たちは彼を恐れ続けました」と．同じようなことがロバート・フレミングによって記されています．

「彼がエディンバラの牧師のつとめに専念する限り，彼が説教した御言葉に付す最も顕著な聖霊の力と効果を通じて，彼は国中に大きな光として輝きました．彼は悪の実行者にとっては脅威であり，そして神の権威は彼と彼の一挙手一投足のうちに最もよく表れ，彼の表情にそのような威厳が加わり，その結果，この島で最も偉大なお方も，さらには神の敵対者であることを率直に認める人たちでさえ，彼を恐れ，彼を尊敬せざるをえませんでした．実際，国王ジェームズ本人も，彼についてどれほどの畏敬の念をもっていたのかは知られており，かつて国王が大勢の人びとの前で，ブルース氏は我が王国の半分に匹敵するだけの価値があるとさえ証言をしたくらいです」．

これよりも少し前に，ブルースはパークヘッドのマルタ・ダグラスと結婚しました．この女性はとても勇敢で，彼が困難な生活を強いられていた時期も，夫の忠実な同伴者だったことはよく知られています．ブルースの父，アースのアレクサンダー・ブルース卿は，この困難な時期に，安全な場所として，また教会のつとめで忙殺される生活の保養地としてキンナードの領地を，彼とその家族に与えました．ブルース家には二男二女が与えられました．後にキンナードの領主として実家を受け継いだ彼の息子の一人は裁判所に配属され，もう一人の息子は，ジョン・ノックスの二人の息子と同じように，イングランド教会の牧師になりました．ブルースの家庭生活についてわたしたちはほとんど何もわかりませんが，説教や手紙に記されている自叙的な内省の手がかりや断片から推察する限り，彼の家庭は

紛れもなく神の家族であり、霊的な困難のときの絶えざる逃れ家であったに違いありません。エディンバラでは、彼はセント・ジャイルズ教会のちょうど真向かいにある家で暮らしました。

彼が牧会のつとめを始めたばかりの早い時期に、ブルースは二度にわたり教会全体総会の議長になりました。スペインの無敵艦隊による侵攻の恐怖に怯えるなか、1588年2月に、総会のとある特別委員会が開かれました。出席者全員にとってブルースは、彼の知恵と手腕への信望ゆえに、明らかにその時宜に適った人物であり、全員の拍手喝さいで議長に選出されました。彼がその事態に対処したその活力と手腕、そして当時の腐敗した教皇派に対する彼の断固とした対策は、教会と国家の双方に感銘深い印象を残しました。ジョン・ノックスが歩んだ轍を踏み、まさしくノックスのように、国中に聖霊と勇気を推し広めるために、神が一人の男をふさわしい者として起こしてくださったことは誰の目にも明らかでした。スペインの無敵艦隊の撃退直後の二週にわたる日曜日に、彼が語った詩編76編からの説教は、その国に語られる神の言葉を宣言することのできた彼の実力を証明するにたる顕著な例です。

全教会総会の議長職、およびセント・ジャイルズ教会の牧師職を務めながら、教会の公の事柄について担った重責は決して小さなものではなく、彼の懸命な助言で国王とその閣僚らを助けたこともあって、1598年の11月に、国王が自分の花嫁、デンマークのアン王妃を迎えるために国を離れノルウェーに赴いた際、国王に国家の状態について安心させたのは、おおむねブルースの知恵と配慮によるものでした。6か月間、彼は事実上、国の摂政となり、決して国家の公の職権を行使することはありませんでしたが、この国を完全に平穏で平和に保つことが、彼の指導力と事態の統制力に、おおむね委託されたのでした。この数か月の間に国王ジェームズや大法官ジョン・メイトランド卿からブルースに宛てて書かれた手紙には、彼の働きに対する最大の賛辞と称賛が記されており、とりわけ国王は、ブルースについて「彼は小ぶりなこの国の四分の一に匹敵する価値がある」と認

めています．国王夫妻が帰国すると，アビー教会でおこなわれた王妃の戴冠式で王妃に聖油を塗るつとめがブルースに任じられ，ラテン語，フランス語，そして英語による三連の説教に次いで，ブルースとクレイグによる二つの短い式辞がこの清楚な女性に述べられた後，彼は「たっぷりな量」で塗油しました．

　ブルースが二度めに全教会総会の議長に選出されたのは 1592 年のことで，教会の規律と財産権に関する総会の画期的な議決，および総会の後，直ちに開催された国会によって，教会の法制度や，全教会総会，地方総会，プレスビテリーから成る自律した議会法（いわゆる「黄金法」）を最終的に定めた，スコットランドの教会の歴史のなかでも際立つ年でした．こうして宗教改革の勝利が堅実に保証されました．その後，「第二規律の書」の原理を確定するこれらの法制度がスコットランドの長老制度の大憲章と見なされるようになったことは，何も驚きではありません．

　その後しばらくして，教会と国王の間の軋轢が次第に大きくなっていきました．国王は教会の事柄を自らの支配下に置くことを決定すると，次第に教会政治を弱体化させていきました．ノックスの影響のもとで導入された改革された司教または監督が，全教会総会だけでなくプレスビテリーと地方総会の権限に従属することに国王は異議を唱え，そして，国王自身による別種の主教を教会に導入し，彼を任用して教会を国家権力に従属させました．それとともに，国王は教会に対する自らの支配力を強化するため，ローマ・カトリックの貴族たちとの友好関係を築き始め，とりわけ国土の全教区で改革派の教会の活動の確立に抵抗して彼ら貴族がおこなってきた破壊的な活動に対し，不当に恩赦を与えました．大学や学校への支援や，牧師たちへの給金にふさわしい対策を講じること，および広く行きわたった堕落や不正，そして暴力，さらに貧民の増加に対し，国王が適切な対策を講じることに失敗したことにより，この（教会と国家の）関係はさらに悪化しました．事態は，国王のお気に入りで悪名高きローマ・カトリック支持者の一人，ハントリー伯によって，改革派教会にとって信頼できる

支持者だったモレー伯が暗殺されたことで最高潮に達しようとしていました．教会がハントリー伯に破門の非難決議を突きつけたとき，国王はこれに激怒し，牧師たちの首をはねると脅しつつも，その同じ年，1592年に教会全体総会の議決を世俗の国会で批准させ，彼らから何らかの支援を取り戻そうと画策するなど，王は教会を服従させようとますます頑なになるばかりでした．

当時，これまで国王の寵愛を受けてきたロバート・ブルース自身が，国王の命を奪おうとした凶悪なボズウェル伯をかくまうために隠れ家を与えたという，まったく根拠のない卑劣な告発で訴えられたことで，国王と教会との衝突の渦中に巻き込まれました．結果的に，牧師たちが自分たちを擁護するために他の人びとを反逆者として告発したとして，国王は牧師たちの忠誠心を攻撃し，最も手厳しい非難の攻撃がブルースに向けられました．ブルースに対する反逆罪の告発が偽りであることが証明されるやいなや，国王はその証明を却下しようとし，しかも問題全体をもみ消そうとしました．しかし，ブルースは毅然として，自分は紛れもなく潔白であると宣明されるべきであると要求しました．彼は自らの名誉だけでなく，むしろ牧師のつとめに召されていることの名誉がかかっていると感じていました．ブルースの要求は国王の誇りには耐え難いもので，ブルースを深く傷つけたことを意識するあまり，ブルースの名声に対する国王の妬みも徐々に膨らみ，ついには1600年に，国王は自ら入念に準備した酷い仕打ちを実施し，ブルースをセント・ジャイルズの説教壇から追放し，全教会総会における彼の主導的な影響力を排除しました．

その年，パースでは，最近ヨーロッパ大陸から帰国したばかりの，改革派教会の熱烈な支持者の一人だったガウリ伯のもとを国王が訪問した際，複雑な事件が起きました．国王の言い分では，ガウリ伯と彼の弟が国王を暗殺しようとしたというのですが，殺されたのは兄弟たちの方でした．多くの人たちには，この言い分が，そのとき起きたことの真相であるとは到底信じ難いものでした．なぜなら，ここ数年にわたる謀略と不人気から，

国王の言葉の信頼性は失墜していたからです．ブルースは，そのことを彼に自覚させるのは難しいと感じていたため，その事件についての国王の言い分を説教壇から語ることを拒みました．このことが転じて，国王の名誉を傷つけることとなり，ブルースはガウリ伯が国王への陰謀を実際に企てていたとの確信をますます強めたことで，国王を潔白とするのに有効な文章に署名しました．ただし，自分が神の言葉だけを宣べ伝えるために召されている説教壇からそのことを宣言することは拒否し続けました．説教において，彼はキリストの使者であり，そして自分への指令や命令は，他の人からではなく，このお方（キリスト）から得ていました．この世の王は何ぴとも，別の王の使者に指図する権限はない，と彼は論じました．これに対する国王の報復によって，ブルースは説教のつとめから解任され，その後，エディンバラからフランスへと追放されました．しかし，数年後にはマル伯の計らいで帰国が許されたものの，彼はキンナードの彼の自宅に「軟禁」されました．

　それからの2年間，ジェームズ国王はイングランドの王位を継承する前に，自分の意志に抵抗し続ける指導的な牧師たちの大半を何とかして黙らせるか，そうでなければ追放しようと，手はずを整えました．そうして1605年，国王は全教会総会に働きかけ，ブルースをエディンバラの牧師の職務から「罷免」させると，ブルースをインヴァネスに追放し，そこで「軟禁」されることになりました．かなりの逆境や人間関係上の頭痛の種があったものの，ブルースは家族と共に8年間インヴァネスに留まり，その影響力をスコットランドの北部全体に広めるすばらしい牧会のつとめを果たしました．信じられないような遠方からも，彼の説教を聞くために人びとがやって来ました．ついに，人びとに語られる福音がハイランド地方に備えられたことで，実際に「大勢の人が回心し，大衆は教化され」ました．

　ロバート・フレミングが書き残した最初の頃の記述によれば，「ブルースがインヴァネスに軟禁されていた頃，その貧しく暗い田舎はまばゆく輝き，彼の牧会によって大勢の人がキリストの内へと引き寄せられ，そして

北部のいたるところに福音の種がまかれ，それは今日でも根絶やしになることがありません」．

　1613年に，イングランドの法廷で働く彼の息子ロバートの影響力をとおして，キンナードに戻ることが許可され，ブルースに気分転換の機会が訪れました．そこで，彼は廃墟となっていたラーバートの教会を自費で再建し，御言葉とサクラメントのつとめを担いました．名目上は自宅に幽閉されていたわけですが，彼は福音を宣べ伝えながら，また牧師たちのもとを訪れながら，スコットランドの多くの主要個所を旅して巡り，エア，クラモンド，そしてルーチャーズといった遠隔地でも，彼の姿が目撃されました．神に仕える者の一人として，御言葉の解き明かし人，かつ教師として，魂における困難な問題に対する卓越した洞察力を具えた牧会者としても，彼の評価はあまりにも高かったため，キンナードにいる彼に会うために遠方からも近郊からも人びとが大挙して押し寄せて来ました．これら多くのことが彼の敵にとっては悩みの種となり，結果的に，1621年に彼が純粋に親族内の用事で出席を求められて，秘密裏にエディンバラを訪問したことが判明した際に，ブルースを告発する根拠となる材料が，それを熱望していた敵の手に掴まれてしまいました．そうした要件を彼に代わって対処してきた彼の忠実な妻は，その頃死去したばかりだったため，彼自らがそれらに対処しなければなりませんでした．この（追放令を破った）罪によって，国王が満足するまで，彼は城内に閉じ込められました．この男はもう一度インヴァネスに追放されねばならない，とジェームズ国王は法廷に通達し，しかも彼にキンナードで冬を過ごすのを許可することがエディンバラの法廷で結審されると，国王は自らが下す処分の執行に遅延を招く判決を非難し，「これはロバート氏に対する愛のゆえにではなく，教会を分裂した状態のままにしておくためである」と断言し，「かつて教皇派がしていた巡礼のような彼のキンナードへの旅を，もうこれ以上許可すべきでない！」との主張を再び法廷に書き送りました．

†

　この頃には，ジェームズ王は自らのエラストス主義的な主教制度の形態を教会に押しつけることに成功しており，しかも，ブルースの人気や影響力により，教会内の王党派の人びとによる嫉妬や些細な迫害が彼に及んでも，何も驚くことはありません．彼らは，密偵を送って彼の行動を探らせ，彼に不利なことを法廷に伝え，そしてついに 1622 年，再び彼のインヴァネスへの追放を宣告しました．かの地で，彼は自らの牧会のつとめを再開すると，これまで同様に大きな成果を収めましたが，それから 2 年後，彼は自らの親族内の用件に赴くためキンナードに戻ることが許されました．それから間もなく国王が死去したことで，ブルースが北の地に戻るよう強いられることはなくなりました．キンナードで，彼は残りの人生の日々を暮らし，以前のように国中を旅して巡りましたが，おそらくその頃の彼の主要なつとめは，彼の足もとに座して，彼から深い霊性と主に対する祈りに満ちた献身について学ぶために来た次世代の若い牧師たちにとって，紛れもなく一人の「神のもとにあっての父親」となることでした．その彼らのなかの一人が，ブルースについて次のように記しています．

　　彼が生きた時代に，彼ほどに聖霊の照明と力をもって語り得た人はいません．彼ほどにたくさんの回心の確証を具えた人はいません．事実，彼の話を聞いた多くの人が，使徒たちの時代以降，これほどまで力強く語れる者はひとりもいなかった，と考えたほどです．彼には，聖書を深く探求し，最も難しい秘義的な事柄をとてもわかりやすく嚙み砕き，そして，わけても人びとの善悪の良心に聞かせることにおいて卓越した才能がありました．彼は，公的にも私的にも，良心において自らを入念に修練しました．彼は他の人びとがいる前ではとても短く祈りましたが，一語一句が強烈な稲妻のように天へと駆け昇っていきました．他の人びとが長々と祈っているとき，彼がうんざりだと言うのをわたしは聞いたことがありますが，独りでいるとき，彼は神と格闘しつつ祈ることに相

当長い時間を費やしていました.

　彼の人生の最後の 2 年，ないし 3 年の間に，彼が公に姿を現したのは明らかにほんの僅かとなりましたが，そのなかの一つは注目に値します．それは彼が聖餐式の礼拝に参加するために，1630 年 6 月にショッツの教会を訪れたときのことです．そこにはその地方のさまざまな場所から大勢の人が集まっていました．それらは 4 〜 5 日間も続きましたが，ブルースの若き友の一人であるジョン・リビングストンによる説教に大半の時間が費やされ，そのとき語られた，エゼキエル書 36 章 25-26 節「私があなたがたの上に清い水を振りかけると，あなたがたは清められる．私はあなたがたを，すべての汚れとすべての偶像から清める．あなたがたに新しい心を与え，あなたがたの内に新しい霊を授ける．あなたがたの肉体から石の心を取り除き，肉の心を与える」に基づく説教が残っています．それは，大いに祝福に満ちたもので，出席者全員の間に聖霊が格別に働き，カベナンター（契約派）の時代まで長く持続した聖霊の注ぎの出来事でした．

　ジョン・ノックスは，死の床に伏せていたとき，妻に「彼が自らの錨をはじめて投げ入れた箇所」であるヨハネによる福音書 17 章を読んでくれるよう求めました．ロバート・ブルースが上への召しを受けたとき，彼の錨はローマの信徒への手紙 8 章に帰せられています．1631 年 7 月 27 日，朝食を終えて間もなく，彼は娘マルタに，主が自分を天に招いていることを告げました．彼は聖書を欲しましたが，自分はもう読めないと気づくと，彼は「ローマの信徒への手紙 8 章 38-39 節をわたしに読み聞かせて欲しい」言いました．「私は確信しています．死も命も……私たちの主キリスト・イエスにある神の愛から私たちを引き離すことはできないのです」．それから，彼は目の前にある聖書の文字を指でなぞり「わたしの子どもたち，神はお前たちと共にいる．わたしはお前たちと一緒に朝食をとったが，今宵は，わが主イエス・キリストと共に食事にあずかるだろう」．そして間もなく，彼は自らの霊を神に差し出しました．ウドローは「こうして，

人の顔を恐れることを知らない，この真理のための勇士，自らの主の冠にして誉たる人は，勝ちて余りある勝利者として，戦場から取り移されて，自らの主であり救い主の永遠の御国に通じる，開け放たれた大門を得たのだった」と述べています．ブルースは，彼自らが宗教改革前の廃墟の状態から復興して，晩年にはたびたび説教を語ったそのラーバートの教会内の説教壇の足もとに埋葬されました．しかしながら，彼の教えは，神の栄光へと高めるために多大な努力を費やしつつ，彼が改革し，そして愛したその教会の中心に，永遠に植え込まれているのです．

　教会史上，信念に対する絶対的な忠実さやまったき敬虔さの点において，ブルースに比肩する人物は僅かです．彼が自らの人生を最初から最後まで生き切った断固たる高潔さや正義感そのものが国家に多大な貢献を果たしました．御言葉とサクラメントの真の牧師の一人として，そしてどんなときも，あらゆることに困難や挫折が伴っていてもなお，自分の教会員に寄り添い，信仰あつく，優しい一人の牧師としての生きざまは，その牧会において直に彼と接した人びとに対してだけでなく，数えきれないほど多くの人びとを教え，鼓舞し，そのなかにはスコットランドにおける福音の聖なるつとめへと召されることになった人たちも大勢現れました．ブルースは改革派教会の崇高な教理を直接的に個々人の良心に応用することによって，彼の教えに具わる衝撃力はより大きくなりました．わたしが知る限り，神の威厳と慈愛に関するカルヴァンの卓越した感覚に勝るものをスコットランドの神学者が誰ひとり持ち合わせていなかったとしても，ブルースの敬虔さにおいては，神の威厳と慈愛の感覚が，カルヴァンのとは異なるしかたで強調されています．ブルースは，次世代のウェストミンスターの神学者たちよりも，カルヴァンの神学や聖書理解の見解にかなり近く，特に良心を非常に強調する点で，すでにブルースには明らかな強調点の変化がありました．牧師や会衆に対して厳格な自己吟味を要請する点はもちろん，悔い改めと祈りの霊をとおして，意識的に神の現臨と力に「近づく」という観点に，そのことが現れています．

このことが，それとともに，数々の意義ある影響を果たしており，そのなかから三つのことについて整理しておきます．
　(a)　崇高な教理と心からの応答が調和し，教理の教えと人格的な適応の統合がスコットランドの伝統の大きな特徴となって，サクラメントの執行と福音伝道の活性化の統合にまで浸透していきました．この点は，クレイグ，デヴィッドソン，ポント，シンプソン，そしてリヴィングストンら，ブルースの友人や同僚たちの牧会に際立つ特徴の一つであったことは間違いありません．これは主の晩餐のサクラメントにおいて特に顕著でした．なぜなら，サクラメントは祈りと礼拝，そしてキリストを食す究極的な儀式であるというだけでなく，それをとおして福音が最も生き生きと，かつ力強く宣言され，しかもそれをとおして，会衆がキリストのうちに入れられ，聖霊によって証印される，厳粛な福音伝道的な儀式だからです．後代の表現を用いれば，サクラメントは「回心の儀式」でもありました．なぜなら，罪人たちが罪を悟らされ，神に向き変えさせられるのは，サクラメントにおいて，聖なるお方の恵みに満ちた現臨の聖前において，だからです．このサクラメントの経験と福音伝道的な経験との結合により，後者を主観的敬虔主義から保護するとともに，前者を教条的サクラメント主義者たちから保護しました．しかし，これが発展していくにつれて，御言葉の福音にではなく良心に，神に感謝し讃美することよりも信仰を自ら吟味することに，強調点が置かれがちとなり，非難めいた信仰の自己吟味，さらに神の威厳に対する身も縮むような恐れや，サクラメントにおける神の要求に，その土台が据えられることになり，それらはハイランドの地域では今なおスコットランド流の敬虔を特徴づけています．
　(b)　ブルースの場合，神の威厳と慈愛の内的感覚を強調するあまり，カルヴァンやノックスには全くなかったものの，ルターをしばしば襲った疑心暗鬼の誘惑に苦しめられました．ここで再びロバート・フレミングから引用すると「彼は，自らの個人的な実情については，内面をかなり訓練する人であり，何度も真理の偉大な根本である神の存在について格闘するほ

どに，しばしば試練と向き合いました．彼が説教壇に登った際，いつものようにしばらく沈黙した後に，彼は普段とまったく同じように，時々こう言うのです．『わたしは，神がおられると信じることは，とてもすばらしいことだと思います』．そう人びとに語りかける〈信じること〉というのは，人びとが認識する〈信じること〉とは別次元のことを告げていました．ブルースのうちに時として疑心暗鬼に苛まれる傾向があったのは，本来的に懐疑的な性状だったからではなく，むしろ良心の問題と真剣に格闘することから生じるものであり，それは常に彼の福音にふれての経験と関係していました．そのことは良心によって追いつめられた人びとが抱く恐怖心を心の底から理解するうえで，さらには，神の慈愛における以外には良心が平穏になることはないことを彼が説教するうえで，ブルースに益するところがありました．しかし，そのような良心がひとたび福音のメッセージから切り離されて，大教理問答のなかで厳格な道徳主義をとおしてさし示されているように道徳主義化されてしまうと，スコットランドの諸大学をしばしば特徴づけてきたような道徳的・哲学的疑念に容易に陥ってしまい，それは大学の神学者たちにしても常に例外ではありません．

　(c)　あらためて，ブルース自身の場合，神の尊厳をめぐる驚くべき感覚は，正義をめぐる彼の徹底した考え方と相俟って，名誉に関して，過剰に神経質な傾向を増幅させました．この場合，ブルースの高貴さは，マクリーでさえ「彼が几帳面さのあまり，ガウリの罪に関して，自ら公表しようとしていたことを正当化するため，必ずしも必要なかった確実な証拠を要求したのも，彼の動機のなかでは名誉心が複雑に入り混じっていて，しかも，彼は名誉の点ではこだわり過ぎた」と語るほど，彼の弱点でもありました．もしブルースが国王の前で傷つけられた自身の名誉の回復を頑なに主張さえしなければ，また自らの良心の呵責を完全に拭うことに自分の良心を集中しすぎなければ，彼は国王に対する強力な影響力を保持し続けていたはずであり，エディンバラに留まり続けて，当時の非常に困難な時期に，教会と福音の動向全体を導いていたはずでした．この結論を斥けることはか

なり難しいところです．ほとんどがとても不可思議とでも言えるものでしたが，ブルースの頑強な精神は，教会と国家との間の緊張関係のなかにあって，不必要でありながら，それでいて間違いなく運命的なものでもありました．もちろん，その点において，彼は孤独ではありませんでしたし，牧師たちのなかで国王に対抗してずけずけと直言する人物でなかったのは確かですが，エディンバラにおける筆頭の牧師として，国王と法廷との関係において最も責任ある立ち位置に置かれていて，もし彼が国王に抵抗する場合には，彼は国王の矢面に立たざるをえませんでした．確かにブルースが受けた処遇は恥ずべき不名誉なものでしたが，もし彼自身の良心の呵責に矛盾するようであっても，彼が他の人びとに寛大な同情を寄せ，その良心にもっと敬意を払っていたら，決して起こらなかったようなことが大半でした．もし，わたしたちの心が自らを責めるとしても，神はわたしたちの心よりも偉大なお方であり，しかも限りなく偉大なお方であることを，あるいはおそらく忘れていたのか，彼は自らの良心を私的に裁きすぎる性向があり，純然たる福音の御言葉でも十分ではありませんでした．裁きは神御自身の慈愛の権限です．キリスト者の良心とは，人が自らのうちに具えているものとは違い，同心の信仰者たちと分かち合っているものであり，とりわけ福音を高く超えて告げられているキリストにおける神聖な御心を知ることになる，共通の認識です．彼らが共々に神と共有する知恵であり，自律的または準自律的な原理として，それ自体に基づかせようとする良心の傾向は，ルネサンス人文主義の特徴であって，宗教改革の第二世代および第三世代では，プロテスタンティズム運動において大きな位置を占める傾向にあり，特にイングランドのピューリタン運動においてはそうでした．それは実際のところ，初代のキリスト教会の美徳に立ち帰るというよりも，禁欲主義への滑落でした．カルヴィニズムにおいては，それは強力なアウグスティヌス主義をとおして復興され，ブルースにおいても実に顕著で，それはセント・アンドリュースでのジョージ・ブキャナンやアンドリュー・メルヴィルたちの古典研究によって涵養されて，その見地に至ったことは

疑う余地がありません．ロバート・ブルースのなかではそれが類稀なほどに深い霊性と結び合って，悔い改めに対する彼の理解に多大な影響を及ぼしていることは確かであり，それがしばしば絶望的なまでに彼を不安にさせ，絶対的な保証を渇望させ，とりわけ主の晩餐のサクラメントのなかにこそ，彼はそれを見出すことになったのです．

　もしブルースの強固な良心が，彼が同世代の多くの人と共通して抱えていた弱みの証しであったとしても，自らの主に対するひたむきな誠実さと，一人の福音の牧師としての自らの聖なる召しへの実直な誠意を具えた，きわめて偉大で敬虔な人物として，彼がすべての人の間でひときわ際立っていたことは紛れもない事実であったことは何も変わりません．しかしながら，今日わたしたちが評価しなければならないのは，とりわけ一神学者としての彼についてです．彼は神学に関する著作を執筆しませんでしたが，彼がわたしたちに残してくれたものから，彼が神学的力量と霊的な洞察力を兼ね備えた威風堂々とした人物であり，しかも稀有な信仰の持ち主だったことは，疑う余地がありません．彼の同世代のすべての人のなかで，おそらくジョン・クレイグを除いて，彼が身に着けたカルヴィニストとしての神学は，まだジャン・カルヴァン本人の神学，またスコットランド信仰告白の神学であって，ドルトレヒト全国総会議（1618 年）の背後にあって，アリストテレスの理論と改革派信仰とを混ぜ合わせて「古典的カルヴィニズム」とみなされるようになった，いわゆる「カルヴィニズム」の神学ではありませんでした．さらに，ブルースは明らかに，偉大なプロテスタントのスコラ的な神学者たちすべての著作や，バーゼルのアマンダス・ポラヌスの著作に精通していたものの，彼自身の神学のなかには学術的なスコラ主義の痕跡は見当たりません．このことは，あるいは，1572 年にセント・アンドリュースから，説教壇を学校の判断に従わせることに警戒を表明する最後の手紙を全教会総会に提出したジョン・ノックスの，限りなく福音的で牧会的な関与のおかげなのでしょうか？　彼は「何としてでも教会を諸大学の拘束から守れ！」と手紙で主張したのでした．いずれにせよ，ノッ

クスとカルヴァンの偉大な伝統のなかで，説教と礼拝に神学を結び合わせた点は，ロバート・ブルースの顕著な特徴でした．さらには，カルヴァンのように，ブルースは初代教会の教父たちの教えを熱心に学び，特にアウグスティヌスから影響を受け，またブルースはエイレナイオスのことを「かの著名な古代の著述家」とよびました．合理主義的なカルヴィニズムがカルヴァン自身とのつながりを失い，その神学を再流行してきたアリストテレス主義と連結させ，しかもその後には，実際にデカルト主義の哲学と連結させることで，そのどちらもがオランダの偉大な神学者たちの際立った特徴となっていた潮流のなかにあって，スコットランドの多くの神学者たちに圧倒的な影響力を及ぼし，とりわけ彼がいくつかの重要な点でカルヴァンの立場に非常に近かった点は，おそらく，聖書神学と教父神学とを結び合わせたことでした．

　ここはロバート・ブルースの神学を解明する場ではありませんが，しかし，これまで語ってきたことに関連して，また主の晩餐のサクラメントに関する彼の教えにも関わる，とても重要なことが注目され，考察されるべきです．「キリストとの一体性」の教理と「キリストによる人間の救いと聖化へのわたしたちの参与」の教理のことです．これは，カルヴァンと同様，ブルースにおいても強調され，そして両者が共に好んで引用した多くの古代教父たちにおいて強調される点です．この点において，単に，十字架上でわたしたちに代わってキリストが成し遂げてくださった代理および代贖の行為においてだけでなく，またキリストの義がただ宣言される以上に，わたしたちを義と認められた神の子どもたちとするためのキリストの義（とわたしたち人間の罪と）の交換においてだけでなく，さらに加えて，キリスト御自身そのものが，わたしたちのまったき救いである，その受肉した神の御子の人たることにも関心が集まります．神からの聖なる永遠の命はキリストの人性に宿り，そしてわたしたちがキリストと一つとされるとき，わたしたちはその人性にあずかります．聖霊をとおして，わたしたちはキリストの手足としてキリストの体と結び合わされ，しかもそのこと

によって，キリストの義とされた人間本性を分かち合い，キリストの身体のうちに宿る神の命によって養われていきます．これが，言い方を変えれば，仲介者であるキリストの人性の構成こそキリストの罪償による和解の本質に含まれるという教えであり，その贖罪は，キリストにおいてこの世と御自身とを和解させる神の行為だけでなく，主の僕にしてかつ父なる神の御子であるイエスの人としての服従と生涯も含まれるという教理です．カルヴァンとブルースは十字架に架けられ，復活されたイエスの従順な人間性に正当な位置を理解していたため，彼らは聖餐の教理のなかに十分な位置づけを与え，聖霊の力をとおしてイエスの身体にわたしたちがあずかるものとし，またそれゆえに，キリストにあって神が同意してくださった新しい人間として生かし，養育していただくもの，としたのでした．

したがって，主の晩餐に関するこの説教集におけるブルースの教えの背後に，カルヴァンによって教えられた筋道と完全に一致した，キリストの人格と救いの御業をめぐる，力強く適格な認識が敷かれているのは明らかです．これに関連して，非常に興味深い一節が，1591年に出版されたブルースのイザヤ書38章についての第6説教に見出されます．それは，わたしたちがサクラメントにおけるキリストとの一体性をめぐるこの認識を理解する上で，非常に啓発的なものです．わたしたちのために，神として，また人として，神と人との唯一の仲介者として，キリストがおこなわれた救いを論じるなかで，ブルースは次のように述べています．

> 第一に，キリストは，自らの魂の内奥でのひどい苦しみ，また御自身の体における十字架での死において，なんら不足なく完全に御自身を充足させることによって，わたしたちの事実としての罪から，わたしたちを自由にしました．またそれによって，わたしたちは罪の実体と，またその刑罰から免除されました．この御業において，キリストは完全な仲介者です」．これがキリストの贖罪の御業の局面であり，神学者たちが，キリストの受動的服従として言及しているものです．ブルースはその後，第三の段階として，神学者たちがキリストの能動的服従とよぶ局面に言及しました．

さて，第三の段階ではさらに，キリストは，わたしたちの罪を補填しただけでなく，わたしたちのために律法全体を履行され，しかも十戒の二枚めの板が，わたしたちが自分自身を愛するように自分たちの隣人を愛することしか求めていないのですから，実際には求められている律法以上のことを履行されました．そうであるからこそ，キリストは完全な仲介者なのです．しかもキリストはそれ以上のことをされました．誰もその人のために喜んで死ぬまで自分の隣人を愛したりしないのですから，キリストはわたしたちのために死ぬことで，律法が求める以上に，わたしたちを愛していることを証明されました．ですから，キリストはわたしたちのために律法を成し遂げただけでなく，律法が要求する以上のことをなさったのです．今や，この完全なキリストの義が，わたしたちと父なる神との間をとりなし，そしてわたしたちの背きや不服従を償います．そうでなければ，わたしたちはこの外に，有罪宣告から免れようがないでしょう．

　これらが，スコラ的なカルヴィニズムにおけるキリストの贖罪の御業を覆っている，わたしたちに代わっておこなわれたキリストの受動的服従と能動的服従の二つの観点です．しかしブルースは，カルヴァンと同様にそれでは満足できませんでした．そしてそれゆえに，彼はこれら二つの狭間で，少なからず本質的なこととして，キリストの贖罪の和解に関する主要な論点を詳細に解説しました．そして，彼がそれについて言おうとしていたのが，次のことです．

　第二に，キリストは，わたしたちが生み出した腐敗の根源と無秩序から，わたしたちを自由にしました．なぜなら，あなたがたも知っているとおり，イエス・キリストは御自身の聖霊の強大な力によって処女の胎に宿り，その結果，キリストにおいては，わたしたちの本性は，同じ聖霊の力によって完全に聖化されました．キリストの人格におけるわたしたちの人性の完全な純粋さが，わたしたちの不純を覆いつくします．なぜなら，キリストはわたしたちのようには罪と腐敗のうちに受胎はされておらず，そうではなく，聖霊の力によって受胎され，そのキリストにおいてわたしたちの人性はその受胎においてすでに完全に聖化していただいているのです．このように，キリストが徹底的に浄化させられたか

らこそ，キリストの純潔がわたしたちの不純を覆いつくすのです．

　もしブルースが，わたしたちの現実の罪からわたしたちを自由にするものとしてキリストの充足について考えていたとすれば，彼は，受肉と誕生におけるキリストの完全な純粋さを，わたしたちの原罪を覆いつくすものとして，あるいはわたしたちの人性を聖化するものとして考えていたことは明らかです．ブルースがキリストの受動的服従と能動的服従について説明する際に，その両者に挟み込んでキリストにおける受肉の贖いを強調したのは，それこそキリストの救いの御業のまさに核心に含まれるものだったからです．しかも，これらすべて，つまり，完全な充足，完全な純粋，そして完全な義は，キリストのうちに完全に見出されるべきと主張することで，彼はその概要を述べました．わたしたちが主の晩餐のサクラメントに参加することにおいて授かっているのは，まさにこの「キリストの全体」においてであり，またそれゆえに，わたしたちは十字架上のキリストの死の益にあずかり，またキリストが神の御心を正しく成し遂げられたことにあずかるだけでなく，キリストが人間の本性を聖化してくださったことにもあずかり，したがって，人性を取られたキリストと一体とされることをとおして，キリストの受肉の純粋さにおいても，わたしたちは聖化されるのです．

　キリストによる救いと聖化の一体性の教理は，スコットランドの教会におけるブルースの独自の教理というわけではありません．1560年のスコットランド信仰告白のなかでは，それは本質的な，また重要な構成部分となっています．あいにくウェストミンスター信仰告白によって差し替えられるまでは，スコットランドの教会によって公に権威づけられ，使用されていた，三つのすぐれた教理問答書（カテキズム），つまり，カルヴァンのジュネーヴ教会教理問答，ハイデルベルク教理問答，そしてクレイグの教理問答の[5]

---

5)　この教理問答は John Craig（1512－1600年）によって1581年につくら

なかで，その教理ははっきりと，かつ麗わしく，前面に打ち出されているところです．キャノンゲートでのブルースの同僚だったジョン・クレイグによって記され，国内発の，スコットランドの特徴を鮮やかに表していた，クレイグの教理問答は，1592年の全教会総会で承認された際には，ブルースがその総会の議長として「すべての家庭や学校で用いられるべきである」と推奨しました．もしわたしたちが，ブルースの説教の根底となっている神学について十分な説明をしようとすれば，わたしたちが立ち帰らなければならないのは，先の二つの教理問答とともに，まさしくこのクレイグの教理問答です．もしこれらの説教での主の晩餐に関するブルースの認識が，これらのどの教理問答においてよりも，何かしら少しでも主観的なものであるとすれば，それは，彼が説教することでそれが詳細に講解されているという事実によってだけでなく，それは良心に対して語りかけるブルースの特徴的な説教によって，しかも彼が神の慈愛を感得する情感を強調したことに影響されているという事実によって説明されるでしょう．しかし，そうした事実にもかかわらず，彼の説教では，客観的かつ主体的な現実としてのキリストの全体との一体性の教理は，他の古代教父たちや宗教改革者たちにおいてと同じように，力強く，またはっきりと詳しく述べられています．この著作で，ロバート・ブルースはわたしたちに，1614年版の編集者の言葉に従えば「黄金の文字で書かれるだけの値打ちのある」金字塔を遺してくれたのです．

れたもので，スコットランドでは17世紀半ばまで広く用いられた．クレイグは改革者ノックスの同僚として宗教改革を促進し，「第二規律の書」（1578年）の作成においても貢献し，また「否定信仰告白」（1581年）を起草するなど重要な役割を担った人物である．

国王ジェームズ6世への書簡（献呈の辞）

至上至高なる，キリスト者の王子，スコットランド国王ジェームズ6世陛下へ
父なる神とわたしたちの主イエス・キリストからの恵みと平和がありますように．

陛下殿 ──

　わたしは当初，この書物がわたしの在任中に刊行されるとは思いもしませんでした．なぜなら，わたし自身の弱さからなる良心が，この書物には神の霊の御光に値するものなどないのではと，わたしに訴えてくるからです．ただ，それにもかかわらず，わたしたちの教会，および長老会の緊急の要請によって，最終的には，わたしはその畏れを克服し，これを公にせよとの彼らの要請に同意しました．そうすることで，学識者たちは満足しないかもしれませんが，本書が祝福されて，貧しい人も一般の人もこの書から慰めや諭しを見出せるなら，神も喜んでくださるものと思い直し，わたしは十分に満足しております．なぜなら，神が御自身の働きのためにわたしをある程度は聖化してくださっているものとの自覚に基づいて，わたしの書は神の永遠の祝福について論述したものには違いありませんから，命ある限り，神の教会に常に益することでしょう．なぜなら，神御自身の栄光のために神御自身の恵みを問いえないわたしであるなら，そんなわたしとはいったい何者でしょうか？　わたしは神に祈ります．かの偉大な日には，この書にどのような意味があったのかがわかり，しかもなお，この書が十分に用いられたという特別な恩恵が伴いますように．陛下が現下のこの王国で，そしてもう一つの王国（イングランド）でも即位されるのは明らかと思われますが，陛下御自身からして，自らの荘厳さ，栄誉，裕福さ，自由さを，そして神が慈しみをもってあなたのうちに授けてくださっているものは，ただ真実と純粋さと，それらに基づく厳正な規律を擁護するために用いられる以外の方法では十分に用いられることなどありえないと御賢察くださいますように．それによってこの国は長きにわたって確立され

ているのです．なぜなら，そうすることで，神があなたをこの世界における諸王国の後継者にしてくださったことだけでなく，衰えることも消失することもありえない永遠の御国と栄光に満ちた玉座にいますイエス・キリストに同伴する後継者となるために，あなたを任命されていることを証明することになるからです．陛下の命と自由は，これまでのところ，あなたが治める国内でイエス・キリストの御国の地位と自由にしっかりと結び合っていますから，それを継続し，この自由を堅く守ってくださいますように．そうすれば，間違いなく，イエス・キリストがあなたを堅くお守りくださるでしょう．わたしは多くの言葉で陛下を困惑させるつもりはありません．わたしが陛下にしたいのは，すなわち，わたしが本書のなかにあると考えたいくらかの価値のために，この書に陛下の名前と権威をまとわせないということだけです．なぜなら，それがわたしの口から出たものであるため，実用的で飾らない言葉で粗雑に述べられており，また，この書をまとめる時間を与えてくださった神を喜ばせるためのものだからです．ですが，この書はわたしの最初の書物ですので，神のもとにおられ，わたしが自らの生涯をお預けする陛下に対しても，神の真理に対するのと同じく，わたしはそれを自らの感謝と心からの愛情とを重ね合わせ，敬意をもって献呈します．現下の世界でも，来るべき世界においても，あなたの貴いお名前や尊敬を前進させる御威光をもって，神がわたしを祝福してくださるなら本望です．ただし，しばらくの間，わたしは不本意ながらも，祈る度に常に王位にあるあなた様を，あなたの伴侶であられる王妃様も御一緒に覚えてお祈りいたします．全能の神の御手にあって，イエス・キリストの義なる恵みをとおして，あなたの子孫の繁栄を常に乞いお委ねいたします．イエス・キリストの御加護のもと，今も後も，我が身を陛下の御手に委ねつつ．1590年12月9日　エディンバラより

陛下の最も卑しく，忠信なる臣民
キリストの福音の牧師
ロバート・ブルース

五篇の説教

1 サクラメント全般について

私があなたがたに伝えたことは，私自身，主から受けたものです．
すなわち，主イエスは，引き渡される夜，パンを取り，……
コリントの信徒への手紙一 11 章 23 節

　この世には，あるいはこの世の外でも，イエス・キリストと一つに結ばれること，しかも神の栄光である主と決定的に一つに結び合わされること以上に，あなたがたの誰からも切望されることはありません．この喜ばしき至高の一体性は，福音の御言葉の説教とサクラメントの執行という二つの特別な手段によって備えられ，もたらされます．それは，福音の言葉と説教という手段によってもたらされ，サクラメントとそれらが執行されることによってもたらされます．御言葉は，聞くことで，わたしたちをキリストのもとへ導き，そしてサクラメントは目に見えるしかたでわたしたちをキリストのもとに導きます．神はその二つを，わたしたちをキリストへと導き，キリストのもとに連れて行くという目的に最も適ったものとして選ばれました．その教理は，その外的な意味においては，わたしたちを目覚めさせ，奮い立たせる，最も効果的で，しかも最も感動的なものであるに違いありません．なぜなら，目覚めは，聞くことだけによらず，見て，味わい，感じ，そうして外的感覚のあらゆるものが心を大きく刺激し，心の奥にまで染み渡るはずだからです．事実，そのとおりです．サクラメントの教理は外的なこの身の感覚の多くの部分を刺激し，奮い立たせ，目覚めさせます．ですから，もしわたしたちが十分に備えてサクラメントにあずかるならば，それは，鈍い心の内的な感覚を刺激し，最も効果的であるに違いありません．しかし，

あなたがたが常に覚えておかなければならないことが一つあります．それは，もしキリストが御自身の聖霊をそこから取り除かれても，御言葉だけで，あるいはサクラメントだけで，わたしたちに作用できるといった教えなどない，ということです．ですから，サクラメントについてであれ，御言葉だけについてであれ，あなたがたがその教えについて聞くときはいつでも，神が御自身の聖霊によって現臨しておられるかどうかが問われなくてはなりません．まさにこのことがなければ，地上のあらゆる教えは無意味になるでしょう．それに対し，サクラメントに関するこの教理は，外的な感覚を大いに刺激し，目覚めさせ，まさにそれによって，わたしたちの心を目覚めさせ，備えさせ，奮い立たせる，効果的で，力強い方法であることは，疑問を挟む余地などありません．

「サクラメント」という言葉の意味

「サクラメント」という言葉が何を意味するのかを伝えるために，また，あらゆる曖昧さを取り除くためにも，わたしがまず思い起こすのは，(これは疑念を挟む余地のない事実ですが)ずっと昔にラテン教父が「ミュステリオン」というギリシア語を「サクラメント」という(ラテン語の)言葉に翻訳したことです．聖礼典の執行の全般，つまり洗礼の執行，主の晩餐の執行の全体を意味するためだけでなく，それ自体のうちに暗に秘められている何か，しかも人間の通俗なことに用いられていることを意味するために，彼らは「奥義（ミステリー）」のギリシア語を用いました．これと同じように，使徒は異邦人に対する召命についても「ミステリー（秘儀）」と言いました（エフェソ 3 : 9）．わたしたちとキリストとの間で生じるこの一体性のことも「ミステリー（秘儀）」と言われ（エフェソ 5 : 32），しかもラテン教父たちはそれを「サクラメント」と称したのです．要するに，あなたがたは神の書物（聖書）のなかにこの「奥義（ミステリー）」という言葉以上に頻繁に用いられている言葉は見つからないでしょう．しかし，彼らがギリシア語を翻訳した「サクラメント」の言葉に関して

は，それが同じ神学者たちによって頻繁に用いられていることに気づきもしませんし，神の書物のどこにもそれは使われていません．にもかかわらず「サクラメント」という言葉は，それ自体が非常に曖昧さを含んだ言葉であり，この世にある限り，最終的な到達点にはまだ至ってはおらず，これからもそこには至れないであろうという悲惨な結論へと導かれてしまいます．もし彼らが使徒たちの言葉を用いて，サクラメントのことを「しるし」や「印証」とよんでいたなら，このことをめぐる議論や論争，抗争のすべては，おそらく起きなかったかもしれませんが，人間が神よりも賢くなり，物事を名づけるようになり，神に依り頼むのではなく，人間の知恵に依り頼むようになるところでは，それこそまさに愚かなことですが，このような難題が生じるのは避けられません．

四つの意味で用いられる「サクラメント」

　そこでこの点について，古代のラテン教父たちは，明らかに四つの局面から「サクラメント」という言葉を採用しています．彼らはときに，つとめの執行そのもの全体について，その語を用います．次に，彼らはときに，執行の全体ではなく，洗礼と聖餐の執行において用いられる外的なもの，すなわち洗礼における水とその注ぎに，また聖餐におけるパンとぶどう酒，またそれらを裂き，配分し，食すことに用います．三つめに，彼らは，その執行の際に用いられる外的なもの全般にではなく，聖餐におけるパンとぶどう酒，洗礼における水といった物質的で地上的なもの，その品だけに用います．それは「サクラメントに関して言えば，わたしたちは主の体を食すのだが，邪悪な者はパンを食べているにすぎない」とアウグスティヌスが述べる意味においてです．最後に，彼らは単に物的な品だけでなく，その品によって意味されていることに用います．それはエイレナイオスが，サクラメントは二つの部分から成り，一つは地上のもの，もう一つは天上のものである，と言った意味においてです．このような用法で古代の人びとが「サクラメント」という言葉を

用いたのであり，そして彼らがそれを正しく用いたことに疑問を挟む余地はありません．

御言葉とサクラメントは常に結び合っていなければならない

　言葉の曖昧さについてはさておき，今日の神の教会で受け取られている「サクラメント」の言葉で把握していることについては，語られる神の言葉と結びついた聖なるしるしと印証として，同じ神の言葉のうちに保たれる真理を印封し，確言するものとして執行されるものであって，御言葉と切り離された典礼の執行を，わたしはサクラメントとよぶつもりはありません．そのような印証などありえないのです．なぜなら，もし印証が御言葉の証言から切り離されたら，もはやそれは印証ではなく，それは単にそれ本来のものにすぎず，それだけのものでしかありません．したがって，御言葉の証言と結び合っていなければ，サクラメントであるわけがありません．サクラメントはそもそも何であるのかを考えてください．それが，本来そうであるもの以外の何ものでもありません．それは普通のパンの断片なのでしょうか？　神の言葉の証言と結び合っていなければ，それはただのパンのままです．ですから，御言葉だけで，その品のままをもって，サクラメントにすることができるのではなく，御言葉と品の相互関係が相まってサクラメントとなるはずです．アウグスティヌスは「御言葉が聖餐の品に来られることで，あなたがたはサクラメントにあずかれる」と見事に表現しました．したがって，御言葉が品に来てくださらなければ，つまり，サクラメントに先立って御言葉がはっきりと説教され，サクラメントのあらゆる部分が解き明かされなければならず，そしてそのことがサクラメントにまで引き寄せるのであり，印証としてのサクラメントは，このことに添付されるのでなければなりません．したがって，御言葉と印証が双方に結合した一つのものを，わたしはサクラメントとよびます．

　すべてのサクラメントがしるしであるという事実に関しては，異論も

反論もありません．そうであるとすれば，もしサクラメントがしるしなら，しるしが関係性のなかにある以上（わたしたちはその範疇において語っていて），サクラメントは同じ関係性という範疇のなかに位置づけられなければなりません．それなら，あらゆる関係性にはおのずと二つの事柄が含まれていなければなりません．なぜなら，一つの事柄では，それ自体で相関的なものとなることができないからであり，そこで，あらゆる本来の関係性には，一方が他方に対して相互的に関わり合う二つの事柄がなければなりません．サクラメントから，この二つの事柄からどちらか一方だけを取り上げてしまうと，その関係性は損なわれ，そのことによって，あなたがたはサクラメントを失うことになります．この二つの一方を他方と混同し，それらを混合したり混乱させたりすることで，あなたがたがその関係性を損ない，実際に損なわれたなら，あなたがたはサクラメントを失うことになります．どちらか一方を他方に移し替えることで，結果的には，一方の実体が他方の実体のなかに消失することになり，そうなれば，その関係性は損なわれて，あなたがたはサクラメントを失うことになります．ですから，あらゆるサクラメントの場合と同じく，そこには関係性があり，その関係性を保持するために，あなたがたはサクラメントにおける二つの事柄の区別を保たなければなりません．

したがって，互いに関わり合うこの二つの異なる事柄をよりよく理解し，考察するために，神の恵みによって，わたしたちはこの秩序を保ちましょう．第一に，わたしはサクラメントにおけるしるしによって何が意味されているのかを説明したいと思います．第二に，わたしは，さし示されているものによって何が意味されているのかを説明したいと思います．第三に，わたしは，どのようにしてこれら二つが互いに結びつけられているのか，またどんな力で，またどのような効果を含んで，互いに結合しているのか，しかもその力と効果は一体どこに由来するのかについて明らかにしたいと思います．第四に，そして最終的に，同一の聖

餐の品が，そのしるしとさし示されているものを提供するのかどうか，そして，それらは一つか二つの行為で提供されているのかどうか，それらが一つまたは二つの品にさし示されているのかどうか，また，それらが一つか二つのしかたで両方の品が提供されているのかどうかなど，わたしは説明するつもりです．これらの多様性，つまり受け手側の多様性，品の多様性，そして与え手側の多様性を特徴づければ，あなたがたはサクラメントに難しい点などほとんどないとわかるでしょう．

1. サクラメントにおけるしるしの意味

　まずはしるしから始めましょう．サクラメントのすべてがしるしなのですから，わたしたちはサクラメントにおける何をしるしとよぶのでしょうか？　わたしは，自らの外的感覚，特に視覚によって，わたしが感知し，認知したものは何であれ，サクラメントにおけるしるしとよびます．すると，このサクラメントであなたがたが目の当たりにするとおり，外的な感覚，特に目に訴えかける二種類のものがあります．パンとぶどう酒という品は，目に訴えかけてきます．ですから，それらはしるしでなければなりませんし，さらには，これらの品が裂かれ，配餐され，執りおこなわれる儀式および祝いの式も，目に訴えかけてきます．ですから，そこには二種のしるしがあることになります．一つは，わたしたちが品とよんでいるパンとぶどう酒，そしてもう一つは，それらが裂かれ，配餐され，執行されることによる，わたしたちが聖礼典とよぶ祝いの典礼です．「聖礼典」という言葉に惑わされてはなりません．パンを裂き，ぶどう酒を飲むこと自体を，わたしが「聖礼典」とよんでいるとは考えないでください．そこに恵みも益も何も付随していない，ただ空虚な品を「聖礼典」と称しているだけであって，それらは空虚であるなどと，あなたがたは考えないでください．そうではありません．わたしはそれらを聖礼典の儀式とよびますが，キリストが主の晩餐において制定された礼典のすべて，パンとぶどう酒もまた，ことごとく本質的なも

のであり，その制定の全体を歪曲させてはならず，少しの逸脱もなりません．なぜなら，キリストがしなさいと命じられたこと，そして，キリストが全行動において語られ，おこなわれたことは何であれ本質的なものですから，履行されなければなりません．あなたがたは，キリストの全行動から逸れずに，それを少しも曲げることも損なうこともできません．

　わたしがそれらをしるしとよぶ理由は次のとおりです．すなわち，人びとが一般にそれらをしるしとよんでいるから，わたしもそれらをしるしとよぶのでもなければ，ただそれらが他のもの，つまり，パンはキリストの体を意味し，ぶどう酒はキリストの血を意味するからである，というのではありません．わたしがそれらをあるものとはよばないのは，それらがあるものをただ象徴するからです．わたしがそれらをしるしとよぶのは，それらにキリストの体と血が結び合っているからです．実際に，そして紛れもなく真実に，キリストの体はパンと結び合い，キリストの血はぶどう酒と結び合っており，あなたがたがそのパンにあずかり，自身の口に入れた途端に（もしあなたがた，男性であれ女性であれ，信仰者であるなら），あなたがたは信仰によって，自分の魂のうちで，キリストの体にあずかります．さらに，あなたがたが自身の口にぶどう酒をいただいた途端，あなたがたは，信仰により，魂のうちで，キリストの血にあずかります．それらが示すその事柄を伝達し，提示するための道具であることがまさしくその役目であって，単に，それらが象徴していることをしるしとよんでいるからではありません．なぜなら，もしそれらが目の前にないものを代理し，さし示すだけにすぎなければ，絵画であれ命のない像であれ，何であれサクラメントになり得るでしょう．なぜなら，あらゆるものが画像を伴って，さし示されているものが脳裏に刻印されるからです．たとえば，国王の肖像画を見たとき，その国王のことがあなたの脳裏に刻印され，そしてそれは国王の肖像画だと示すでしょう．ですから，もしサクラメントのしるしがそのようなものにすぎ

ないのならば，あらゆる絵画がサクラメントになるでしょう．しかし，サクラメントは，そのしるしが口で受け取られた途端に，それが魂と心に示しているものを明示し，伝達します．それがしるしとよばれるのは，とにもかくにも，まさしくこの理由からです．国王の肖像画が国王本人を届けてくるわけではありません．そこには，それがイメージであるという以外に，それがイメージする現実はありません．ですから，いかなるイメージも，イメージではサクラメントになることはできません．こうして，サクラメントがしるしとよばれるのは，おもに主が自らの手で，さし示されているものを伝達し，提示するために，サクラメントを命じられたからです．福音の御言葉がわたしたちの永遠の救いのための，力に満ちた有効な手段であるように，サクラメントも，わたしたちの永遠の救いのために，わたしたちにイエス・キリストをもたらすべく，神によって定められた有効な手段なのです．なぜなら，この霊的な糧は，霊的な食卓において，つまり，御言葉のつとめにおいて，またサクラメントのつとめにおいて，わたしたちに備えられ，ふるまわれているからです．ただし，このつとめはあくまでも外的なものですが，それでも，主がこれらの外的なしるしによって霊的かつ天上的なものを伝えるためにと言われました．それはなぜなのでしょう？その理由は，どこにおいても，主はわたしたちに御自身の御子を届ける手段として，主が聖餐の礼典を定められたからです．なぜなら，神御自身と神の霊以外に，わたしたちにイエス・キリストを届ける力をもつ者はいないのは確実だからです．ですから，神御自身以外に，神御自身の霊によってキリストを届けることができる者はいない，と明言できます．

　主は聖霊の働きによって届けられます．使徒が主について述べたように（コリントの信徒への手紙二1：22），聖霊はわたしたちの心に主を証印してくださるお方であり，主においてますますわたしたちを強めてくださるお方です．

　厳密にいえば，父なる神だけが，あるいはキリスト御自身だけが，キ

リストを届ける力をお持ちです．キリスト御自身の霊だけが，仲介者を届ける力をお持ちです．にもかかわらず，神は喜んでわたしたちにイエス・キリストを届けるべく何らかの手段や方法を用いられます．その方法とは，御言葉のつとめ（説教）とサクラメントのつとめです．そして，神がキリストを届ける手段としてこれらを用いられるため，それらはキリストを届けるためのものである，と言われます．しかし，ここであなたがたは，根本的な効果を有する配り手と手段としての効果を有する配り手を区別しなければなりません．この区別を堅持すれば，間違いなく，その御言葉による神も，そしてその霊による神も，イエス・キリストをあなたがたに届けてくださるでしょう．わたしがそれらをしるしとよぶのは，神がそれらを，それらがさし示しているものと同じものを届けるための効果的な媒体とされたからです．

2. さし示されているものごとの意味

次に，示めされているものごと，すなわち，わたしがサクラメントのしるしによってさし示されているものとよび，古代教父エイレナイオスが「天上的にして霊的なこと」とよんだもの，つまり，わたしたちの魂に注がれ，与えられる「キリストの賜物，益，そして恵みのすべてを伴ったキリストの全体」とよぶものごとについて述べていきます．わたしは，パンとぶどう酒というしるしによって示めされているものを，キリストの益とか，キリストの恵みとか，キリストからだけ溢れ出てくる効力とは言いません．そうではなく，わたしはさし示されているものを，キリストから溢れ出る益や効力を伴い，そこからこの効力が流れ出す，まさにキリスト御自身の実体そのものである，と言います．その実体から流れ出る効力と賜物と恵みを伴った実体こそ，ここでさし示されているものです．キリストから溢れ出る効力と恵みについては，あなたがたが，最初に実体そのものにあずからなければ，キリストの実体から溢れ出る効力にはあずかれません．そもそも，どうして，最初に実体そのものに

あずからずに，実体から溢れ出る果汁にあずかれるものでしょうか？

　食事をするのに，食物の実体をまったく口にしないまま，わたしの胃袋が満たされるでしょうか？わたしののどの渇きは，一度ものどを通っていない飲み物で潤されるでしょうか？最初に実体にあずからずに，何らかの効力を吸収することができるでしょうか？ですから，最初に実体にあずかる，つまりキリスト御自身にあずかることによらなければ，キリストから溢れ出る果汁と効力にはあずかれません．

　したがって，わたしは聖餐によってさし示されているものを，ただキリストから溢れ出る恵みと効力のこととは言わずに，キリストの効力と恵みの伴わないキリスト御自身やキリストの実体のこととも言わず，そうではなくして，その恵みを伴う実体のことである，と言います．サクラメントにおけるしるしによってさし示されているものを，神であり，人であり，御自身の恵みから御自身の実体や本質を分離することもない，キリストのすべてである，とわたしは言うのです．なぜそう言えるのでしょう？もし，パンによってさし示されているものが，キリストの肉体や体のことだけで，それ以上のものではないなら，それと同じように，ぶどう酒によってさし示されているものがキリストの血のことだけで，それ以上のものではないなら，それはただのキリストの一片にすぎませんから，あなたがたはそのキリストの体をもって「それがキリストである」とは言えません．同じように，それがキリストの一部にすぎないため，そのキリストの血をもって「それがキリストのすべてである」とは言えません．あなたがたをお救いくださったのは，救い主の一かけらではありませんし，ましてや，あなたがたをお救いくださったあなたがたの救い主の一片でもありません．ですから，あなたがたがサクラメントにおいて，そのキリストの一片にあずかったとしても，それら聖餐の品があなたがたに何ら善をもたらしてはくれません．ですから，永遠の命に生きるためにサクラメントがあなたがたを養うには，サクラメントにおいて，キリストの実体がキリストの恵みから切り離されることなく，ある

いはキリストの神性と人性が切り離されることなく，あなたがたの救い主の（一部ではなく）すべて，キリストのすべてに，あなたがたはあずからなければなりません．そうであれば，どうすれば，このわたしはキリストにあずかれるのでしょうか？ 自分の口によってではありません．わたしたちは自分たちの口で神にあずかると考えるのは無意味です．そうではなく，わたしたちは信仰によってキリストにあずかるのです．なぜなら，神は霊であり，わたしは信仰によって，しかも心の底から信じることによって，キリストを食すのであって，わたしの口内にあるこの歯で食すわけではありませんし，そんなことは馬鹿げています．わたしは，あなたがたが自身の口でキリストの体を食すことになるのを認めますし，それがむごい方法であると認めますが，あなたがたは自身の口をもって神性を食すわけではありません．それは乱暴な言い方です．ですから，もしこれまであなたがたがサクラメントから良い益を受けてきたとすれば，あなたがたはキリストのすべてにあずかっていたに違いありません．しかも，信仰のほかに，あなたがたとキリストを結び合わせる媒体などありません．ですから，信仰をもって，心から信じて，主の食卓に進み出てください．

キリストの体は霊的な養いである

ああ，しかし，あなたがたはわたしにこう尋ねてくるでしょう（しかも，さし示されているものについての定義がその問いに根拠を与えることは明らかです）．もし，キリストの体，キリストの血が，さし示されているものの一部であるならば，どうしてわたしはキリストの体を霊的かつ天上のものであると言えるのでしょうか？ すると，キリストは，その体という点に関して，天上のものなのでしょうか？ あなたは，キリストの体そのものが霊的なものであるとは言いません．また，キリストの血そのものが霊的であるとも言いません．ではなぜ，あなたはそれを天上の霊的なものであると言うのでしょう？ わたしは申しあげたいので

す．キリストの体をさし示すものは霊的なものとよばれ，キリストはそのさし示される体という点では霊的であると言われるのであって，キリストの体が霊となるのでも，キリストの体そのものが霊的なものとなったのでもありません．そうではありません．キリストの体そのものは真の（人間の）体のままであり，その実体は，処女の胎に宿られたときとまったく同じままなのです．そのキリストの体が霊的と言われるのは，それが天における父なる神の右に座すことで栄光が帰せられたから，という訳ではありません．惑わされないでください．たとえキリストの体に栄光が帰せられるとしても，それは真の体，処女の胎からキリストが取られた肉身のままです．それが霊的なものであるのは，主の晩餐ではキリストの体が見えないからではありません．仮にキリストの体がいます同じ所にあなたがいたならば，見えるのかもしれません．しかしそうではなく，それが霊的と言われる理由は，それがわたしの体と魂にもたらす霊的な目的のためであって，そのキリストの体と血が，この世の命のためにではなく，霊的かつ天上の命のために，このわたしを養うために備えられているからなのです．

そこで，そのキリストの体は，霊的な糧であり，わたしの霊的な命に提供されるので，それは霊的なものと言われます．もし，それが動物の肉体が養われるようなしかたで，この世の命のためだけにわたしを養うのであれば，もはやそれはこの世的なものと言うほかありません．しかし，それが地上的な，この世の命のためにではなく，天上の，神聖かつ霊的な目的のために，わたしの魂を養うのですから，そのキリストの体は，またキリスト御自身は，キリストの体という点に関して，サクラメントにおける霊的なものとよばれます．さらに，それが受領される霊的な手段であるがゆえに，それはサクラメントにおいて霊的なものとよばれます．キリストの体にあずかる手段は，身体的な手段，つまり身体の歯や口という手段ではなく，霊的な魂の口，すなわち信仰によるのです．その手段が霊的であるため，受領されるキリストも霊的とよばれます．

さらには，あずかるその方法が，自然的あるいは外的なものではなく，天上の，霊的かつ神聖な方法であり，サクラメントであずかるキリストの体は人間の肉眼で見えるようなしかたではなく，霊的かつ神秘的なしかたであずかるものですから，こうした諸々の理由から，わたしはイエス・キリストを，サクラメントにおいてしるしによってさし示されている天上の霊的なものとよぶのです．

三位一体にいます神がさし示されたものを適用されるに違いない

こうして，最終的には，さし示されているものがわたしたちに適用されなければなりません．薬局に立ち寄り，ある箱の中にわたしに効く薬があることがわかったところで，それがわたしにどう役立つのでしょうか？　その薬は服用されなければ，それがわたしに何の効果があるのでしょう？　自分の救いをはるか遠くから眺めているだけで，それを自分に適用しなければ，それがわたしにどう役立つのでしょう？　ですから，ただキリストを知るだけでは十分ではなく，キリストがわたしたちに提供されなければならないのです．そうでなければ，キリストはわたしたちの健やかさも救いももたらしてはくださいません．そして，この救いがわたしたちに与えられているのですから，わたしたちはそれにあずかれる口をもっていなければなりません．もしわたしにそれを食べる口がなかったら，自分の目の前においしそうな肉料理があるのがわかったところで，その肉料理がわたしにとって何になるでしょう？　ですから，サクラメントにおいてさし示されているものは，神によって，つまり三位一体の，三つの位格による唯一の神によって，わたしたちに与えられていることは間違いありません．それは，御自身を与えてくださるイエス・キリストによって与えられなければなりません．キリストは御自身をお与えくださるお方ですから，わたしたちはキリストを受領するための口を持たなければなりません．キリストは御自身を現し，御自身を与えてくださいますが，キリストを受領するための口がある人以外には何

1 サクラメント全般について 51

ら益せず，何ら役立ちもしません．すると，さし示されているものとわたしがよぶものが何か，あなたがたもおわかりのことと思います．つまりそれは，御自身の本性を分離させることなく神でありかつ人であり，御自身の恵みと御自身の実体を区別することなく，すべてをわたしたちに適用してくださる，キリストのすべてのことです．

わたしたちは，自分への憐れみの必要性を告白しつつ，主の食卓に近づかなければならない

ですから，御自身の肉によって養い，御自身の血によって新たにしてくださるための，また天上の霊的ないのちにとっての養いとなるためのサクラメントに，わたしたちが臨んでいることがわかり，また何の準備もしないままこの食卓についてもそこに何ら益がないことがわかれば，誰もあえて何の備えもしないまま聖なる食卓に進み出ようとは考えなくなるでしょう．ある人たちは，他の人たちよりも細心の注意を払って備えるでしょう．それでも，幾らかでも心を清めようとしないままその食卓に進み出ようとは誰も思わないでしょう．そこで，あなたがた皆が自分たち自身を備えるべきであり，そうして，よりよい状態でその食卓に臨むために，わたしが奨励することは，キリストの御前にあなたがた一人ひとりが，自らの潔癖さや公正さ，高潔さを誇らしく携えて主の食卓に臨むことではありません．その食卓に集う誰もが，自らの欠けを認め，告白しながら進み出るべきです．その人は，神に対して犯した罪ゆえに，悔い改めの心をもってそこに進み出るべきです．自分が潔白であり，正しく，高潔であることを訴え出るためではなく，自分が惨めであり，しかもあらゆる被造物のなかで最も惨めな存在であることを訴え，告白するために，神に対して自らが犯した罪を忌み嫌いながら来るべきです．そうすることで，自らの惨めさのうちに強さを得，恵みの御座において憐れみを確信するために，その食卓に臨み，悔い改めの賜物を受領することによって，ますます正しく，清く，健全に，自らの日々を生きたい

と願うようになるでしょう.

ですから,もしもこのような道筋を辿ることも,そうしようと決意することもないまま,自らのこれまでの生き方を改めもせず,自らの罪を悔い改めようともせず,しかも,神の恵みによって,これまで生きてきたよりももっと正しく,健全に生きようとしないのであれば,その食卓に集ってはなりません.健全なことをしようという目的意識も悔い改めもないところでは,必ず損なおうとする目的意識が働くだけです.悔い改めるこころざしすらもたずに,よこしまな目的をもってこの食卓に臨む者は誰であれ,その当人はキリストを嘲り,キリストの御顔を蔑み,自らの現在の有罪判決を自ら食べることになります.ですから,自らの心に,これまでよりも善いことをしようと思わない人,自分がこれまでに犯した罪を嘆く心をもたない人,そして自らの過去の愚かさや狂気を光のもとで照らしだそうとしない人は,この食卓に臨んではなりません.裁きに心痛め,そのような悔い改めを心に抱かなければ,この食卓に来てはなりません.しかし,もしあなたがたが,たとえこれまでの生き方が自堕落でだらしなかったとしても,心からより善いことをしようという何らかの心がけを抱き,しかも,自分たちの過去の生き方ゆえに何かしらの反省や痛悔の念を心に抱くなら,その食卓から遠ざかるのではなく,自分の惨めさと弱さに抗して,恵みを受けとる心を携えて,食卓に臨んでください.しかし,もしあなたがたが自堕落でだらしのない生活のまま進み出るなら(わたしは公の不正のことを言っているのではありません),それを改めようとも思わず,罪に留まり続けるのなら,神のために辞退すべきです.

説明されるべきことはまだたくさんある

わたしたちはさし示されているものについて縷々述べてきました.ここで,一般的な考察をするうえで,まだ幾つかの点をあなたがたに説明する必要があります.第一に,どのようにしてそのしるしとさし示され

ているものが互いに一対とされるのか，それらがどのように結合しているのかという点です．次に，どのようにして，そのしるしが提供されて，さし示されているものが提供されるのか，しかも，どのようにしてその両者が，提供されるだけでなく，受領されるのかという点です．さらに，わたしはサクラメントの他の部分について，つまりそれが御言葉であるという点について簡潔に述べようと思います．そして最後に，わたしはサクラメントを歪め，それをまったく無意味なものにしてしまう幾つかの間違いについてあなたがたに示したいと思います．そして，もし時間があれば，わたしのもとにあるこのサクラメントに関して幾つかのことを述べたいと思います．

3. しるしとさし示されているものは互いに結び合っている

どのようにして，そのしるしとさし示されているものがお互いに結びつけられているのか，じっくり考えていきたいと思います．それは議論全体と関わることです．つまり，厳密な真理を変えてしまった人たちとの間で，わたしたちがこれまで交わしてきた論争は，この結びつきかたと関係しています．ある人たちはそのしるしとさし示されているものはある一定のしかたで結び合っていると主張します．そして別の人たちは，それとは異なるしかたで結び合っていると主張します．こうして，人びとはこの問題をめぐって非常に激しく対立し，自分たちの主張を強硬に押しとおして争い続けることによって，彼らはその真理を見失っています．主張の熱気が上昇するとき，しかも特にその論争が激化するとき，彼らはもはやその真理とは無関係に，ただただ自分たちの側の勝利のことしか頭にありません．彼らが勝利にこだわり続ける限り，たとえそれがただ多くの言葉を費やすだけのものでありながらも，彼らは，真理を見失おうとも，意に介しません．この結びつきに関して彼らが記した著作や書物を読んでみてください．そこには良識も知性もないことがすぐにわかるでしょう．もし彼らに，本当に知性があるという意識がほんの

僅かでもあれば，この論争はすぐにでも解消したでしょう．しかし，人が良識を欠き，ただし知識だけがあるという場合，邪な意識が自らの知識を悪用し，自分たちを悪しき顛末へと引きずり落とします．

キリストと信仰者たちとの間の霊的な結びつき

もしわたしが，いかにして上記の両者が一つに結び合っていないのかを，最初にあなたがたに語るのであれば，どのようにしてその二つが一つに結び合っているのかを今あなたがたにお話しすることよりも，わたしにとってはずっと容易なことであり，あなたがたが理解する上でも，そうでしょう．つまり，わたしはそのようなしかたではっきりと明白にするつもりですが，しかしながら，どのようにして現実的にそれらが一つに結び合っているのかについて，それほどはっきりとは証明することができません．あなたがたには，自らの目で，そのしるしとさし示されているものが，ある特定の場所で一体となっているのではないということ，つまり，その両方が一つの場所にあるわけではないということを，はっきりと感じ取れると思います．さらに，あなたがたの諸々の外的な感覚によって，さし示されているキリストの体とそのしるし（パン）が，物理的に一体となっているわけではないことが，あなたがたもおわかりだと思いますし，双方が物理的に互いに触れ合っているのではありません．あなたがたはさらに，それらが目に見えるしかたで結び合っているわけではないことがおわかりになると思います．それらは，外的に目で捉えられるような実体ではありません．すると，いかにしてそれらは結び合っていないのかを理解してもらうことの方が容易なのです．なぜなら，もしそのしるしとさし示されているものが可視的なもので，かつ身体的に結び合っているのであれば，なぜしるしが必要なのでしょうか？いかなる目的のために，サクラメントにおけるしるしがわたしたちのためにあるのでしょうか？サクラメントにおけるしるしは，わたしたちをキリストのもとへと導き，わたしたちにキリストを差し出すために用

1 サクラメント全般について

いられているのではないのでしょうか？ もしわたしがそのパンを見たときに，キリストの現臨を自らの目で確認できるのなら，わたしがそのパンを食す必要があるでしょうか？ ですから，あなたがたは，そのしるしとさし示されているものとの間に，身体的にも自然的にも，そうした物理的な結びつきのようなものはないことがはっきりとおわかりでしょう。そこで，そういうわけですから，あなたがたがどうしてそれらが結び合っていないのかを理解していただくことの方が容易である，と申しあげたのです．

すると，両者はどのように結び合わされているのでしょうか？ サクラメントの本質に対応し，合致する結合以外のいかなる結合の手段も，わたしたちは尋ね求めることはできません．なぜなら，その本質が可能とする以外の別の方法では，一方が他方と結びつくことはできないからです．ですから，サクラメントの本質がそれを可能とする以外に，ここでは何の結合もありえません．こうして，サクラメントの本質こそがサクラメントの結合をひき起こすことになるのです．

サクラメントのすべてが奥義です．崇高にして神聖な奥義を含まないサクラメントなどありません．サクラメントは奥義ですから，秘義的，神秘的，かつ霊的な結合が，サクラメントの本性と十分に合致するのです．わたしたちとキリストとの結合はまったくの奥義ですから，使徒がわたしたちに示しているように（エフェソの信徒への手紙 5：32），そこには秘義的で霊的な結合が含まれます．したがって，疑いようもなく，サクラメントと，サクラメントにおいてさし示されているものとの間の結びつきは，同じ本質を具えた，秘義的かつ霊的なものでなければなりません．どのようにしてキリストとわたしたちとが結合するのかという，その視覚的な例証をあなたがたに示すことはできません．この結びつきを理解する人は誰でも，天上の視野とともに，啓蒙された精神を自らに具えていなければなりません．それは，人には自らの頭部に外的な物事を見るための目が具わっているのと同じように，その人は自らの心と魂

に，サクラメントにおける神の御子とわたしたちとの間の神秘的で秘義的な結合を感得するための天上の目を具えていなければなりません．ですから，わたしはもはや何も強調する必要はありません．もしあなたがたがこの天上の幻をもたなければ，あなたがたは自分自身とキリストとの結びつきを理解することもできませんし，サクラメントにおけるしるしとそれによってさし示されているものとの間の結びつきを理解することもできません．

そういうわけで，サクラメントは奥義である，とわたしは断言しますし，またそれゆえに，サクラメントに含まれるその結びつきには，間違いなく，秘義的かつ神秘的で，霊的な結合が含まれていなければなりません．さらにわたしは，一般的な推論からして，どのサクラメントにも，ある関係性があり，相互に関わり合う二つの観点があることを指摘したいと思います．ですから，サクラメントの本性にとって相互の結びつきは相対するものなのです．

「それはどのような結びつきか？」とあなたがたはお尋ねになるでしょう．双方の本性と対応するその結びつきは，関係的な，しかも相互の結びつき，つまりは，しるしが常にそのさし示されているものと結び合い，しかもさし示されているものもしるしと結び合う，とわたしは答えます．すると，あなたがたは尋ねるでしょう．「どのような結びつきが，しるしとさし示されているものとの間にはあるのか？」と．わたしはそのことを，しるしとさし示されているものの相互関係のなかに存在する，神秘的かつ秘義的な結びつきであると述べているのです．

御言葉とさし示されているものとの結びつき

キリストとわたしたちとの結びつきとは別に，サクラメントにおけるしるしとさし示されているものとの結びつきをより明白にするもう一つ別の結びつきがあります．それは，わたしたちが聞く御言葉と，同じ御言葉によってさし示されているものとの結びつきです．わたしたちが聞

1 サクラメント全般について　57

く御言葉と，それによってさし示されているものとの結びつきは，あなたがたの精神のなかに到来する結びつきです．あなたが耳で聞く御言葉とそれによってさし示されているものと，サクラメントであなたがたが目の当たりにするしるしとさし示されているものとの間には，類似の結びつきがあります．あなたがたは，たとえそれがどんな結びつきであるのかがわからなくとも，その効果によって，双方が結び合っていることを容易に感得することができるでしょう．どうしてなのでしょう？あなたがたが，わたしが語った御言葉を聞いた途端に，わたしの言葉が意味することが直ぐにあなたがたの脳裏に伝わっていきます．もしわたしが過去のことや，これからのこと，または間近に迫っていることについて言及すれば，その言葉とそれによってさし示されているものとが結び合っていることは自明なのですから，わたしがそれらについてあなたがたに語った途端，そこでさし示されているものはすぐにあなたがたの脳裏に伝わります．たとえば，パリはわたしたちから随分遠く離れていますが，わたしがパリについて語れば，その言葉が語られた途端に，パリの街のことがあなたがたの脳裏に伝わります．もしわたしが国王について語れば，たとえ国王がわたしたちから遠く離れたところにいても，その言葉が語られた途端に，そのさし示されているものがあなたがたの脳裏に伝わります．その心と意識に言葉でさし示されているものが伝わるのは，言葉とその言葉によってさし示されているものが結び合っていることを，あなたがたにはっきりと示しています．

　これがどのような結びつきなのかを言明することは簡単ではありません．なぜなら，さし示されているものは，その言葉が耳で聞こえるようには，目で見えるように現れていないからです．もしさし示されているもののすべてが，言葉が耳で聞こえるように，あなたがたの目の前に立ち現れるなら，その結びつきを理解するのは容易でしょう．しかし，その結びつきは奥義に属し，秘義かつ霊的であるため，理解してもらうのが難しいのです．けれども，ある一つの言葉とその言葉によって意味さ

れるものの結びつきを思い合わせてください．それと同じような結びつきが，サクラメントとサクラメントによってさし示されているものとの間に存在するのです．サクラメントは見える御言葉以外の何ものでもないからです．なぜわたしはサクラメントを見える御言葉とよぶのでしょう？　なぜなら，サクラメントは，わたしたちの精神に，それが意味することを目から伝えるからです．ちょうど聞くことのできる言葉で，そこでさし示されているものが聞くことによってわたしたちの精神に伝えられるのと同じように，サクラメントでは，説教とサクラメントの解説とともに，あなたがたがそのサクラメントを目で見るたびに，そこで自分の目でパンを見た途端に，キリストの体はあなたがたの精神のなかに臨んでくださり，ぶどう酒を見た途端に，キリストの血があなたがたの精神に臨んでくださるのです．

　しるしとさし示される事柄との間の類比

　サクラメントにおいて，しるしとそれによってさし示されているものの結びつきは，おもに二つの部分から成ります．第一に，しるしとさし示されているものの関係において，その両者の類似性や相関性から生じるものです．なぜなら，もしも，しるしとそれによってさし示されているものの間に関連や類比がなかったなら，そこにサクラメントはありえませんし，それらの間には何の関わりもないことになります．ですから，最初の段階で，この結びつきは，一方が他方に対してもっている，ある程度の近似性や類似性に由来する関係性があります．この近似性はすぐにわかっていただけるでしょう．あなたがたが地上での，しばしの生涯を生きる上で，パンがどのようにしてその体を養っているのかを考えてみてください．そう，そのパンによってさし示されているキリストの体は，体も魂も永遠に生きることへと養うことができると考えてみてください．こうして，しるしとさし示されているものとの間には何らかの調和があることに，あなたがたも納得するでしょう．

1 サクラメント全般について

しるしとさし示されるものとの相互同時性

第二に，この結びつきは，もしあなたがたが自らの魂にそれにあずかるための口，すなわち信仰をもっていると考えれば，しるしとさし示されているものは同時に同一の所作で，一方は内的に他方は外的に一緒に提供され，かつ受け取られるというしかたで，連携して持続されます．

したがって，第二の点において，その結びつきは，両者が一緒に提供されること，そして一緒にあずかることになります．このことを，わたしは同時生起（concurrence）とよびます．そうすると，もしあなたがたがしるしとさし示された事柄との間にどんな結びつきがあるのかと尋ねたら，わたしはこう答えます．それは一つに結合した相関関係であり，神秘的で秘義的な結びつきであると．

ここで考察されるべきことが一つだけあります．それは，しるしとさし示されているものの二つを結合させる一方で，あなたがたはそれらを混同しないよう注意しなければならないということです．一方を他方にすり替えてしまわぬよう注意してください．一方を他方に混同したり，混ぜ合わせたりせずに，それ自体の実体として，それぞれを保ってください．そうすることによって，あなたがたはサクラメントにおいて求められる正当な結びつきを保ちます．

神の優しさと至善

ここから学ぶ主要な教訓は，わたしが理解できる限り，すべてわたしたちが神と結びつくために，非常に多くのすばらしい結びつき方を創案し，しかも，栄光なる神とわたしたちの間のこの偉大で秘義的な結びつきが増強される方法を創出してくださった，永遠に生きておられる神の優しさと至善に関する教訓です．この世の命においても来るべき世の命においても，わたしたちの富や至福や幸いは，ただの偶然の結びつきにしかすぎません．つまり，神が自らの御言葉とサクラメントに御自身を

意図して深く結びつけてくださっているからこそ，その御言葉とサクラメントにおいて，わたしたちは神と結び合わされることになります．もしわたしたちが，こうした結びつきにおいて明らかにされた神の配慮と聖愛に感動したなら，たとえそれがわたしたちの心の部分的なかすかな感動でも，確実に言えるのは，その幸いな結びつきの成果を，自分自身から捨て去ったり，今日わたしたちがするように嫌気や軽蔑のなかにもたらしたりしてはなりません．

キリストと，キリストの御計らいよりも，わたしたち自身の喜悦に惹かれて，そちらを優先させてしまうと，自分の魂の胃袋はどんどん悪化していき，病気になり，その結果，わたしたちはもはやキリストにあずかることにまったく堪えられず，たとえキリストにあずかれても，キリストは留まってくださらないでしょう．それはなぜでしょう？　なぜなら，悪化した胃袋は，肉欲やこの世の思い煩いですぐにキリストを窒息させてしまうため，キリストは留まってくださらず，結果的に，キリストが追い出されてしまうことになるからです．もしキリストが食べられもせず，消化されもしなければ，キリストはわたしたちに何ら益することをおこなえず，むしろ，キリストにあずかりたいとの切なる思いが欠如したところでは，この消化の力はなくなります．もしキリストを渇望していなければ，キリストはあなたがたのために備えられてはいません．もしこの国のすべての人びとがこの法則によって検証されれば，誰もキリストにあずかれず，キリストを渇望する胃袋をもつ僅かの人しかキリストにあずかれないものと，わたしは思います．わたしが心配なのは，わたしたちがそのような天上の食事に嫌気がさし，しかも見下してしまい，わたしたちの魂のうちに，その糧にあずかりたいという渇望や食欲がないことです．

わたしたちの罪が，わたしたちからキリストへの渇望を奪い取る

その原因は何でしょう？　それを述べていきましょう．わたしたちの

先祖がすっかり溺れて，夢中になり，一部の人びとは今なお確立させようとしている私的な甚だしい偶像崇拝を，わたしたちは捨て去りましたが，しかしそれでも，この国に生きているわたしたちの取り組みやそれぞれの行動が証明するとおり，わたしたちの魂のうちにある忌むべき偶像，または自分の心と精神のなかにある見えざる偶像崇拝を取り除けた人は一人もいません．すべての人が今なお，自らのまさに初めから，生まれながらにしてもっている偶像に礼拝をささげ，しかも自らを夢中にさせ，虜にするものに礼拝をささげています．ですから，驚かないでください．あなたがたが礼拝をささげるとき，自らの愛情が傾けられ，自らの心が注がれるのは，自分の喜悦や自分の偶像，そして自分自身の貪欲や害悪に対してなのです．どうか驚かないでください．それは，もしあなたがたがキリストへの渇望を抱いていなければ，また天上の食物を求めていないのであれば，のことです．あなたがたが何かしらの非道なおこないや不正に自分の魂を傾注してしまったとき，しかもその魂をはるか遠くへ放ってしまったとき，あなたがたは自分が用いるべきところで，すなわち，イエス・キリストにあってその魂を用いるために，どのようにしてそれを取り戻し，再び家にもち帰ることができるでしょうか？

  わたしたちの罪はまたさらにキリストへの渇望を奪い取る
　したがって，すべての人が自らの状態の度合いに応じて，自分自身の心のうちに住みついている，自分のうちに潜む偶像について考えてください．そして，それを排除すべく努めてください．そうでなければ，あなたがたはキリストの御顔を仰ぐことも，キリストの御国にあずかる者になることもできません．
　キリスト教において，これ以外の教訓はありません．つまりこれは，あなたがたの欲望や執着心を振るい落とせば振るい落とすほどますます自分自身を放棄し，あなたがたがキリストに従うようになるための，最

初にして最後の教訓です．人びとの内側でのその進捗状況にはばらつきがあることを，わたしは認めます．ある人たちにはほとんど見られず，ある人たちには大幅な進展が生じます．いずれにせよ，あなたがたがキリストのもとに近づくために，まずは自分自身を，そして自らの眼で見て最も価値を見出せるものを，どうにかして捨て去らなければ，キリストにあずかるにふさわしくはありません．これを実行するのは非常に困難です．ある人に対して，わたしが執着心とよぶ，その人自身の偶像を捨て去りなさい，と言葉で指導するのは簡単ですが，それは直ちには実行されません．確かに，こうした執着心を追い出すために，より強靭な人が介入してこなければなりません．事実，その執着心のうちに安住させている悪魔を追い払うために悪魔よりも強い人が立ち入ってこなければなりません．そうでなければ，その人はずっと執着心のうちに安住し続けるでしょう．ですから，自分自身を捨て去れた人は多くはいません．あなたがたがそうしたいと願うとき，自らの心を吟味してください．この世には，キリストよりも愛するものがほかにありはしないか，父母や妻子を後にしてすぐにでも去れるかどうか，など，キリストの代わりにあなたがたがこの世で最も愛おしいものが何かあるのだとすれば，キリストにふさわしくはありません．もしキリストからあなたがたを引き離そうとするものが何であれ，捨て去る心づもりができていないとすれば，キリストにふさわしくはありません．

　これは些細な問題でしょうか？　もしわたしたちの魂にそれに抗おうとする一かけらもなければ，力もなく，さらに，この天上の交わりに反抗するのであれば，キリストの御許に進み入るために自分自身を放棄し，捨て去ることは容易でしょうか？　このことがあなたがたに知られるようになることよりも大いなることはありえません．この点を考察することがすべての人の心の内側に浸透していないのは，この新しい創造の御業が最初の創造の御業よりも何万倍も大いなることだからです．

悪魔の策略

したがって，この点に関して悪魔は非常に狡猾で，常にわたしたちの魂のうちに何らかの偶像を築こうとしたり，また，そうしたなかで最も危険なのは，悪魔は折にふれて善の外見を装ったりするため，すべての人が自分自身に注意を払うことが最も必要です．わたしたちが実行するあらゆる行為のなかに，たとえそれが最も神聖なものでも，悪魔はわたしたちのすぐ隣にいて，そのなかに自ら関与してきます．悪魔は善という外見を装ってあなたを欺くだけでは満足せず，非常に抜け目がないため，あなたがたの最高の瞬間においてさえ，最も高潔な活動に取り組んでいるときも，悪魔はそれらを罪と結びつけて，あなたがたが受けるべき効益や報酬を失わせるためにできることは何でもします．なぜなら，悪魔はあなたがたが最も忙しいときに，あなたがたの内面に我欲を差し挟ませ，そうすることで，神から栄光をかすめ取ろうとするからです．あるいは，その一方で，悪魔は善いおこないをすることに，ひどく億劫にさせたり関心を失わせたりして，もしあなたがたが善いおこないをしようと思っても，それを冷淡におこなわせたり，まったく大事でないことに専ら関心を払わせたり，マルタのように最も大事なことを後回しにさせたりして，分別を欠いたままおこなわせたりするでしょう．マルタは，まず御言葉に耳を傾けるべきところを，キリストに食事を整えることを優先させて，それによってマリアとは違って，肝心なことではないことに忙殺されました．

これはしかし，わたしたちが善いおこないをする上で，判断を誤らせたり，本来なら最初にしなければならないことを後回しにさせたり，あるいはわたしたちをひどく億劫にさせたり，ひどく無関心にさせたりすることで，主の働きを冷淡におこなわせようとする悪魔の狡猾さを示唆するまでです．ですから，あれこれとさまざまな方法で，悪魔は絶えずわたしたちと共に働いているため，わたしたちの警戒は半分にも及びえ

ません。自分の内側が腐りきった人はいなくとも，悪魔もその人の内側に潜んでいるため，わたしたちに上から臨み，またわたしたちの内側にも潜むその霊的な邪悪さに，またその権威と諸力に，わたしたちは立ち向かわねばなりません。ですから，わたしたちには自らを捨てること，悪魔を追い出すこと，そして，キリストへの服従に身を委ねることに注意を払うのに十分ということはありえないのです。

　次に，キリストとわたしたちとの結合および合一について言うべきことがたくさんあります。

4. どのようにしてしるしと
それによってさし示されているものが伝え渡されるのか

　さて，しるしとそれによってさし示されているものは異なる点を理解しましたが，しるしがどのようにして伝え渡されるのか，またさし示されているものがどのようにして伝達されるのか，しかもどのようなしかたでそれらが受領されるのかについて考察する課題が残されています。ここでは，わたしたちは次のような問いについて考察していかなければなりません。

　第一に，しるしとさし示されているものは，同一人物によって，あなたがたのもとに届けられるのか否か。第二に，しるしとさし示されているものは，同一の行為で，あなたがたに届けられるのか否か。第三に，その両方は，同一の品で与えられるのか否か。第四に，しるしとさし示されているものは，同一のしかたで提供され，あずかれるのか否か。あなたがたがこれらすべてについて考察した後になれば，最終的にはあなたがたも気づくでしょう。第一に，しるしとさし示されているものは，一人の人間によって与えられるものではないということ，第二に，同一の行為で与えられるものではないということ，第三に，それらが同一の品で提供されもしなければあずかれもしないということ，そして第四に，それらが同一のしかたで提供されも，あずかれもしないということに，

あなたがたは気づくでしょう．ですから，この多様な見地において，与える側と受ける側との間の多様性，つまり，行為の多様性，聖餐式の品の多様性，そしてさまざまな受けとり方などに注目するのは当然です．こうしたすべての点に入念に注目してください．そうすれば，サクラメントについて理解する上で，何ら難しい点はないということがわかるでしょう．

(1) 第一に，しるしと，そのしるしによってさし示されているものは，どちらも一人の人間によって与えられるものではないことを明らかにすることから始めます．これは，あなたがた自身が目の当たりにしていることです．そのしるしを，つまりパンとぶどう酒をあなたがたに差し出す人物は，間違いなく牧師です．しるしは地上のもの，物質的なものですから，当然ながら，それを与えるのは地上の肉体的な人間です．しかしながら，さし示されているものにはそれとは別の本質があり，それは天上の霊的なものですから，この天来のものは，当然ながら，地上の人間によって与えられるものではありません．この朽ちないものは，自然界の，朽ちゆく人間によって与えられるものではありません．この天上のつとめをイエス・キリストは御自身だけのものとして，鍵をかけて堅く専有保持されます．ですから，サクラメントには二人の提供者がいることになります．つまり，牧師は地上のものを与え，そして仲介者のイエス・キリストがこのサクラメントにおいて天上のものを与えてくださいます．なぜなら，キリストは，地上のものが与えられる際には，直ちに御自身のつとめ，あるいは天使のつとめを行使するのではなく，ただ地上の人間のつとめを行使されるからです．そして，キリスト御自身の体と血を分配することに関しては，イエス・キリストは，それを天上の被造物に与えようとはなさらず，ましてやはるかに劣る地上の人間にお与えにはなりません．そうではなく，キリストはこのつとめを御自身のものとして保持され，しかも，キリストは御自身がそうしたいと思う人

や時々に応じて，御自身の体と血を分配されます．それはなぜでしょう？もし地上を生きる誰かにキリストの体と血を与える力があるとすれば，間違いなくその人には心と良心を清める力があり（なぜならキリストの血がその力を有しているから），結果的には，その人には罪を赦す力があることになるでしょう．

　しかしながら，罪を赦せるのは神だけであり，またそれゆえに，天上のつとめを誰かの人の力のもとに置くことはできません．わたしたちには洗礼者ヨハネの実例があります（マタイによる福音書3：11）．洗礼者ヨハネは「私は，悔い改めに導くために，あなたたちに水で洗礼を授けているが，私の後から来る人は，私より力のある方で……その方は，聖霊と火であなたたちに洗礼をお授けになる」と言わなかったでしょうか？ですから，あなたがたは人間の手から霊にあずかれると考えてはいませんか？あなたがたはただキリスト御自身の御手からのみ，キリストにあずかるのです．この内なるつとめがなければ，その外的なつとめには一本の藁の値打ちもありません．たとえ，わたしの外的なつとめが天使のつとめだったとしても，しかも，これら外的なものを与えるために，キリストがその肉をもって現臨されたとしても，もしキリストがそれを御自身の霊の内的なつとめと結びつけていないとすれば，その外的なつとめにはまったく効果がありません．それは，全教会総会の会期中に，あなたがたを訴え，裁く原因を十分にもたらすかもしれませんが，それでも，それは決してあなたがたの救いの益にならないでしょう．ですから，あなたがたは常に，主が聖霊によって，御言葉を聞くことであなたがたの耳を潤してくださるよう，あなたがたの心を潤してくださるよう，祈るべきです．

　(2)　次に，二人の執行者，二人の提供者が，サクラメントとサクラメントによってさし示されているものを提供し，与えています．つまり，これら二つは二層の執行においてさし示され，与えられます．天上の事

柄であるキリストは，外的な視覚では捉えられない内的な，秘義的，霊的な行為によって，あなたがたに提供され，与えられます．しかも，それと重ね合わせて，そのしるしは（牧師によって）提供され，そして身体を介する目に見えるしかたで，外的な行為において，与えられます．

（3）二種類の行為があるように，しるしとそのしるしによってさし示されているものが提供される二種類の媒体があります．なぜなら，さし示されているもの自体，つまりキリストは，決してわたしたちの身体的な口に提供されているわけではなく，御言葉においてもサクラメントにおいても，キリストの血，キリストの体，キリストの全体，あるいはキリストの霊は，わたしの身体の口に提供されているのではないからです．信仰による以外に，キリストにあずかる別の方法が見出せる聖書の箇所があったら，わたしに示してください．わたしが述べてきたように，手も口も，わたしたちがキリストにあずかる媒体ではありません．それは信仰によるだけです．さし示されているキリストが信仰の手と口によってしっかり捕えられるのとまったく同じように，キリストを示すしるしはわたしたち自身の生まれもった口と手でしっかりと捕えられます．あなたがたには自らの理性にも身体にも，しるしを受け止めるために備えられている適切な媒体である一つの口があります．つまり，信仰がキリストを受け止めるために備えられている媒体であるのと同様です．こうして，しるしとさし示されているものは，一つの媒体にではなく，二つの媒体，つまり，一つは身体の口に，もう一つは魂の口に差し出され，与えられるのです．

（4）次に，それらにあずかるのと同じようにして，これらがどのように提供され，与えられるのかを確認します．しるしは物的なものであり，当たり前のように身体的な媒体に提供されるのですから，そのしるしには身体をもって当たり前のようにあずかります．なぜなら，パンもぶど

う酒も，どちらもあなたがたの手と口を介してあずからなければならないからです．しかしながら，さし示されているものは身体をもってしてではなく，秘義的で霊的なしかたであずかります．さし示されているものは，それが提供されるのとまったく同じしかたであずかります．一方は物的な身体をとおしてあずかり，もう一方は秘義的で霊的なしかたであずかる，ということ以上に明らかなことはありえません．

したがって，外的な行為と内的な行為とを区別すること，しるしとそれによってさし示されているものを区別すること，そして内的な行為と外的な行為との間の対応と類比を保つことは，あなたがたがおこなわなければならないことです．もしあなたがたの信仰が篤いのなら，牧師があなたがたの身体に関わって外的に働いているのと同じように，キリストがあなたがたの魂の内側で忙しく働いていてくださっていることを確信することでしょう．牧師がパンを裂き，ぶどう酒を注ぎ，あなたがたにパンとぶどう酒を配餐する際に，常々どのように所作をしているのか，理解してください．キリストは，それと同じように霊的で目に見えないしかたで忙しく働いてくださり，あなたがたのために御自身の体を裂き，そしてあなたがたに御自身の体の血を与えてくださっているのです．この区別を保持することで，あなたがたは，牧師が外的にあなたがたの身体と関わっているのと同じように，キリストが自分たちの魂を十分に満たし，養ってくださっていることを，信仰によって確信することでしょう．これを保持し続けることで，あなたがたはサクラメント全体にあずかります．

わたしたちが述べてきたことから，サクラメントは二層の，または二重の様式で成立している，という結論に至ります．サクラメントは二種類の要素，つまり，地上の要素と天上の要素から，しるしとそれによってさし示されているものから成り立ちます．そして，サクラメントのなかに二重の事態が存在するのであれば，サクラメントは，外的な行為と内的な行為によって，二重の方法で取り扱われなければなりません．し

るしとそれによってさし示されているものとの間の区別を保持してください．そうすれば，あなたがたはサクラメントの理解にそう簡単に躓くことはないでしょう．

サクラメントにおける御言葉 ── 命令と約束

　サクラメントの一般的な考察からは離れて，わたしたちがこれまで述べてきた聖餐式の品をめぐっては，御言葉について語ることがまだ残されています．わたしは御言葉をサクラメントに不可欠な一部とよびます．「御言葉」によって，わたしが言おうとし，また理解しているのは，配餐されるその品と結びつき，その品に息を通わせ，あたかもその魂として仕え，そして，その執行全体に命を与えるものである，その御言葉のことです．なぜなら，この御言葉によって，また御言葉において，キリストがさし示されたことから，牧師も会衆も皆，何が自らの立場であるのかがわかり，そのうえで，牧師は聖餐の品を配り，会衆はその品にあずかり，そうして，皆が自らにふさわしい行為に備えられることになります．キリストの制定の言葉はサクラメントの執行全体に命を与えます．なぜなら，その執行における行為のすべては，キリストの御言葉において据えられたその制定にこそ，一切の根拠があるからです．

　キリストの制定について考察すべきことが二つあります．それは命令と約束です．キリストの御言葉のなかに，あなたがたは「取って食べよ」との命令が見出せます．その命令が，それに従うことを要求し，要請しています．さらに，制定のなかには約束も含まれ，「これはわたしの体である」という言葉に示されています．命令が服従を求めるように，約束は信仰を求めます．ですから，あなたがたが信仰と服従をもってしてでなければ，サクラメントにあずかってはなりません．もしあなたがたがキリストに服従する心備えをした上で，少なくともこれまでしてきた慣習を改めようとの心づもりでサクラメントに臨まなければ，あなたがたは自らに裁きを招くことになります．信仰なき心を携えていることは

自らの裁きに臨むことです．ですから，サクラメントにあずかろうとするすべての人は，より善いことをおこなうことについて，つまり，これまでよりもキリストに従うことやキリストを信じることについて吟味した心を携えて臨んでください．もし，この二つの点をいずれもいくらかでももち合わせていなければ，サクラメントにあずかってはなりません．なぜなら，信仰に拠らずにおこなうことは何事も無益だからです．

したがって，要するに，多くは御言葉にかかっているのです．

なぜサクラメントは御言葉と結び合わされているのか？

次に，サクラメントとそのしるしが御言葉と結び合わされるために何が必要なのかが問われるでしょう．わたしたちが御言葉で得られること以上に，サクラメントで得られるものはないとわかっていながらも，どうしてそれらが結び合っているのでしょうか？ そして，わたしたちは，サクラメントにおいてわたしたちが得るのに十分相当するものを，ごく僅かな御言葉から得ているのでしょうか？ つまり，わたしたちはサクラメントにおいて何か新しいものを得るわけでなく，わたしたちが僅かな御言葉から得ているのとまったく同じものを得ていると理解したうえで，それならばなぜ，サクラメントは御言葉と結び合わされるように指定されているのでしょう？ わたしたちはサクラメントで何ら新しいものを得るわけではない，というのは確かにそのとおりです．つまり，わたしたちはサクラメントで，御言葉から得る以上の，何か他のものを得るわけではありません．なぜなら，神の独り子御自身に本当にあずかること以上に，あなたがたはほかに何を求めるのでしょうか？ あなたがたの心は，天と地の支配者である神の御子よりも偉大な賜物を望むことも思い描くこともできません．ですから，わたしは述べているのです．あなたがたはほかに新しい何かを得たいと言うのですか？ と．もしあなたがたが神の独り子を得たとすれば，あなたがたは独り子と共に，すべてのものを得ることになります．あなたがたの心は，御子をも凌ぐ新し

1 サクラメント全般について

い何かをまったく想像できません．そうであれば，なぜサクラメントは指定されているのでしょう？ あなたがたは新しい何かを得るのではなく，この世においてあなたがたが御言葉において得ている同じものをよりよく得ることになります．

(1) わたしたちがただ御言葉だけから得る以上に，キリストをよりよくしっかりと確保するために，サクラメントは指定されています．ただ御言葉だけで，わたしたちがこれまで得ていた以上に十分に，かつより大きく，自分たちの心と精神のうちにキリストを保持するためにです．さらに，ただ御言葉だけを聞くことでできるよりも，キリストが狭いわたしたちの心のうちに住んでくださるよう，より広い余地をもっと押し広げてくださるためであり，そうして，わたしたちがより十分にキリストを受け入れられるようになれたなら，なおさらより素晴らしいことだからです．キリストは御自身においてまったく同じでも，あなたがたが受けるキリストの影響力が良くなればなるほど，ますますあなたがたはキリストの約束の確信を強くします．サクラメントは，わたしが自らの魂のうちにキリストをより十分に保つために定められ，そうして，わたしの魂の境界は押し広げられ，キリストはわたしのうちにより良い拠点を築かれるでしょう．間違いなくこれが，ただ御言葉のみの証しとしるしが結び合っている理由です．

(2) サクラメントはさらに，御言葉のなかにある真理を証印づけ，確証させるためのものです．証しと結び合ったしるしの役割は，証しそれ自身のなかにあるもの以外の何か他の真理を確証するのではありません．あなたがたは，先にその証しを信じたとしても，しるしによって，それをよりよく信じるようになります．しかしそれでも，サクラメントがあなたがたに確証させるのは，御言葉のうちに含まれる真理にほかなりません．しかしながら，それは御言葉と結び合ったしるしであるため，

あなたがたにその真理をよりよく確信させます．なぜなら，外的な知覚が覚醒させられればさせられるほど，ますます内的な心と精神は確信を強めるからです．

　次に，サクラメントは，たとえば，目や手など，その他のありとあらゆる外的な知覚すべてを覚醒させます．外的な知覚が刺激されるとき，間違いなく同時に聖霊も働いて，心のすべてを刺激します．ですから，サクラメントは，御言葉に内在されている真理を証印するために，しかもその真理をあなたがたの心のうちでより確かなものにするために，御言葉と結び合っています．御言葉は信仰を奮い起こすために定められ，そしてサクラメントはあなたがたにその信仰をよりいっそう確信させるために定められています．しかし，自分の心のなかでこの真理を内的に感得することがなければ，口だけでなく心もあずかる備えを整えていなければ，サクラメントがあなたがたの益になると考えてはなりません．

　神の霊が同時にあなたがたの心のうちで働き，同じ真理を証印するのでなければ，この世におけるどんなしるしも作用することはないでしょう．サクラメントは外的に証印するのであって，神の霊が内的に心の目を澄んだものにしなければ，そして神の霊があなたがたの心のうちの意識に働きかけなければ，御言葉もサクラメントも，本来与えるはずの成果も効果も失ってしまうでしょう．神の霊が同時に内的に刺激するのでなければ，あなたがたにとって，聖書全体は「殺しの文字」（コリントの信徒への手紙二 3：6［訳者］）にほかなりません．したがって，あなたがたがなすべき最大の努力は，あなたがたの心のうちにキリストが生きていることを感得し，心のうちにキリストを見出し，理性においてキリストを理解し，そのように，御言葉とサクラメントの両方が効果的になるように留意すべきです．もしそうでなければ，魂は死のもとに取り込まれたままであり，死から移し替えられてはいません．ですから，キリスト者たちがサクラメントを目の当たりにし，そしてその御言葉を聞く際に，いま自分たちが聞き，見ていることを，自らの心と精神の内側で

も見出し，感得することに全関心を集中すべきです．このことが，あなたがた自身の魂のうちに生きているキリストを見出すこと，とわたしがよんでいることです．あなたがたがキリストの住まいを清める（洗礼を受ける）ことがなければ，このことは生じないのです．なぜなら，もし魂という隠れた場所がまったく不浄極まりない場所なら，キリストはそこに住んではくださらないからです．ですから，魂を常に清めようと取り組み，キリストから引き裂こうとするあらゆるものから自分自身を断ち切らなければ，キリストがあなたがたのうちに生き，また住まわれることなど，到底ありえないのです．

　わたしたちの信仰が強められ，わたしたちの弱さを助けていただく
　これはすばらしい教えです．そして，わたしがこれまで述べてきたように，力に満ちたお方がわたしたちのうちに来てくださり，わたしたちを御自身のものとし，わたしたち自身をまったく新たに造り上げることがなければ，それは実現不可能です．こうして，神は御自身の側では，自らお語りになったことを誓約する必要も，しるしによって確証する必要もないのですから，わたしたちのためにしるしが御言葉と結び合っているにほかなりません．神の言葉は，十全に誓約またはしるしでもあります．しかし，わたしたちのために，それは必要なのです．わたしたちの内側があまりにも弱すぎるため，キリストが誓われて，御自身の御言葉に御自身のしるしを結び合わされたとき，わたしたちはあたかもキリストが一言もまったくお語りにならなかったかのように信じるところまでちかづけられます．そのようにして，わたしたちの信仰を助け，わたしたちに内在する弱さと無力を助けてくださるために，そして，あらゆる御言葉においてすぐに神を疑おうとするこの驚くばかりの弱さを助けてくださるために（なぜなら，わたしたちは生来的に自分以外のものを信じられず，自分のことを知れば知るほど，わたしたちはどんどんと神から遠のくばかりなのだから），キリストは，御自身のサクラメントに御言葉を

結び合わせて，しかも，そのサクラメントを伴ってわたしたちの救いに最も関わるものであると誓約されます．詩編110編4節でキリストの祭司性に関してわたしたちが聞いてきたとおりです．

神はただ口先で言われるのではなく，誓約をして言われます．それはわたしたちの弱さや脆さのためですが，もし神が御自身の聖霊のつとめを取り除かれるならば，これらすべての手段が台無しになってしまうでしょう．

いかにしてサクラメントは無効なものへとすり変えられうるのか？

そして最後に考察されなければならないのが，サクラメントがどのように曲解され，また，どのようにしてその効力や成果がわたしたちから奪い去られるのか，という問題です．二種類の間違いがサクラメントを歪め，サクラメントの執行と効力をわたしたちに誤らせています．これらは，その形式に関わる間違いであり，またその執行者の人格に関わる間違いです．形式に関しては，もし本質的な形式が破壊されれば，わたしたちは何も得られません．なぜなら，サクラメントからその本質的な形式が奪われてしまえば，それはもはやサクラメントではなくなっているからです．洗礼式には本質的な形式があり，聖餐式にも本質的な形式があります．もしそれらが取り除かれてしまえば，あなたがたはサクラメントの効用を失うことになります．洗礼における本質的な形式とは，「わたしは，父と子と聖霊という三つの御名において，洗礼を授ける」ということです．これら三つの名前のどれか一つが取り除かれたり，一つの御名だけで執行されたりすれば，それだけで洗礼の本質的な形式は失われます．

主の晩餐においては，もしあなたがたが最も些細なことでも儀式を省いてしまえば，それはサクラメントではなくなります．その本質的な形式に関しては，教皇派はどうでもいい些細なものを洗礼に混ぜ合わせてしまってはいるものの，彼らは洗礼式でそれを保っているとわたしは言

いたいと思います．彼らが実質的な形式を保っているため，洗礼を受けた人たちが再洗礼を受ける必要はないと言えます．もし本当に，再生の効能は執行者の人格に由来するというのならば，それは何かと考察されるべき事柄となります．しかし，キリスト御自身がそうされたいと思う人やその時に，再生を与えてくださるのですから，本質的な形式が保たれている限り，このサクラメントがまたくり返しておこなわれる必要はありません．

　次に，サクラメントを損なっている人びとが犯している間違いは何でしょう？　その間違いはその与え手側と受け手側のどちらにもあるでしょう（わたしは誰にでも共通する間違いについて述べているのではなく，その与え手のサクラメントの執行者としての不適格により，彼からそのつとめを取り上げるべき場合の間違いについて述べています）．ですから，その与え手側の人が不的確な場合，それでは確かにサクラメントではありません．そうなると，その間違いはその受け手側の人のなかにもあることになります．もし受け手側の子どもたちが契約の内側にではなく外側にいるのなら，彼らにサクラメントは授けられません．確かなことは，もし子どもたちの両親がその後，契約関係のなかに入るなら，彼らの子どもたちも，契約の外側に生まれたものでありながら，契約のうちに受け入れられるでしょう．同じように，主の晩餐では，もしある人が何らの罪の重荷を負ったまま，その数々の罪を悔い改めようとしないままに臨もうとする場合は，その人は主の晩餐にあずかるべきではありません．ですから，もしあなたがたに悔い改める意志がまったくなければ，あなたがたにサクラメントの効力はありません．わたしがサクラメントにあずかり，その効果と効力にもあずかることが許されるのは，まさにこの悔い改めの意志だけです．ですから，サクラメントの前に進み出るすべての人は，自分の心のうちにあるその意志を吟味しなければなりません．あなたがたは血を流す決意があるのか，自堕落な状態を保ち続けるのか，または心のうちに潜む恥ずべき何か他の罪に身を委ねるのか，と．あな

たがたは，悔い改めようと決心していないのでしょうか？ 悔い改めがないことを自覚すれば，あなたがたは自分に信仰がないことがわかり，結果的に，あなたがたは有罪の宣告を受けることになり，救いには至れません．ですから，あなたがたの心の決心を吟味し，もし自堕落な思いで，堕落した生活を過ごしているなら，あなたがたは自らの裁きの場へと赴くことになります．

　わたしは，このサクラメントについてもっと具体的に述べたかったのですが，時間もかなり経過し，あなたがたの何人かには間違いなく伝わっていますので，わたしは次のことだけをつけ加えましょう．自分の心の準備が整ったことがわかるまではこの食卓に自ら進み出るべきではないということを，あなたがたは覚えておいてください．その準備の最初の段階は，悔恨，罪への嘆きであり，恵み深き神に対して犯してきた自らの罪を感得することです．悔い改めの心が流す涙でキリストの足を洗い，へりくだってそこに口づけし，両手でしっかりと抱きしめた女性のように，たとえそれほどまでに大胆にキリストのすべてを抱きしめようとすることはなくとも，その心構えがあなたがたにできるなら，あなたがたはふさわしい心の状態になっています．しかし，もしあなたがたがこれらすべてにおいて欠けているなら，もしあなたがたが幾らかでもこれらをもち合わせていないとすれば，いずれにせよ，あなたがたはまったく備えが整っていません．ですから，その人が少なくとも，幾らかでも，これらを持ち合わせていないならば，この食卓に進み出てはなりません．

　しかし，罪への不快感があり，より善いことをおこないたいとの心構えがあり，真剣な嘆きとあなたがたが欲するものをぜひ受け取りたいという切望があるところでは，神の霊が働いて，神がキリストを欲する望みをもたらしてくださり，魂のうちにキリストは入って来てくださるでしょう．ですから，魂が本来あるべき姿からかけ離れていても，自らが主の食卓に進み出ることを拒むのではなく，むしろ自らの脆さや弱さを告白しながら，自分が探し求めるものを切望しつつ，勇んで進み出てく

ださい．自分がそれに該当すると思う人は誰でも，神の名において主の食卓に進み出てください．どうか主が，一人ひとりの魂のうちに働きかけてくださいますように．そうして，あなたがたのなかで，イエス・キリストの義の恩恵をとおして，その働きが効力を発揮しますように．父と聖霊と共に，イエス・キリストに，すべての称賛と誉れ，そして栄光が，今も後も永遠にありますように．アーメン

2 主の晩餐の特徴㈠

> 私があなたがたに伝えたことは，私自身，主から受けたものです．
> すなわち，主イエスは，引き渡される夜，パンを取り，……
> コリントの信徒への手紙一 11 章 23 節

「イエス・キリストの愛に結ばれる」という前回の説教で，わたしたちはサクラメントの概説的考察を終えて，次にわたしたちは特に主の晩餐のサクラメントの考察へ進んでいかねばなりません．主の晩餐のサクラメントのうちにある大いなる豊かさを味わい知り，さらに考察を究めるため，神はわたしに恵みを与えてくださっていますので，より深く理解していただけるよう，あなたがたに確実なことをわかりやすく提示したいと思います．はじめに，わたしは聖書のなかでサクラメントに帰されている名称，そして教父たちによってサクラメントにつけられた名称を提示します．次に，なぜサクラメントがイエス・キリストによって制定され，命じられたのか，その主要な目的と理由を説明します．三つめに，サクラメントに含まれている事柄，つまりこれらがどのように互いに結びつけられているのか，それらがどのようにして配られるのか，それらにどのようにあずかれるのか，を展開します．そして最後に，この教理に寄せられる幾つかの異論に応答し，神がわたしに与えてくださる恵みのままに従い，わたしはそれらを論破して，この学びを締め括ります．

1. サクラメントにつけられているさまざまな名称

聖書において

さて，神の書物のなかで主の晩餐のサクラメントがさまざまなよび名

で称されていること，しかも，すべての名が，それぞれにそうよばれる特別な理由を宿しています．わたしたちはこのサクラメントが「キリストの体と血」とよばれていることを知っています．この名称は，それが天上の糧，しかも霊的な糧，つまり永遠の命を霊的に生きるための魂を養育し，成長させるための魂への糧がそこには含まれているので，そう名づけられているのは間違いありません．ですから「キリストの体と血」と名づけられているのです．また，それは通常の晩餐とは区別するために「主の晩餐」ともよばれます．これは主の晩餐，聖なる晩餐であって，世俗的な晩餐でも普段の晩餐でもなく，聖性を増し加えるため，聖なる魂に糧を与えるために備えられている晩餐であり，永遠の命のための魂に糧を与えるためのものです．それは肉による身体のために備えられている夕食ではありません．なぜなら，主は魂のために備えられたこの晩餐を始める前に，もうすでに肉による身体のための夕食を終えていたからです．それが晩餐と呼ばれるのは，間違いなく，かつて弟子たちが夕食をとっていたさなかに制定されたからです．さらにそれは，聖書のなかで「主の食卓」ともよばれています．それは主の「祭壇」とはよばれていません．なぜなら，使徒はそこに立つべき祭壇ではなく，その席につくべき食卓とよび，つまり，そこからわたしたちが取って，あずかるための食卓なのであって，そこでわたしたちがお供えをしたり献げたりする祭壇ではないのです．それはさらに「キリストの体と血との交わり，またそれに参与すること」とよばれます．これらがそれにつけられた名称であり，聖なる書物にはほかにも幾つかあります．

教父たちにおいて

ラテン教父やギリシア教父たちは，さまざまな理由からさまざまな名称をつけました．教父たちはそれを「公務」とよび，そしてこのことは非常に一般的な名称でした．ときに，教父たちはそれを「感謝」とよんだり，またときには「愛餐会」とよんだりしました．ときに，教父たち

はそれを一つの名前でよび、またあるときにはまた他の名前でよんだりしました。そして、最終的に、ラテン教会の教勢が衰退していくなか、ローマ・カトリック教会の権威が失墜していくなかで、このサクラメントは曲解されるようになっていきました。この衰退とともに、そこに誤った名称が入り込み、彼らはそれを「ミサ」とよぶようになりました。彼らはこの名称の由来にまつわるさまざまな困難な問題を自ら被ります。ときに、彼らはヘブライの資料からそれを引き出したり、またあるときにはギリシア語の資料から、またあるときはラテン語の資料から引き出してきたりします。言葉の響きから判断すれば、それがラテン語の資料から引き出されたものであることは明らかです。それが初めて導入されたときは、なんとか耐えられ得る言葉でした。なぜなら、この言葉が最初に取り入れられた時点では、間違いなく、サクラメントはまったく曲解されていなかったからです。しかし、ときが経過していくなかで、今や、サクラメントを一種の犠牲に変えてしまう過ちにまで至ってしまいました。キリストにおいて神の御手からわたしたちが受け取るべきところを、彼らがわたしたちに与えさせようとするのです。

　これは明らかに偶像崇拝であり、その言葉にかつては耐えることができましたが、もはやそれに耐えられなくなりました。もしわたしたちがキリストの体と血のしるしであるパンを食べ、ぶどう酒を飲むたびに、自分たちの魂でキリストの体を食べ、血を飲むのなら、わたしたちは決して、このミサという言葉を許容するわけにはいきませんし、ましてやそれを実行することをこの国（スコットランド）で通用させるわけにはいかない、とわたしは確信しています。なぜなら、そんなことになれば、わたしたちはただ偽善者を演じてきただけで、わたしたちの魂からキリストの体も血も取り去られ、ただ外的なサクラメントの品しか受け取っていないため、わたしたちの熱心も衰え、そうして、わたしたちの知恵も光も同じように衰退するからです。真の熱意が、愛が、知識が冷めきってしまうと、「ミサ」という言葉の誤用に由来するもの、つまり単に言

葉に対してだけでなく、そのミサにおける実際のふるまいに、あなたがたも慣らされてしまいます。わたしは、そのことについてさらにもっと追究したいのではなく、その言葉を聞くことから生じることについて、またサクラメントの宴におけるこうした誤用からどのような判断に導かれるのかについて、述べたいと思います。

2. サクラメントの目的

次にサクラメントが定められた目的に移ります。サクラメントがパンとぶどう酒というしるしにおいて制定された第一の目的は、おもにわたしたちの霊的な糧、魂にとって完全かつ十分な糧を徴表するために定められたということです。パンとぶどう酒を摂る人が自分の体を十分に養うのに何の不足もなかったのと同様に、キリストの体と血にあずかる人は、その魂を養うために十分に満ちたりた糧に何も不足はありません。この十分で完全な糧を表すために、サクラメントにおいてはパンとぶどう酒のしるしが制定され、執行されました。

サクラメントが制定された第二の目的は、わたしたちがこの世に対し、またわたしたちの告白の敵対者であるこの世の諸王に対し、証を立てるようにもなり、またキリストを公に宣言し、キリストを礼拝するというしかたで、わたしたちがはばからずに、わたしたちの信仰と礼拝の守り方を公言し、かつ証言することにもなり、さらには、わたしたちは、キリストの成員たち、つまりわたしたちの兄弟（姉妹）たちに対し、愛を証言することにもなるということです。

それが制定された第三の目的は、悪魔によって、肉によって、またこの世によって、わたしたちが自ら堕落してしまいそうになったり、堕落へそそのかされることに気づいたりするとき、あるいは、わたしたちが堕落して、悪魔の脅威にさらされている状態になり、神から逃げ出す方法を空しく探し求めるようになった後でも、わたしたちの特別な安心と慰めとして仕えるため、わたしたちの霊的な災難のすべてにとっての最

高の治療薬として仕えるためです．神は，キリストの慈愛と，絶対的で，限りのない底なしの憐れみにおいて，このサクラメントを，高い丘の上で（誰にもどこからでも見えるように）しるしとして設けてくださり，その結果，恥ずかしくも逃げ出してしまった人びとすべてを，遠くからも近くからも，あらゆるサイドからよび起こしてくださり，そうして，ちょうど親鳥がひな鳥に対してそうするように，キリストは御自身の無限の慈しみの御翼のもとに彼らを集めるために，彼らを招いておられるのです．

サクラメントが制定された第四の目的は，この執行において，わたしたちは神に対して，キリストによる恩恵のゆえに心から感謝し，キリストがあたかも諸々の天を従わせるようにして，わたしたちにとって実に親しみ深く降りてきてくださり，わたしたちに御自身の独り子の体と血を与えてくださったことによって，わたしたちは，神に心からの感謝をささげ，わたしたちに対する神の恩恵を祝し，喜び受けるようになります．ですから，感謝することのためにもサクラメントは制定されているのです．

手短に述べましたが，サクラメントが制定された目的はなおたくさんあります．

3. サクラメントに含まれていること

次に，わたしはサクラメントに含まれていることについて述べる段となりました．あなたがたは自分の目で，パンとぶどう酒といった物的なもの，目に見えるものがあるとわかるでしょう．さらには，あなたがたの肉体の目からは隠され，心の目に現れてくる，霊的なもの，天上のもの，内的なものもあります．その両方がサクラメントに含まれています．

物的なもの，目に見えるもの，外的なものが，霊的なもの，天上のもの，そして内的なものを示すために備えられています．それはなぜでしょう？ どんなことにも理由があります．これら物的なものが霊的なもの

を示すために備えられているのは、それらが物的なもの、つまりわたしたちは肉体においては地上のものであり、わたしたちは肉による身体、土でできた肉体の仮住まい、粗雑な仮住まいのなかに、それ自身によらなければ目覚めることも揺り動かされることもできない魂をもっているからです。粗雑さや、この世のもの、肉体的なものを除外してしまっては、天に属するものに思いを馳せるようなことはできません。もしわたしたちがさし示されているものの本質を兼ね備えた存在であったならば、そして、そのさし示されたものが霊的で天上のものであるかのように、わたしたちが常に霊的で天上のものであったならば、わたしたちは物的なものを必要とすることはなかったことでしょう。あるいは、もしさし示されているものがわたしたちと同じように物的で、地上の、目に見える存在であったならば、それに思いを馳せるようにと導くしるしなど必要なかったことでしょう。しかし、さし示されているものは霊的なものであり、わたしたちは物的なのですから、これらの霊的なものをわたしたちに見えるようにするために、神が物的な手段と外的なしるしを用いておられるのです。このことが、これらの物的なしるしが霊的なものを示すために備えられている理由です。

　両方のサクラメントにおける霊的なものとは、それぞれにおいて異なるしかたでさし示されていても、全く同一のイエス・キリストです。イエス・キリストは洗礼においてさし示されており、主の晩餐でもさし示されています。このイエス・キリストが、とりわけその血潮において示されているのが、洗礼のサクラメントにおいてです。なぜでしょうか？なぜなら、キリストの血潮によってこそ、わたしたちの魂の汚れが洗い流されるからであり、またその血潮の効力によって魂のうちに天上の光を灯してくださるからであり、それによって、わたしたちを御自身の体のうちに接ぎ木し、通い合わせてくださるからです。というのも、そのサクラメントは罪の赦しの保証であり、わたしたちの良心を清め、そして、わたしたちの良心はキリストの血潮によって内側から清められるか

らです．さらに，それはわたしたちに，自分たちが霊的に天上の命を生きる新生を保証します．しかも，それはわたしたちがキリストの体と一体に合わせられることを保証します．それは保証するだけでなく，わたしたちの心のうちにこれを証印づけ，わたしたちの心で，わたしたちの内側ではもうすでに始まっている天上の命を味わわせます．つまり，わたしたちは死すべきものであったところからキリストの体のうちへと移し変えられた事実を味わわせます．ですから，その血潮におけるキリストこそが，わたしたちの再生の土台であり，それゆえにそれが洗礼によってさし示されているのです．

　その一方で，主の晩餐のサクラメントにおいては，同じキリストの体と血が，この魂を永遠の命へと養うために備えられている，というまた別の観点からさし示されています．このサクラメントはわたしたちの霊的な栄養の象徴にほかなりません．なぜなら，このサクラメントにおいて，物的な養いの表象によって，天上の命のためにあなたがたの魂がどのように養われ，育まれているのかを，神が明らかに示されるからです．このように，イエス・キリストという同一の現実性が，洗礼と聖餐において異なるしかたでさし示されています．このサクラメントでは，キリストの死の益，すなわち，このお方の犠牲の効力，そして，このお方の受難の効力にわたしたちはあずかるのであり，わたしはこのことを述べたのです．わたしは，これらの益や効力だけが主の晩餐のサクラメントでさし示されているものだと言っているのではありません．わたしがさし示されているものと言っているのは，むしろ，その実体のことであり，この効力やこれらの益が，そこから流れ出し，そこにこそ由来するその当人のことです．

　サクラメントを正しく執行し，しかもサクラメントに正しくあずかることで，その益自体はそのサクラメントから得られる第一の主要なものではないにせよ，あなたがたはこれらの益のすべてにあずかるということはそのとおりですし，しかもそれは確かな事実です．しかしながら，

実益それ自体はサクラメントにおいてあずかるべき第一の主要なことではありません．あなたがたは真っ先に，他のものを得なければなりません．キリストの実体から溢れ出る益にも同時にあずかることなくしては，誰もキリストの実体にあずかれないことは間違いありません．それでいながら，あなたがたはその実体とその実体から溢れ出る益とを識別しなければなりません．そこで，あなたがたは，最初の段階で，その実体の受領者でなければなりません．それから次の段階で，あなたがたは必ずキリストの実体から溢れ出る益の受領者となるのです．この点をわたしに明らかにさせてください．洗礼において，サクラメントの益とは，罪の赦し，禁欲，罪の敗北，そして，わたしたちが永遠の命を継ぐ養子とされたことの証印です．

これらの益をもたらす実体がキリストの血潮です．ですから，その実体であるキリストの血潮と，その血潮から溢れる益である罪の赦し，洗い清め，新生を，あなたがたは区別する必要があります．同じように，主の晩餐のサクラメントでも，その益は信仰の成長であり，聖性が増し加えられていくことです．そこにさし示されているものはその実体です．つまり，キリストの体と血がその実体であり，そこから信仰において成長し，聖性を増進させていただくものなのです．

次に，あなたがたは実体とその成果を識別して，その実体を第一位の位置に定めなければなりません．そうすることで，キリストの実体が，つまりキリスト御自身こそが，サクラメントにおいてさし示されているものであることがわかるのではないでしょうか？あなたがたの実体験からこの点は一目瞭然です．自分の胃袋が何かの食べ物で満たされる前に，あなたがたはまずその食べ物の実体を口にしなければなりません．あなたがたがパンで満腹になるには，その前に，まずそのパンの実体そのものを口にしなければなりません．自分の喉の渇きが何かの飲み物で潤わされるには，その前に，まずその飲み物の実体そのものを飲む必要があります．ですから，同じように，魂の飢えが満たされ，魂の渇きが

潤わされるには，その前に，あなたがたはまずキリストの肉を食べ，キリストの血を飲まなければなりません．これは信仰によります．次に，一方をとおして，もう片方を理解しましょう．体のためにパンとぶどう酒を用いる点について考えてみましょう．キリストの体と血は，わたしたちの魂のために，パンとぶどう酒とまったく同じ用益を果たします．あなたがたの体を支えるために，一方を備えてくださった同じ神は，あなたがたの魂を支えるために，もう片方を備えてくださいました．どう考えても，あなたがたの口にまったく入っていない食物で養われることなどありえないことや，あるいは薬局に申し出て入手した薬によらなければ，あなたがたの健康が回復することもありえないことを，考えてみてください．それと同じように，何よりもまずキリストの体を食べ，キリストの血を飲むことがなければ，あなたがたがキリストの体によって養われることも，キリストの血によって健やかさが保たれることもありえません．ですから，主の晩餐でさし示されているのは，サクラメントの効果というよりも，そのすべての益がそこから発し，そこから溢れ出る源泉であり，実体そのものであるイエス・キリストの体と血なのです．

　さて，たとえさし示されているキリストが，どのサクラメントにもまったく同じように臨在しておられるとしても，同一のキリストがサクラメントによってさし示されている場合に，そのしるしは同じものではなく，そのしるしの数も同数ではありません．洗礼でキリストを表象するものは水であり，晩餐でキリストを表象するものはパンとぶどう酒です．洗礼でキリストを表象するために水が定められているのは，キリストの血によってわたしたちが洗い清められることを表すのに，水が最もふさわしいからです．洗い流すために，水よりもふさわしいものがほかにあるでしょうか？ですから，わたしたちの魂を洗い清めることに関しては，キリストの血潮以上にふさわしいものはありません．主の晩餐のサクラメントでキリストがパンとぶどう酒を定められたのは，その体を養うために，パンとぶどう酒よりもふさわしいものはないからです．ですから，

何の理由もなく，主がこれらをしるしに選ばれたのではありません．サクラメントにおけるしるしが常に同じであるわけではないように，二つのサクラメントにおけるしるしは同数ではありません．洗礼においては，わたしたちには一つのしるししかありませんが，主の晩餐のサクラメントにおいては二つのしるしがあります．

　次に，主は一方のサクラメントでは二つのしるしを定め，もう一方では一つしか定めなかったという，その違いがある理由は何でしょうか？わたしはその理由を示したいと思います．主は洗礼では一つのしるし，つまり水しか定められなかったのは，その行為全体にとって水が十分にふさわしいからです．もしさし示されているものを表すのに水がふさわしくなかったならば，主は別のしるしを定めておられたことでしょう．しかしながら，水が非常に適しており，キリストの血によってわたしたちの魂を洗い清めることを十分に表しているのですから，ほかに別のしるしが必要でしょうか？次に，主の晩餐のサクラメントでは，一つのしるしだけでは不十分で，二つのしるしが求められています．ぶどう酒だけでは十分となりえず，パンだけでも十分とはなりえません．なぜなら，パンだけにしかあずからない，またはぶどう酒だけにしかあずからない人は（身体にとっての十分な食事の動作は食べることと飲むことにあるのですから）身体のための十分な食事にあずかっていないことになるので，パンとぶどう酒が十分な食事を象徴するために，神はパンとぶどう酒の両方を，魂の十分かつ十全な糧を表すために，わたしたちに与えてくださいました．神は御自身の体のために大量のパンとぶどう酒を備えておられるのか，またそれゆえに，御自身の魂のためにどれほど十分で十全な糧を備えておられるのかを，あなたがたもおわかりでしょう．ですから，キリストにあずかる者は，自分の魂にとって十分かつ十全な糧に何の不足もありません．こうして，聖餐のサクラメントでは二つのしるしが定められ，洗礼では一つだけである理由が，あなたがたもおわかりでしょう．

さらに，これらのしるしに関する二つの問題点が残っています．一つめは，サクラメントでしるしとなるパンには，一般家庭で用いられるパンよりも，どのような力があるのか？そのような力は一体どこからくるのか？二つめは，もしそれに力があるとすれば，その力はどれくらい持続するのか，あるいはそのパンに留まっているのか？という問題です．

キリストによってパンに授けられた力

第一に，このパンに授けられた，他のどんなパンをも遥かに凌駕する力について述べます．このパンには，キリスト御自身とその制定によって，それがキリストの体を象徴し，キリストの体を代理し，キリストの体を配分するために指定されたことによって授けられた力があります．このパンには，他のパンにはない，キリストとキリストの制定に由来する力があります．ですから，牧師がそのパンを裂いて配餐し，ぶどう酒を盃に注いで配餐する所作をおこなうなかで，もしあなたがたのなかの誰かが「これらはどういうものなのですか？」と尋ねるなら，その答えは，これらは「聖なるもの」です，となります．キリストの体と血のしるし，また証印に対し，わたしたちはそう答えなければなりません．サクラメントのパンは聖なるパンであり，そのぶどう酒は聖なるぶどう酒です．なぜでしょうか？なぜなら，キリストが祝福をもって制定されたことで，そのパンとぶどう酒は，それらがこれまで用いられてきた用途から区別され，肉体を養うためではなく，魂を養うという聖なる用途のために定められたからです．このパンに力があるというのは，それにはキリストと御自身の制定に由来する力があるということなのです．

この力は，どれだけ長くパンに留まっているのか？

第二の問いは，この力がどれだけ長くパンに留まっているのか？です．このパンはどれだけの間，このつとめを担うのか？一言でいえば，

この力はその所作がおこなわれている間,聖餐式がおこなわれている間,パンに留まっています。その執行が続けられ,聖餐式が終了するまでは,それは聖なるパンのままであり続けますから,その間,その力はそのパンに留まると理解してください。そして,その執行が早々に終了するとともに,その聖性も同時にそこで終わります。聖餐式が早々に終了するとともに,その聖性も同時にパンから消え,それ以降,そのパンは再び普通のパンに戻ります。ですから,この力は永遠に持続するものではありません。しかし,聖餐式が執行され,その式がおこなわれる間,その限りにおいて,その力は継続します。聖餐の品はどちらも以上のとおりです。

パンとぶどう酒の意義

そのしるしの品とは別に,サクラメントにはもう一つ別種のしるしがあります。サクラメントの執行におけるあらゆる所作や作法もしるしであり,それ自体に霊的な意義があります。たとえば,パンが裂かれるさまを見ることで,キリストの体と血が引き裂かれるさまがあなたがたに示されます。それは,キリストの体が骨や手足に砕かれるさまではなく,それはわたしたちの罪を負い受けることによって耐え忍ばれた神の憤りと激怒の重荷を負っての,身体的な痛みを伴う,こころの懊悩と痛苦を忍びながら,引き裂かれたことを表しています。したがって,パンを裂くことは聖餐式の本質的な所作であり,ぶどう酒を注ぐことも本質的な作法です。なぜなら,あなたがたがはっきりと目で見えるよう,キリストの血を表象するぶどう酒が注がれることで,キリストの体からその血が裂き流されたことがさし示されます。この体と血が裂かれることは死を表します。血のうちに命があるのですから,それゆえに,血の注ぎは主の死を証示します。ですから,ぶどう酒を注ぐことは,キリストがあなたがたのために死んでくださったことを,またキリストの血はあなたがたのために流されたものであることを伝えてきます。だからこそ,こ

れは聖餐式から除外されてはならない本質的な所作なのです．同じように，それが分配され，与えられ，そうしてそのパンを食べることはどれも皆，本質的な作法です．そして，食べることはあなたがたに何を証しするのでしょうか？それはあなたがたの魂にキリストの体と血が摂取されているということです．こうして，この儀式のあらゆる点にそれ自体の意義があり，それらの一つでも除外されてはなりませんし，そうでなければ，それは執行の全体を誤らせずにはおきません．しるしについては，以上のとおりです．

　そこで，これらすべてからあなたがたが教わったことは何でしょうか？この学びから教わったことで，あなたがたはこれらのしるしから事々に益を受けるでしょう．なぜなら，あらゆるしるしや所作にはそれ自体に霊的な意義があり，聖餐式全体をとおして，それ自体の霊的な意義をもたない所作などないからです．あなたがたが主の食卓にあずかる際には，牧師が外的におこなっていること，つまり，パンを裂き，それを配る様子や，ぶどう酒を注ぎ，それを配る様子を目の当たりにするとき，キリストが，あなたがたの魂に対して霊的に，これらの事柄すべてを挙行してくださっているのだというふうに考えていただきたいのです．キリストが御自身の体を御自身の手で，あなたがたに熱心に与えてくださり，そしてキリストが御自身の血を，その力とその効力をもって，御自身が携わってあなたがたに与えてくださっているのです．同じように，この行為において，もしあなたがたが信仰をもつ陪餐者であるなら，自らの口がしていることが何か，肉体の口がどのように外的に受領しているのかを考えてください．同じように，魂の手と口，すなわち信仰が，内的に受領しているのかを吟味してください．あなたがたの口がパンとぶどう酒を受けるとき，信仰によって，魂の口はキリストの体と血にあずかるのです．信仰によることが，絶えざる確信によることが，内的にキリストの体を食べ，その血を飲むための唯一の道筋です．あなたがたがそうするたびに，豊潤な滋養にあずからないはずはありません．しる

しに関するわたしたちの考察は以上のとおりです．

しるしの品々とキリストの体と血との一致

次に，わたしたちは，最も大きな困難な点に辿り着きました．その点については，神の恵みにより，前の説教でわたしは大まかに言及しましたが，ここでは，わたしはもっと詳細に，しかし簡潔に，お話ししなければなりません．あなたがたの良心に届けるために，そしてあなたがたの魂に語りかけるために，しるしとしてのパンとぶどう酒が，どのようにしてキリストの体と血と結びつき，どのようにしてそれらは象徴しているのかを，あなたがたは理解しなければなりません．わたしたちは，これがどのような種類の一致であるのか，それは何に由来する一致であるのかを理解しようと努めなければなりません．この二つがどのように結び合っているのかについて，もしあなたがたが知りたいと思うなら，あなたがたは，まずもって，そのしるしの本来の性質，またさし示されているものの本来の性質に注目しなければなりません．その両方の性質が考察されなければなりません．なぜでしょう？ なぜなら，その性質が許容する限りにおいては，何か他のものと結びついたり，結合したりすることがありえるからです．もしその性質が何らかの結びつきを許さなければ，それらが結びつくことはありえません．その一方で，もしその性質が結びつきを許すのであれば，それはどういった結びつきなのかを，あなたがたはじっくりと考えてみなければなりません．

第一に，さし示されているものに思いをめぐらし，その性質を考察してください．さし示されているのは，霊的な性質を具えたもの，天上のもの，秘義的な性質を具えたものである，という点にしっかりと注目してください．そうすることで，疑いようもなく，この霊的なものが霊的な結びつき，秘義的で秘密な結びつきを許容していると結論づけられます．その一方で，そのしるしとその性質について目を凝らしていただきたいのです．そのしるしは，その性質により，さし示されているものと

の関連性があり，そしてさし示されているものは，その性質により，しるしとの関連性があります．こうして，しるしとさし示されているものとは，相互的な関連性において結びつくことになると思われます．なぜなら，それらには，一方が他方に，他方が一方に，相互的な関連性があり，しるしとさし示されているものは，それ自身が，ある相互的な結びつきによって結合されるのを許容していることになるでしょう．

　そこで，パンとぶどう酒の間，キリストの体と血との間にはどんな種類の結びつきがあるのかと，もしあなたがたがわたしに尋ねるなら，それはパンとキリストの体との間，そしてキリストの血とぶどう酒との間にある相互的な関係をもってする秘密の霊的な結びつきである，とわたしは答えましょう．もしそれらが物的なもの，目に見えるもの，特定できるものであるならば，あなたがたがこの結びつきについてそれほどしきりに知りたがることはないでしょうし，もしあなたがたが自らの眼前でそれらを見れば，もしあなたがたが一つ所でじかに双方を見なくとも，あなたがたはそれらがどのように結び合っているのかと尋ねることもないでしょう．しかしながら，あなたがたは自分の肉眼ではその片方しか見られず，他方は隠されていて見えないのですから，その結びつきを説明し，理解するのはいっそう難しいことなのです．わたしたちの心の眼が聖霊によって照らし出されることがなければ，またその照明のもとで，その正しい理解に至らされることがなければ，あなたがたはどのようにして，この秘密の，隠されている結びつきについて理解し，把握することができるでしょうか？しかし，もしあなたがたがこの霊的な問題について何らかの洞察を得るなら，それは信仰によるものであり，物理的な結びつきがあなたがたの肉体的な目には明らかであるのと同じように，霊的な結びつきはあなたがたの信仰の目に明らかとなるでしょう．

結びつきの例証

　この結びつきを鮮明にするのに助けとなる，もう一つ別の結びつきが

あります．つまり，わたしが発言する言葉と，その言葉によってさし示されている事柄との間の結びつきです．もしわたしが，あなたがたの未知のことをあなたがたに語りかけても，神の恵みによって，あなたがたは今わたしが話していることがわかるように，もしわたしが過去のことについて，たとえそれがつい先ほどのことであっても，あるいは未来のことについて，それが遠い将来のことではないことでも，あるいはまた，ここにはないことについて，それが遠く離れた物事であっても，それについて言及すれば，わたしが言葉を発した途端に，その物事自体があなたがたの心に浮かんでくるでしょう．その言葉は，あなたがたが耳で聞いた途端に，その同じ言葉でさし示されているものが心のうちに到来します．たとえそれがここになくとも，さし示されたものを心のうちにもたらすものは何でしょうか？　このことは，その言葉とその言葉によってさし示されているものとの間に結びつきがなければ，不可能です．たとえば，わたしがもし，今はわたしたちから遠く離れた場所におられる国王について，（神が国王を助けてくださいますようにと）言及した場合，あなたがたはその言葉を聞いた，その言葉によってさし示されている国王のことが心に浮かぶでしょう．もしわたしが過去のことについて言及すれば，それらはすでに終わったことであるにもかかわらず，それでもさし示されていることが，あなたがたの心のうちに常にやってくることでしょう．ですから，言葉とそれによってさし示されているものとの間には結びつきがあるのです．

　そのような結びつきから，サクラメントにおける，しるしとそれによってさし示されているものとの間の結びつきと一致の性質を，あなたがたは理解するでしょう．あなたがたの肉体の目に見えるサクラメントと，そのサクラメントによってさし示されている，あなたがたの魂の目でしか見えないものとの間には，言葉とその言葉によってさし示されているものとの間にあるのと同じような結びつきがあります．たとえば，牧師が手にパンを取るのをあなたがたが見ると同時に，キリストの体があな

たがたの心のうちにやって来るはずです．これら二つは緊密に結び合っているので，それらは同時に，一方は外的な感覚に，そしてもう一方は内的な意識に，一緒に到来します．このことが十分ではなくとも，その制定においては，ただパンとぶどう酒を見ているだけではなく，そのパンとぶどう酒を取りなさいと，さらに進めるよう命じられているのですから，あなたがたの手がその一方を手にすると同時に，あなたがたの心はもう一方をも受け取ります．あなたがたの口がその一方を食べた途端に，それによって，あなたがたの魂，すなわち信仰は，もう一方にもあずかることになります．

　ですから，あなたがたもご存じのように，ここには神秘的で秘義的な結びつきがあるのですから，この神秘的で秘義的な結びつきによらなければ，キリストがあなたがたと一体とされることはありえません．キリストとわたしたちとの間にあるこの結びつきは，使徒が大いなる奥義に満ち満ちたものとして言及する霊的な結びつきです（エフェソの信徒への手紙5：32）．この結びつきは，直ちに理解されることはありえません．なぜなら，その結びつきは神秘的で秘義的であり，神の霊をとおしてでなければ，気づかされることもなく，あなたがたがいくらかでも神の霊を授かっていなければ，すべてが無意味となるからです．もし神の霊があなたがたの心を照らして，御言葉で聞いたことを自分の心のうちで気づかせなければ，御言葉とサクラメントにおいて教えられていることがあなたがたに益することも，あなたがたの魂を天に引き寄せることもありません．

　そこで，神の霊によらなければ御言葉が理解されることはありえないのですから，主が御自身の霊によってあなたがたの心の目を照らしてくださるよう尋ね求め，そしてあなたがたの方でも，今が御言葉を聞いているのと同時に，あなたがたの心に聖霊が注がれることに注意深くならねばならないことを学んでください．結びつきについては，以上のとおりです．

しるしとそれによってさし示されているものにあずかる

しるしがそれによってさし示されているものとどのように結び合っているのかについては，あなたがたはすでに聞いてきましたので，次に，その両方が一つの口であずかれるのかそうでないのか，あるいは，そのしるしとさし示されているものが同じしかたであずかれるのかそうでないのか，どのようにそのしるしにあずかれるのか，またどのようにさし示されたものにあずかれるのかを理解することが，まだあなたがたには残っています．もしあなたがたがそれにあずかるための別の異なる方法やその媒体の違いに注目するなら，あなたがたは簡単にはサクラメントにおける過ちに陥らないでしょう．しるしとさし示されているものには，二つの口であずかることができます．なぜなら，そのしるし，すなわちパンとぶどう酒が与えられるのは，すなわち，肉体の口に対してであるのはご存じのとおりだからです．肉体に具わる口は，しるしであるパンとぶどう酒にあずかる媒体です．なぜなら，パンとぶどう酒は目に見えるもの，物的なものであり，それらを受け取る媒体も目に見えるもの，物的なものだからです．パンとぶどう酒によってさし示されているものは，肉体の口であずかるものではありません．聖書はそのことについて，はっきり「否」と明言します．それは魂の口で受け取られるのです．したがって，二つの口があることになり，しるしであるパンとぶどう酒は肉体の口で受け取られ，さし示されているものであるキリストは，魂の口で受け取られますが，そのことは，まことの信仰によるものです．ですから，主の食卓に一つの口だけを持参するのではなく（なぜなら，あなたがたが自分の身体の口しか持参しないなら，すべてが台無しになります），魂の口も，つまりキリストの死を常に覚える信仰心も合わせてもってくるなら，すべては適格です．

次に，しるしが受け取られるその方法について，またさし示されているものにあずかるべきあり方については，これらの物的であるがままの

しるしは，物的であるがままに受け取られなければならないこと，つまり，それらは肉体の手と口で受け取られなければならないことは，あなたがたは十分におわかりのとおりです．しかし，もう一方の，自然を超越したものは超自然的なしかたで受け取られねばならないこと，つまり，霊的なものは霊的なしかたでしか受け取られないこともご理解ください．しるしは物的ですから，それらは物的なしかたで，つまり肉体の手と口であずかることができます．さし示されているものは霊的なものですから，霊的なしかた，つまり魂の手と口で，真の信仰によってあずかるべきです．こうして，サクラメントに関して，理解するために備えるよう求められているものすべてについては，大まかに提示したとおりです．

　今度は，わたしたちはもう一方の地点にやってきました．キリストがさし示されているのであり，信仰によってでなければわかりえず，敬虔な魂によってでしか摂取することができない，とわたしが述べる際，わたしはどのような了解を得ようとしているのでしょう？　わたしは，キリストの霊的な理解以外のことは何も教えていません．キリストは，信仰によってでなければ，受け取られることも理解されることもありません．そして，信仰は霊的なものなのです．サクラメントには，口や，肉体，身体的なキリストの理解ではなく，ただ霊的な理解だけがあります．これは本質的なことです．次に，それが一貫して保たれているのかどうかを問いただしていきましょう．

　最初の議論への答え
　この点に関して，違うことを教皇派は，次のように主張します．つまり，もし霊的な感得以外には，キリストの感得はないのだとすれば，あなたがたのサクラメントは空しい．主の晩餐のサクラメントは何の目的もなく制定されたのだと．そんな彼らの根拠はいったい何なのでしょうか？　教皇派は言います．もし，信仰による以外に，キリストを感得す

2 主の晩餐の特徴㈠

るための道筋がないのなら，あなたがたはサクラメントから何を必要とするのか？と．あなたがたは御言葉への信仰によって，生のままの，簡潔な御言葉の説教によって，キリストを受け入れ，信仰を得ます．ですから，簡潔な御言葉のみがそれを成就するということになるのかもしれません．もし御言葉においては得られない何か新しいものがサクラメントにおいて得られるのではないとすれば，サクラメントによって，あなたがたは何を必要とするのでしょうか？と．これが彼らの議論であり，そして，その結論ははっきりしています．すなわち，もし霊的な感得以外の感得がなければ，わたしたちは御言葉において得る以上の新しいものをサクラメントにおいて得るわけではなく，そうであれば，サクラメントは不必要である，ということです．

　わたしたちは，前段は正しいと，つまり，サクラメントにおいてわたしたちは何か他の別ものや何か新しいものを得るわけではなく，御言葉において得るものとまったく同じものを得るのだということを認めます．あなたがた自身にとって，何か新しいものを得ることになることを想像してみてください．人間の心がどれだけ多くのことを思い描いたり，想像したり，望んだりしようとも，神の御子に関するようなことをあえて考えもしないでしょう．自ら雲を突き抜けて天高く上り，御自身の肉体を具えた神の御子に対して魂の糧となってくださるよう希求するなど，到底できることではありません．もしあなたがたが神の子を得るのであれば，あなたがたはすべてのものの相続人であられる主を得，天と地の王であられるキリストを得ることになり，キリストにおいて，あなたがたはすべてのものを得ることになります．そうであれば，あなたがたはそれ以上の何かを求めるでしょうか？あなたがたが望むことのできるよりよいものにはいったい何があるでしょうか？キリストは父なる神と同等のお方，父なる神と実体において一致したお方，すなわち，真の神であり，真の人です．あなたがたはそれ以上の何かを求めるでしょうか？ですから，わたしが申しあげるのは，わたしたちは御言葉にお

いて得られる以上の何か他のものをサクラメントにおいて得られるのではないということです．あなたがた自身，このことをもって満足していただきたいのです．しかし，もしこれがそのとおりであったとしても，サクラメントは不必要などではありません．

　そこで，あなたがたが得る新しいもの，他の何かとはいったい何なのかがおわかりでしょうか？　わたしがあなたがたにお伝えしましょう．たとえ御言葉においてあなたがたが得るのとまったく同じものを得るとしても，しかしそれは，同じものをよりよく得ることになります．この「よりよい」というのはいったいどういうことなのでしょう？　あなたがたは，御言葉を聞くことによって得るものよりも，サクラメントにおいて同じものをよりよくしっかりと捉えることになります．御言葉を聞くことによってあなたがたのものになるのと同じものを，今度は，あなたがたはより十分に得ることになります．あなたがたがただ御言葉を聞く際に神がおできになる以上に，サクラメントにあずかることをとおして，神はあなたがたの魂のうちに，より広い場所をお作りになられます．

　あなたがたはこう尋ねてきます．「そこで，わたしたちが得る新しいものとは何でしょうか？」と．わたしたちは，これまで得ていたよりも確実にキリストにあずかります．わたしたちは，これまであずかっていた以上に，より確かな理解をもって，より十分に，わたしたちがあずかっていたものにあずかれます．今や，わたしたちはサクラメントによって信仰が養われるのですから，キリストに関するよりよい理解力を得て，自らの魂の限界は大きくされます．そうして，これまでいわば親指と人差し指の間でつまんできたかのように，キリストに関してほとんど理解していなかったことも，今や，わたしは自分の手全体でキリストを受け取り，そして実際にわたしの信仰が成長すればするほど，わたしはますますイエス・キリストについてのより深い把握に至ります．こうして，わたしたちがよりよくキリストにあずかり，しかも，わたしたちがサクラメントによってこれまであずかれた以上に，より堅固にキリストを把

握するというその理由だけでも，サクラメントはとても必要です．

　もしサクラメントが不必要であるということが正しければ，同じ理由から，サクラメントはくり返される必要はない，という結論に至るでしょう．なぜなら，あなたがたが二度めにサクラメントのもとに進み出るとき，最初にサクラメントにあずかった際に得た以上のものは何も得られないことになり，あなたがたが三度めにサクラメントにあずかった際にも，やはり，最初にあずかった際に得た以上のものは何も得られないことになるからです．しかし，二度め，三度めにあずかった人たちについて，それは無駄だとは誰も言いません．なぜでしょう？　なぜなら，二度めにあずかった際に，わたしの信仰は増し加えられて，わたしはもっと把握し，知識も増し，会得することも進み，感性も成長しているからです．このようにサクラメントにあずかるたびにわたしは成長していくのですから，たとえそれが礼拝の度に毎回おこなわれるとしても，何度もサクラメントにあずかることは無駄であるとは誰も言わないでしょう．こういうわけで，わたしたちがサクラメントにおいて何ら新しいものは得られないのだから，サクラメントはなくてもかまわない，サクラメントには整合性がないといった彼らの最初の批判は破綻しています．

第二の反論に対する答え

　ここでもう一つ別のポイントが生じてきます．もしキリストが信仰による以外には理解されることがないとすれば，わたしたちが主張するのは，邪な者は誰もキリストを感知できない，ということです．信仰のない人はキリストに気づけません．信仰のない人がパンとぶどう酒のサクラメントにあずかり，そのパンとぶどう酒を食べることがあるかもしれません．しかし，信仰のない人は，そのパンとぶどう酒によってさし示されているキリストの体と血を食べたことにならないでしょう．ですから，この点が基本となります．つまり，信仰のない人は，サクラメントにおいて，誰もキリストの体を食すことも，キリストにあずかることも

できません．この基本に対して，彼らは砲撃を開始し，わたしが読み上げた「ふさわしくないままで，このパンを食べ，主の杯を飲む者は誰でも，主の体の血を犯すのである」との，まさしく使徒自身の言葉から，自分たちの議論を仕掛けてきます．そこで，彼らの議論は次のような形式を採ってきます．つまり，自分があずからなかったものを犯せる人などいない，と．その人はキリストの体と血にあずかれなかったのならば，その人はキリストの体と血を犯すことができようがない，と．しかしながら，使徒によれば，その人は犯した者であり，またそれゆえに，その人はキリストの体と血を受領したのです．

　この命題に答える形で，わたしが申しあげたいのは，彼らがキリストの体と血のサクラメントにあずかっていなければ，彼らにそれを犯すことなどできようがない，との主張は大きな過ちであるということです．なぜなら，彼らが一度もそれにあずからなかったとしても，彼らはその同じ体，同じ血を犯すかもしれないからです．そこで，聖書の本文を見てください．その本文は，彼らがふさわしくないままでキリストの体を食べたと述べているのではありません．その本文が告げているのは，彼らは，ふさわしくないままで，パンとぶどう酒を食したということ，しかも，彼らはふさわしくないままで，そのパンを食べ，そのぶどう酒を飲んだのであり，それゆえに，神の御前で，キリストの体と血を犯したと見なされる，ということなのです．なぜそうなるのでしょう？ 彼らがキリストにあずかったから，というのではありません．もし彼らがキリストにあずかったのであれば，彼らはキリストにあずかるにふさわしいからこそに違いありませんし，キリストはふさわしい人以外に，誰からも受領されることはありえません．しかし，彼らが神の御子の体と血を犯したとみなされるのは，彼らがキリストを拒むからにほかなりません．なぜなら，彼らがそのパンとぶどう酒を食した際に，もし彼らに信仰があれば，彼らはイエス・キリストの体を食し，その血を飲むことになるでしょう．そこで，もし彼らが自分たちに差し出されたその体を識

別し，判断する目をもっていなかったならば，彼らは今自分たちに差し出されたキリストの体を拒んだ以上，彼らは自分たちに差し出されたこの体を侮辱したことになります．もし彼らに信仰があれば，彼らはパンとともに差し出されているのがキリストの体であることを知り，信仰によって彼らは同じその体を受け取り，そして信仰によってそれを食べることになるでしょう．したがって，キリストの体を食し，その血を飲むために着るべき自らの婚姻の衣装を身にまとっていないとすれば，彼らには霊的に差し出されているその体を把握するための魂の目であり魂の口である信仰がないのですから，彼らはキリストの体と血を犯すと見なされることになります．

　そこで，一つの説明によって，この点を明らかにさせてください．この世の諸侯の間では，彼らの尊厳が，たとえ最小のことであっても，侵害されることを許容しない慣例があります．諸侯たちの尊厳に関して，印証よりもサイズの小さな保証印がほかに何かあるでしょうか？しかも，その実体たるや，ただの密蝋ではありませんか？それでも，もしあなたがたがそのしるしを軽くみなし，もしそれを粗末に扱ったり，自分たちの足もとでそれを踏みつけたりすれば，あたかもあなたがたが諸侯に対してそうしたかのように，あなたがたは彼の体と血を汚したとみなされ，それによって罰せられることでしょう．ましてや，もしあなたが一匹の物言わぬ動物のごとくに，キリストの体と血のしるしに接しようと進み出るなら，あなたがたはキリストの体と血を犯すと見なされずにはいられないでしょう．

　こうして，キリストの体と血を食すことについて，邪な者はキリストの体を食すことはできず，彼らはキリストの体を犯すことになる，とわたしたちは言わなければなりません．使徒はこの点について，別の聖書の箇所でさらに明確にします．ヘブライ人への手紙6章6節では，ひどく堕落した背徳者たちは「神の子を自分でまたもや十字架につけ」た，と言われています．彼らの堕落が，キリストを十字架につけた人たちと

同じように，彼ら自身を有罪とします．キリストは今，天におられるので，彼らはキリストを十字架につけるために天から引きずり落とすことなどできないのですが，それでも使徒は彼らが再びキリストを十字架につける，と言います．なぜでしょうか？ なぜなら，彼らの敵意がキリストを十字架につけた人たちと同じくらい大きいため，その結果，もし彼らが地上でキリストと立ち会うとすれば，彼らは同じことをおこなうでしょうから，彼らは神の子を十字架につけると言われるのです．同じように，ヘブライ人の手紙10章29節には，邪悪な者がキリストの血を彼らの足下に踏みつけた，と告げる一文があります．なぜでしょうか？ なぜなら，彼らの敵意がキリストの血を踏みつけた人たちのものと同じように大きいからです．というのも，彼らがキリストの体を食したからではなく，彼らがそれを受け取るべきそのとき，それを拒絶したため，キリストの体と血を犯したとみなされるからです．

　わたしたちがキリストの体と血にあずかれるときはまだきていません．これはたいへん貴重なときです．これらのときの配剤は実に神秘的で，それ自体に限界があることを，わたしたちは思い起こしましょう．つまり，もしあなたがたがこのときを捉えなければ，それは消えてしまうでしょう．この恵みのとき，天上の食事のときは，長期にわたってあなたがたに分配されてきました．あなたがたは，そこからどれほどの益を享受し，あなたがたの生活やふるまいを保証してきたことでしょう．あなたがたはそれがいつまで長く続くのかわからないのですから，そのときが与えられたその束の間のうちに自分自身を保ち続け，そのときを取り戻してください．あなたがたの身体を養う糧と同様に，あなたがたに差し出された，あなたがたの魂を養う糧を受け取るための口を探し求めてください．あなたがたがそれにあずかれる限り，そのときをしっかりと確保してください．あるいは，あなたがたがそれを熱望するとき，そのときは来ます．そして，それにあずかれないときが来るでしょうし，いやむしろ，恵みと慈愛の時に代わって，裁きと報い，そして滅びのと

きが到来することになるでしょう．

第三の反論への答え

彼らはこのような問題をこのままにしてはおかないでしょう．彼らはさらに主張し，邪な者たちがキリストの体と血への参与者であることを証明すべく，さらなる議論を展開します．「邪な者たちが食すそのパンはただのパンではなく，サクラメントのパンである，とあなたがたは認めているではありませんか」と彼らは主張します．そこで，サクラメントは常にさし示されているものと結び合っていて，そのサクラメントがすべての人に与えられるのですから，さし示されたものはすべての人に与えられているのです，と彼らは論じます．

あるいは，彼らの主張はもっともなのでしょうか？ 矛盾する結論が導き出されることはありません．なぜなら，さし示されたものはすべての人に対して差し出されているので，すべての人に与えられるかもしれませんが，しかし，すべての人に受け取られることにはならないからです．すべての人に与えられているものが，すべての人に受け取られる，ということにはなりません．わたしはあなたがたに二つのものを差し出すかもしれませんが，あなたがたがそれらを受け取るかどうかは，あなたがた次第です．しかし，あなたがたがその一方を取り，もう一方を拒むかもしれません．しかしながら，その両方を差し出した人物は，あなたがたが手にしたものと同じように，実際には拒んだものも差し出されました．ですから，神は人を欺いているのではありません．神は，御言葉とサクラメントをもって，彼らがそれらにあずかるときには，確かにこの二つのものを与えてくださいます．神は御自身の言葉をもって，わたしたちの耳に御言葉を提供し，魂にイエス・キリストを提供してくださいます．サクラメントにおいて，神は目にサクラメントを提供し，魂にイエス・キリストを提供してくださいます．そうして，二つのものが実際に一緒に提供されるところでは，人は一方を受け取り他方を拒むか

もしれない，ということもありえます．その人は，それを摂取する媒体を備えているので，その一方を受け取りますが，その媒体がないために他方を拒みます．わたしは，それを聞く耳を具えているからこそ御言葉を聞き，それにあずかる口を具えているからこそサクラメントを受領するのです．しかし，御言葉とサクラメントが示しているものについては，わたしがそれを摂取する口をもたず，それを理解する目をもっていないために，わたしはそれを拒むかもしれません．ですから，過ちは，神の側にあるのではなく，わたしの側にあるのです．邪な者が，御言葉とサクラメント共どもに彼らに提供されたキリストの体と血を得ます．しかし，彼らはキリストを摂取する口をもっておらず，神は彼らに口を与えることに拘泥されてはいませんので，その過ちは彼らの側にあります．このことを覚えておいてください．それに，もし神がわたしにキリストを感知する目を与え，キリストを受け取る口を与えてくださるということが，神の特別な恵みと慈愛によらなければ，わたしも彼らと同様に，キリストを拒んだことでしょう．ですから，この議論は，キリストはすべての人に提供されているため，キリストはすべての人に受領されるという主張は妥当ではありません．もし彼らがキリストを受領するなら，彼らはとても幸いです．三番めの議論は，以上のとおりです．

サクラメントに用いる言語表現

次に，サクラメントを十分に理解するために，あと何が残っているでしょうか？　わたしたちは，なお，わたしたちがサクラメントに用いる言葉遣い，すなわち，それらについて語るなかでの神の言葉遣い，そして教父たちが用いてきたと考えられている言葉遣いなど，サクラメントに用いられている言語表現を理解しなければなりません．魂がキリストの体を食べ，キリストの血を飲むといったようなことに言及するために，わたしたちは言語で表現します．しかし，これはあなたがたに明らかにされ，説明される必要があります．わたしたちがキリストの体を食べ，

キリストの血を飲むことについて言及するとき，これらはサクラメントで用いるための言語表現です．食べること，そして飲むことは，あなたがたもご存じのとおり，体だけがおこなう特定の動作です．しかし，それらは話し言葉による修辞学的な言い換えで，魂にも帰せられます．体に該当する特定な事柄が魂にも帰せられ，そしてその魂が食べ，かつ飲む，と言われるのです．魂が食すことは，体が食すことと似通っていなければなりません．魂が食すとは，キリストが魂に差し出されること以外の何ものでもなく，キリストがわたしのために御自身の血を流し，わたしの代わりに諸々の罪の赦しを獲得してくださったことを信じることにほかなりません．しかし，なぜ，あなたがたがこのことを食することとよぶのでしょうか？体が食するということでわたしたちが意味していることを考えてみてください．体が食べることが食べ物を口に入れることのほかでもなければ，魂が食べることは，滋養が魂に入ってくることのほかでもありません．ですから，あなたがたは，魂が食べ，そして飲む，ということで意味されていることがおわかりでしょう．すなわち，それはわたしの魂に，キリストが摂取され，キリストの死と苦しみが適用されることにほかなりません．これはただただ信仰によることですから，信仰のない者はキリストを食すことはできません．魂が食べ，飲むというサクラメント用の表現については，以上のとおりです．

魂へのキリストの適用

こうした偉大な教理上のすべての事柄に関して，なお学ばなければならないことが一つあります．それは，あなたがたの魂にキリストを正しく適用すべき方法です．それを学ぶことで，あなたがたはすべてのものを得ることになります．もしこの点を十分に学べば，あなたがたは素晴らしい神学者の一人となります．なぜなら，病める魂，傷ついた良心，不健康な心にキリストを正しく適用することは，わたしたちのすべての至福の泉であり，わたしたちのすべての喜びがそこから溢れ出す源泉で

す．これをどう適用させるのかを理解するために（あなたがたが自分の魂にキリストを欲する心構えを整え備えて），あなたがた自身のうちなる魂の存在がこの地上の肉体に，つまりこの土の器の塊に，いかに働いているのかを考えてみましょう．この肉体が生き，動き，感じるのは，魂の存在によります．魂が肉体に，命，動き，そして情感を与えているのと同じように，キリストがあなたがたの魂に与えてくださいます．あなたがたはこれまで，キリストを把握したり，自分自身に当てはめたりしたことがあるでしょうか？　魂が肉体を活気づけるのと同じように，キリストは，地上の命またはこの世の朽ちゆく命によってではなく，キリストが天において生きておられる命によって，魂を活かしてくださいます．キリストは，天使たちが天において生きているのと同じ命で，あなたがたが生きられるようにしてくださいます．キリストは，この世的な動機によってではなく天上の霊的かつ神聖な動機によって，あなたがたを突き動かしてくださいます．さらには，キリストは，外的な感覚ではなく，天上の感覚をあなたがたのうちに注いでくださいます．キリストはあなたがたの内側に霊的な感性を働かせてくださり，それによって，あなたがたは自らの心と良心のうちでキリストの御言葉の効果に気づかされます．こうして，キリストがわたしの魂と結びつくことによって，わたしは体がする以上の大きな効果を，魂によって何度もくり返し得るのです．なぜなら，魂が宿るこの肉体は，地上のこの世的な朽ちゆく命しか得られず，常に惨めさに晒されていますが，わたしの魂のうちにキリストが臨在されることによって，命は祝福されていることを知り，わたしは祝福された命，しかもわたしの内側で日々ますます増し加えられていく命を感得するからです．ですから，わたしたちの完成と祝福のすべての土台はこの結びつきにその本質があります．そして，たとえあなたがたがメトシェラのように長生きし，全生涯を探究に費やしたとしても，それでも，もし最後の一時間であなたがたがこの結びつきを得られたとすれば，あなたがたはその結びつきを十分に得られたのですから，

自分たちの労苦は十分に報われたと考えるでしょう．もしあなたがたがキリストを得ているなら，あなたがたはキリストと共なるすべてのものを得ています．ですから，あなたがたの魂にキリストが適用されることこそ，あなたがたの喜びと至福のすべての土台です．

　そこで，わたしたちがこの結びつきをどのようにして得るのかを理解したいと思います．これは，習得したり獲得したりすることが厳しく難しい霊的な結びつきです．それでは，どのようにしてそれがもたらされるのでしょう？　神がこの結びつきにお用いになる手段は何でしょうか，そして，キリストを得るために，また，わたしたちの魂にキリストを迎え入れて，キリストにわたしたちと一つとなっていただくために，人間がその結びつきに用いるべき手段は何でしょうか？　神の側で用いられる手段が一つあります．それは，神がわたしたちを助けて，キリストを得させてくださることです．そして，わたしたちの側で採用する手段がもう一つ別にあります．神の側には，わたしたちにキリストの体と血を差し出してくださる聖霊がおられます．わたしたちの側にも，さらに採用する一つの手段があるに違いありません．そうでなければ，聖霊がキリストを差し出してくださっても，わたしたちはそれにあずかれないでしょう．ですから，聖霊が差し出してくださるものにあずかるために，そして，キリストの体と血という天上の糧にあずかるために，わたしたちの魂のうちに信仰がなければなりません．こうして，信仰と聖霊が，この霊的かつ天上の結びつきにおいて用いられるべき二つの手段です．これら二つの手段，信仰と聖霊によって，わたしはキリストの体にあずかり，キリストの体はわたしのものとなり，キリストがわたしの魂に与えられるのです．

どのようにして天にいますキリストが地上にいるわたしたちに与えられるのか？

　ここで一つの疑問が生じてきます．キリストの体は父なる神の右に座

していますから，どうしたら，キリストの体が自分たちに与えられている，または差し出されている，とあなたがたは言えるのでしょうか？天と地の間の雲泥の差，つまりキリストの体とわたしたちの体との間にある差がどれほど大きなものであるのかを想像してみてください．それなら，どうしてキリストの体があなたがたに与えられていると言えるのでしょう？教皇派はこれを理解できないため，彼らは俗悪で肉感的な結びつきを思い浮かべます．もし聖霊がこのことを照らしてくださらなければ，理解されることなどありえません．わたしたちが理解できるようになるのに先立って，神の霊がわたしたちの精神を照らしてくださり，わたしたちの心のすべてに必ず働きかけてくださいます．

　どのようにしてあなたがたにキリストが与えられるのでしょう？次はこの点を理解していただきましょう．キリストの体は父なる神の右にいまし，そして，キリストの血は父なる神の右にいますのは間違いありません．天と地の間にあるその差と同じように，わたしの体とキリストの体の間には雲泥の差があるのですが，にもかかわらず，キリストの体は確実にわたしに与えられています．(「キリスト者（Christian）」という)「キリスト（Christ）」の呼称がわたしに与えられているのですから，キリストはわたしに与えられています．わたしがキリストの体と血を自らのものとせられるのは，キリストの体と血の権利と「キリスト者」という呼称がわたしに与えられているからです．場所の距離の隔たりがわたしの呼称や権利を損ないはしません．もしあなたがたのなかの誰かが，オークニー諸島の最も遠い場所にある土地の一角を所有しており，さらにもしその土地に対する確かな権利があれば，距離の隔たりがそれを損なうことなどありえません．それと同じように，距離の隔たりは，わたしがキリストに対している呼称と資格を損ないはしません．たとえキリストが父なる神の右に座していましても，それでも，わたしが所有しているキリスト者というその呼称と資格がキリストをわたしのものにし，そうしてはじめて，キリストはわたしのものである，と真実に言えるで

しょう．わたしがキリストを天の国から引っ張り出したから，キリストがわたしのものになったのではありません．そうではなく，キリストがわたしのものであるのは，わたしがキリストに帰せられている確実な資格と権利とを保有し，そしてキリストに帰せられる確実な呼称と確かな資格を保有しているからこそ，どれほどの距離の隔たりがあったとしても，その距離はわたしがキリストを保持することに何の支障ももたらしません．さらには，わたしがキリストのゆえに確かに保有している呼称は，御言葉におけるキリストのゆえにその呼称を得ている，つまり，サクラメントにおいて自らのキリスト者という呼称の確証を得ている以上，わたしに確証されます．わたしが御言葉におけるキリストに対する何の呼称も得なければ，わたしはあえてサクラメントのもとに進み出ようとはしないでしょう．しかし，今やサクラメントにおいてわたしに与えられているキリストのゆえに，その呼称を確証するしるしにあずかります．

　すると，キリストの体は父なる神の右に座していますが，キリストの体がどこにあるとしても，わたしはその体に対する呼称があるので，キリストはわたしのものとなり，キリストはわたしに差し出されます．キリストは，わたしのために降誕しくださり，わたしに与えられ，そして，わたしに差し出されたのです．ですから，距離の隔たりは，キリスト者というわたしの呼称の確実性を損ないませんし，距離の近さが役に立つものでもありません．もしあなたがたがキリストに帰せられる呼称を得ていなければ，あなたがたはキリストを自分たちのものであると言うことはできませんから，たとえキリストが諸々の天を伴って，キリストがあの（イスカリオテの）ユダにしたように，あなたがたに御自身の体に触れさせたとしても，それはあなたがたに何の役にも立ちません．ですから，キリストをわたしのものとするのは，場所の近さでもその距離の短さでもありません．それは，わたしがキリストに対して保有する権利だけです．わたしは，信仰をとおしてのみ，キリストに対する権利を保

有します．ですから，信仰によってのみ，キリストはわたしのものとなるのです．

　教皇派は，もしわたしたちが天と地の間の距離ほどキリストから遠くかけ離れているのなら，わたしたちを遥かに凌駕する大きな利点を自分たちは得ていると考えます．しかし，神の恵みによって，この利点は彼らから確実に召し上げられるでしょう．キリストの体はわたしの体からは遠く離れているにもかかわらず，わたしにはキリストの体への呼称があり，キリストの体はわたしから，つまりわたしの魂から，遠く離れてはいないのです．キリストの体とわたしの魂は一つに結び合っています．これは天と地の間に架けられている不思議な梯子です．そうして，わたしは天から地へと伸ばされ，キリストと一つに結び合わせる手綱を握っていて，それこそが真の信仰という手綱なのです．たとえキリストが天におられても，真の信仰によって，キリストは地上のわたしと結び合い，一体となってくださいます．このことはどうして可能なのでしょうか？そのことをあなたがたにお示ししましょう．太陽の天体は天にあるではありませんか？あなたがたは太陽の天体に触れることはできません．ですが，太陽の天体とあなたがたは，あなたがたに降り注ぐ光によって，その光線によって繋がっています．そうであるなら，天上にあるにもかかわらず，キリストの体も，その御光によって，キリストの体から溢れ出る光と喜びによって，地上のここで，どうしてわたしと繋がらないことになるのでしょうか？わたしの体とキリストの体は，キリストの体から溢れ出る慈恵と力によって結び合っています．そして，死んでいたわたしの魂を生き返らせる慈恵と力が，わたしをキリストの命へと生きるようにし，そして自分自身に対しては死に始めます．さらに，わたしが自分自身に対して死ねば死ぬほど，ますますわたしはキリストに対して生きることになります．この繋がりこそ，わたしがあなたがたにできる限りはっきりと説明してきたように，わたしたちのすべての至福と幸いの土台なのです．

わたしたちの体とキリストの体とのこの繋がりは，二つの特別な手段，つまり聖霊と信仰という手段によって起こります．しかし，もしこれら二つ以外には何も手段がないとすれば，あなたがたはどうして身体的で目に見える繋がりを求めるのでしょうか？信仰は目で見ることができませんし，聖霊もまた然りです．あなたがたはそれを見ることができず，肉眼ではそれを察知することもできませんし，聖霊の力はあまりに不可知的なもの，神秘的で目で見ることのできないものですから，あなたがたは肉眼でそれを察知したり，感知したりすることができません．しかし，キリストがしてくださっていることをあなたがたが感知できなくとも，キリストは大きな恩恵をあなたがたの魂に差し出しておられます．したがって，この結びつきを媒体する手段は不可知的で，神秘的，かつ霊的なものなのですから，なぜあなたがたはこの結びつきを肉眼で見られると考えるのでしょうか？あたかもあなたがたがそれを見たかのように，あなたがたに何のよいことも働かないのに，なぜそのような身体的な繋がりを思い描くのでしょうか？わたしたちとキリストを結びつけてくださる聖霊には限界などないのですから，わたしたちの魂が自分たちの頭脳と身体の足がそれぞれ離れていても，両者を連動させているのと同じように，聖霊は，両者がたとえどんなに離れていても，キリストとわたしたちとを繋ぎ合わせることは容易にできることを，あなたがたは知らないのでしょうか？

「あなたは再び生まれなければならない」
　このように，この結びつきを知ることがわたしたちのすべての幸福の土台かつ源泉であるのですが，この幸福の土台を知ることは，とても測りしれないもの，かつ霊的なものであるため，そこにあなたがたはどのように参与することができるでしょう？あなたがたの外的な感覚，生まれながらの知覚，生まれながらの思索，生まれながらの理性をすべて取り除き，そして，神の霊による視野と導きに従ってください．神の霊

の光によって，あなたがたの知性が照らし出され，あなたがたが霊的な結びつきをはっきりと認めることができるよう，神の霊に祈ってください．もし，この霊的な結びつきを把握するための聖霊の目があなたがたに与えられていなければ，それについてあなたがたは何の洞察も得られません．しかし，もし主が御自身の慈愛をもって，あなたがたの上に主の聖霊をいかほどか授けてくださるなら，疑いようもなく，あなたがたはすぐにそれを理解するに至るでしょうし，自分たちがその御言葉を聞いた日のことを喜びとするでしょう．聖霊の賜物による以外に，あなたがたが霊的でいられることなど不可能です．聖霊が降臨して，それを霊的なものにしてくださることがなければ，肉と血から生まれた者は肉と血のままでいるほかありません．ですから，あなたがたは，聖霊によって再び生まれなければなりません．あなたがたはキリストの体のうちに生まれなければなりませんし，キリストの霊があなたがたを生き返らせなければなりません．これが，キリストの霊によって生まれ変わること，キリストの霊に生きること，とヨハネによって言われていることです．聖霊がわたしたちのうちに来た途端に，この霊が直ちにしてくださることは何でしょう？　聖霊はわたしたちの理解から闇を追い払ってくださいます．以前には，わたしは神を知りませんでしたが，今やわたしは神を知るようになりました．それはこのお方が神であるという一般的な知識によってではなく，わたしはこのお方がキリストにおける神であると知るようになりました．聖霊はほかにも何かしてくださるでしょうか？　聖霊は精神だけでなく心も開いてくださいます．わたしが自分の心の情熱を注ぎ込んできた事柄や自分の魂の愛を費やした事柄は，聖霊の働きによって今やわたしにとってひどく苦々しいものとなりました．聖霊はわたしがそれらをひどい毒薬のようなものとして忌むようになさいます．聖霊はわたしの魂のうちにあって，かつてわたしが愛情を注いできた事柄からわたしを隔てて，向きを変えさせ，その代わりに，わたしの愛情を神へと注がせる内的な性質を創出してくださいます．これが大い

なる完成なのですが，さらに加えて，聖霊は徐々にわたしが他の何にも増して神を愛するようにさせてくださいます．聖霊がわたしの魂の情愛を変えてくださいます．聖霊がそれらの能力や性質を変えてくださいます．しかし，わたしたちの心や精神の実体は何も変わらないにもかかわらず，わたしたちが新しい被造物と呼ばれるほどまでに，それらは新しくされます．もしわたしたちが新しい被造物ではないとすれば，わたしたちはキリストのうちにはいません．

　そういうわけですから，信仰によって，また聖霊によって，この神秘的な結合がもたらされます．わたしたちは信仰によってキリストの体と血のもとに留め置かれ，そして，わたしたちは天と地ほどに離れているにもかかわらず，地上から天に届くヤコブの梯子のように，わたしたちをキリストと結びつける梯子として，聖霊が仕えてくださいます．そのように，神の霊がキリストの体とわたしたちの魂を結びつけてくださいます．ですから早い話，キリストに帰せられる何らかの呼称や権利をあなたがたに与えているのは何でしょうか？　それは聖霊以外にはありませんし，信仰以外にもありません．そこであなたがたがなすべきことは何でしょうか？　なんとしてでも信仰を得ようと努めることであり，そのようにして，ペトロが言うように（使徒言行録 15：9），あなたがたの心と良心が信仰によって清められるようになることです．もしあなたがたが自分たちの精神においてと同じように，心においても信仰を切に得ようとしなければ，あなたがたの信仰は何も役立ちません．ただ空想のなかを漂うだけで，心を開くことも，自らの意志を御心に合わせる必要もなく，ただ不毛な知識しかない信仰が，いったい何の役に立つのでしょう？　ですから，神があなたがたに命じておられることをおこなうためには，あなたがたの心が開かれることと，あなたがたの意志が御心に適っていなければなりませんし，そうでなければ，あなたがたの信仰はまったく無駄です．そうして，あなたがたの心と精神に信仰を得ようとつとめ，また実際にそうすることで，あなたがたはキリスト者たちがなすべ

きことをすることになります．常に御言葉を聞き，常にサクラメントにあずかろうとしなければ，それはなされません．したがいまして，これらに勤勉に取り組み，祝福された永遠の命の十分な実現に至るまで，聖霊において，聖霊がわたしたちの魂をキリストの体と血で内的に養ってくださるように，そして聖霊があなたがたの心と精神に信仰を増し加えてくださり，そして，日毎にますます信仰を成長させてくださいますように，と勤勉に祈り続けてください．主が御自身の慈愛においてわたしたちをこの祈りへと伴ってくださいますように．イエス・キリストが果たされた義のゆえに，父なる神と聖霊と共に，栄誉のすべてにいますお方に，誉れと栄光が今もとこしえにありますように．アーメン

3 主の晩餐の特徴㈡

> 私があなたがたに伝えたことは，私自身，主から受けたものです．すなわち，主イエスは，引き渡される夜，パンを取り，……
> コリントの信徒への手紙一 11 章 23 節

　イエス・キリストにおける親愛なる皆さん．わたしたちは前の説教では，両方の神の書物（旧約・新約）のなかで，またラテン教会と東方教会の教父たちによって，主の晩餐のサクラメントにどのような名称が与えられているのかについて聞きました．わたしたちは，この聖なるサクラメントが制定されたおもな目的について聞きました．わたしたちは，サクラメントに含まれる事柄について，それらが何か，それらがどう結びつくのか，それらがどのように分配されるか，それらはどのように受け取られるのかについて聞きました．わたしたちは，この教理に反対する幾つかの議論についても聞き，次々に提示される反論を聞きながら，しかも神が恵みを与えてくださったことによって論駁し，最後には，信仰をもった魂がどのようにしてキリストの体を食し，キリストの血を飲むと言われるのかを，わたしたちは聞きました．どのようにしてキリストがわたしたちに受け取られるのか，むしろ，受け取られ得るのかを聞き，そして，この点について，人類の救い主，すなわちわたしたちの救い主であられるイエス・キリストは，霊的な方法，または霊的会得以外では感知されることも受け取られることもありえない，とわたしたちは結論づけました．キリストにあっては，その体と血，あるいはキリスト御自身は，信仰の目をもってでなければ感得されることなどありえず，また信仰の口でなければ受け取られることなどありえず，また信仰の手

によらなければキリストは捉えられることなどありえません．そのように，信仰は聖霊の力強い御業と導きによって人間の心と魂のうちに送り届けられ，そして人びとの魂のうちで錬成される神の賜物なのですから，信仰は霊的な事柄です．したがって，キリストにあずかる唯一の方法は信仰によるものであり，しかも，信仰はまさにその本性からして霊的なものであるため，霊的な方法以外にキリストにあずかるすべはありません．霊的な手だけがキリストを掴むことができ，霊的な口だけがキリストを食すことができます．こうした慣れ親しんだ言葉遣いによって，聖書の諸文書は信仰の本性と効果を指摘します．

　サクラメントでは，信仰によって，わたしたちがおもに次の二つのことをすることで，キリストの体を食べ，キリストの血を飲む，と言われています．第一に，わたしたちはキリストの無残な死と苦しみを思い起こします．キリストが十字架の上で流された血，キリストが十字架に進み行かれる前に御自身の記念として制定された晩餐，そして「わたしの記念としてこのようにおこないなさい」とのキリストの御命令を思い起こします．わたしたちは，どのようにしてキリストがわたしたちのために死んでくださったのか，どのようにしてキリストの血が十字架の上で流されたのかを，何よりもまず信仰をもって記憶し，想起しながら，霊的にキリストの体を食し，その血を飲みます．これが，聖霊の大いなる御力によっておこなわれるのでなければ，正しく記念されえない第一のことです．第二に，霊的に食すとは，わたしとあなたがた一人ひとりが，キリストはとりわけこのわたしのために死んでくださったことを堅く信じることにおいて成立し，キリストの血が十字架の上で流されたのは，わたしとわたしの罪を完全に拭い去り，贖うためだったと堅く信じることにおいて成立します．キリストの体を食し，キリストの血を飲むことにおいて最も肝要なのは，そもそも，わたしたちの罪のためにキリストの体が死へと引き渡されたこと，そして，わたしたちの罪を拭うためにキリストの血が流されたことを堅く信じることに帰着します．あなたが

た各々の魂がキリスト御自身の近くに引き寄せられ，そしてキリストが自分のために死んでくださったことを，堅く承認し，同意し，確信させられることがなければ，自らは救われるはずもなければ，キリストの体を食べ，血を飲むこともできません．ですから，キリストの体を食べ，血を飲むことは，そもそも，堅い信仰のうちで信仰的に記念すること，そしてキリストの死と苦しみの結果をとりわけ各々の良心へと正しく適用することにおいて成立します．

さまざまな反論が，この種の受け取り方に向けられてきました．わたしはそのことをあなたがたにくり返し申しあげるつもりはありません．それらのなかには，信仰によってキリストを霊的に感知することに異論があることは，あなたがたすでに聞いたとおりです．「もしキリストの体と血は聖霊なくしては，あるいは信仰なくしては，感知されもせずあずかりもしないのであれば，あなたは自らの想像力でキリストにあずかっている．もしキリストが身体的にまたは物的にではなく，聖霊によってのみまた信仰によってのみあずかれるとすれば，想像や思考，空想といった手段による以外では，キリストはまったく受領されえないことになる」と彼らは言います．ですから，彼らは信仰と精神の想像力を，人間の頭脳のなかに浮遊する一つの空想，また一つの主観であると受け取ります．わたしは彼らが信仰についてそのように考えることを非難することはできません．なぜなら，自分でそれを味わってみるまでは，誰も蜂蜜の甘美を認識できないのと同じように，本人が自分の心でそれを感得し，それを味わうことがなければ，誰も信仰の本質を判別することはできないからです．

もし彼らが自分たちの魂で，信仰がそれとともにもたらすものを味わい，感得すれば，彼らは霊的な宝石，しかも魂にとっての唯一の宝石を空想力だなどとは決して言わないでしょう．彼らはそれを空想力などと言いますが，ヘブライ人への手紙11章1節で，それを説明している使徒は，それを一つの実体，そして実質的根拠とよんでいます．空想力

と実質的根拠というこの二つのどこが見事に一致しているというのでしょう！ 彼らはそれを頭脳のなかに浮遊する，不確実な思い込みや人間の想像の産物と言います．これに対し，使徒は同じくそれを定義するのに，一つの証拠およびその確証とよんでいます．信仰の本質をめぐって，彼らと使徒がどれほど矛盾し合っているのかがおわかりでしょう．彼らは，キリストが受領されるのと同じ方法によらなければ，キリストが渡し伝えられることなどありえない，という一般的な真理をもって推定します．彼らは「どのようにして何かが受け取られるのかを観察しなさい」と言います．「まったく同じしかたをもって，それは与えられ，渡し伝えられるのであって，したがって，もしキリストが空想力という手段で受け取られるのであれば，キリストはその空想力という手段で与えられ，渡し伝えられることになる」と，彼らは構想します．もしキリストがあなたがたの肉の手に，あなたがたの口に，さらには，肉の体の胃袋に与えられていないというなら，キリストは空想力や想像を通す以外には与えられようがなくなるというのです．キリストは，肉体的に与えられるのでなければ，実際にも現実にも，彼らのものにはなりえないし，また彼らに真実に与えられることにはなりえない，と彼らが考える理由は，天が地上から遠くかけ離れているのと同じように，それはわたしたちから遠くかけ離れているため，わたしたちに与えられているとか，わたしたちのものである，などと言えないからです．彼らはわたしたちに主張してきます．「あなたたち自身の信仰告白において『天上が地上から遠くかけ離れているように，わたしたちはキリストの体から遠くかけ離れている．それだから，キリストの肉体がわたしたちに与えられることなどありえない．それは真実にも，現実にも与えられていない』と記されているではないか」と．

地上のわたしたちには，天上にいますキリストに帰せられる「呼称」がある

この論旨を突き詰めると，彼らの議論には，一見すると，それなりの説得力があるように思われますが，わたしたちはそれを検証してみましょう．検証する命題は，天が地上から遠くかけ離れているのと同じように，それ（キリストの身体）はわたしたちからは遠くかけ離れているため，どんなしかたをもってしても，わたしたちに与えられているとか，わたしたちのものとなっている，と言うことなどできはしない，というものです．さて，この命題は正しいのでしょうか，それとも間違っているのでしょうか？　わたしは，それはまったく間違っている，しかもその逆のことこそまさに真実であると，主張します．天上が地上から遠くかけ離れているように，そのもの自体はわたしたちから遠くかけ離れていても，あるものがわたしたちに与えられ，わたしたちのものとなることはありえます．これをわたしはどうやって証明できるでしょう？　何があなたがたのものにするのでしょう？　それが自分に与えられていると思わせるのは何でしょう？　それは（キリスト者という）呼称であり，それに対する正当な権利ではありませんか？　もし，それを与える力をもっておられるキリストによって，あなたがたに与えられている公正な権利を，そして，そうすることができるキリストによってあなたがたに与えられている，（キリスト者という）確実な呼称をあなたがたが保有しているのならば，たとえ，もしキリストがあなたがたに与えてくださるものがあなたがたの手中に届いていなくとも，それでも，キリストがあなたがたに与えてくださるその権利と呼称のゆえに，それはあなたがたのものになるのではありませんか？　それを自分のものとみなす根拠は，それが自分の身体やわたしの手にどれだけ近いところにあるかどうかではないのですから，それについては何も疑う余地はありません．それはわたしの手の中にあるかもしれませんし，まだわたしのものになっていないかもしれません．それを自分のものとするのは，その距離でもなけ

れば，物が不在なことでもなく，それが自分から遠く離れているかもしれませんが，しかし，「キリスト者」というその呼称はわたしのものであり，そして，それを与える権利をもっておられるキリストから，わたしはその呼称をすでに得ているのですから，それはわたしのものとなります．ですから，そうすると，たとえ，もしそれが目の前になく，わたしたちから遠く離れたところにあるとしても，ある物事をわたしたちのものにするのは，確かな呼称と，それに対する公正な権利である，ということが真の原理です．ですから，キリストの血と死に対する生きた信仰，そして真の信仰が，キリストの体と血に対し，またキリストの成果に対し，確実な呼称と確かな権利をわたしたちに与えるのは至当である，とわたしたちはみなしているのです．

　御自身の死により，十字架の上で御自身の血を流したことによって，キリストにどのような救いの功績があるのか —— わたしが神から授かった信仰によって，キリストに帰せられる権利と呼称によって，キリスト御自身とこのお方に伴うものすべてがわたしのものとされていること —— をよく考えてください．そして，わたしの呼称が確実になればなるほど，その呼称によって与えられるものがますます確実になります．

キリストに対するわたしたちの呼称は主の晩餐によって確証される

　さて，主の晩餐のサクラメントは（「キリスト者」という）わたしたちの呼称を確実にするために，わたしたちがキリストの体と血に対し，その死と苦しみに対して保持するわたしたちの権利を証印するために，制定されました．またそれゆえに，キリストに対する，キリストの死とキリストの体と血に対するわたしたちの呼称は，キリストの体がわたしたちに与えられていると言われ，キリストの血はわたしたちに提供されていると言われるその時に，わたしたちの心のうちで確証されます．このサクラメントはわたしたちの信仰の成長と促進のために，わたしたちの清めと聖化の促進のために制定されています．この信仰がわたしたちの

心のうちで大きくなればなるほど，キリストの死が直接的にわたしたちに関連していることをますます確信するようになります．わたしがすでに述べたとおり，キリストの体はわたしの手に与えられてはいないとか，わたしの口に入るとか，また胃袋に入るといったことにもまして，キリストは真実には与えられていないなど，神はあなたがたを言いたい放題にしてはおかれません．

　なぜキリストの体があなたがたの手の中に，または身体の口の中に注ぎ込まれねばならないのでしょうか？キリストはパンとぶどう酒を身体の成長のために定められたわけではないことが，あなたがたには納得できないのでしょうか？それらは，この地上の，この世の命にとって，あなたがたを養うのに不十分なのでしょうか？あなたがたの魂のうちの口に提供されることを決め，またあなたがたの魂の手のうちに差し出されることをお決めになられたのはキリストご自身にほかなりません．それにより，あなたがたの魂は，キリストを食し，神の御子や神御自身が生き，天使たちが生きるまさにその命をもって生き返るのです．ですから，キリストの体は，あなたがたの身体を養うためではなく，希望のなかで，永遠の命の成長のなかで，あなたがたの魂を養うために定められているのです．

　ですから，たとえキリストの体そのものがあなたがたの身体の両手に提供されなくても，それは魂を養うものとしてあなたがたのその手に提供されます．実際に，パンとぶどう酒があなたがたの身体の手と口に提供されることによって，それと同時に，キリストの実の体があなたがたの魂の手と口に届けられます．つまり，それは信仰によるものなのです．ですから，身体的に配分されることをこれ以上はもう切望などせず，もうこれ以上はもうキリストの物理的な受領について考えないでください．あなたがたは，神がわたしたちの身体の口にキリストの体を与えてくださるとか，わたしたちの身体の口でキリストの体にあずかれる，などと考えてはなりません．あなたがたは，神の聖書のこの原則，つまり，

霊的な結びつきによる以外に、わたしたちの魂がキリストの体と結び合わされる、あるいは一つとされることなどありえず、キリストの体がわたしたちの魂に結び合わされることもありえないということを理解しなければなりません。それは、自身の肉体的な結びつきでも、血による結合でもなく、キリストの体とわたしたちの体との触れ合いによるのでもありません。キリストは、霊的な絆によってわたしたちと結び合わされ、またそれゆえに、使徒はコリントの信徒への手紙一 12 章 13 節では、キリストの聖霊という手段によって、信仰をもった男も女も、わたしたちは皆、キリストの一つの体となるために洗礼を受け、一つの霊によって一つのキリストと結び合わされ、繋がり、それは身体的な結びつきや何らかのあいまいな結びつきによるのではなく、ただ聖霊の絆による結合である、と言うのです。

主の晩餐のサクラメントにおける聖霊の働き

キリストのうちにいますその同じ聖霊がわたしたち一人ひとりのうちにも何らかの在り方によって共にいてくださいます。そして、その同じ聖霊がキリストのうちにいまし、かつわたしたちのうちにもいてくださるのですから、わたしたちは皆、一つの体、そして一つの霊的で秘義的な体の成員であるとみなされます。同じ節で、使徒は「私たちは皆……一つの体となるために洗礼を受け、皆一つの霊を飲ませてもらった」と述べます。これは、わたしたちがキリストの血を飲む者とされているということであり、しかもこの血は、キリストからまたキリストの死の成果から溢れ出る、生き生きとした効果と力以外ではありません。わたしたちが皆その血を飲む者とされるその時、わたしたちはキリストの血から溢れ出る生き生きとした効果と力を飲むのです。こうして、わたしの魂をキリストの体と結びつけることのできる唯一の絆は、霊的な絆、あるいは霊的な一致です。したがって、使徒は「主と交わる者は、主と一つの霊となるのです」（コリントの信徒への手紙一 6：17）と述べ、そし

てヨハネも「霊から生まれたものは霊である」（ヨハネによる福音書3：6）と述べています．ですから，わたしたちがイエス・キリストの体と血と結び合わされるのは，ただ聖霊が参与してくださること以外にはありません．それが一つの種族のなかで受け継がれてきた血の絆であれ，体と体の肉体的な繋がりであれ，物理的な絆はキリストによってまったく重んじられていません．キリストがこの地上を生きておられたとき，そのような絆については何ら想定なさってはいませんでしたし，キリストがわたしたちに与えてくださった聖書をわたしたちが読む限り，キリストが霊的な絆と並列させて，それを重んじられたり高く評価したりはなさいませんでした．それに対し，わたしたちは一つの霊によってキリストと一つに結び合わされているのであり，キリストは地上を生きておられた間，この霊的な絆をこそ尊重されました．したがって，聖書のなかで，それに関する称賛と推賞をわたしたちに示しておられます．

　わたしたちがとても大事にしている血による肉の絆，つまり血縁関係を，キリストがどれだけ軽く見ておられたのかを示すために，ルカによる福音書8章20節，21節からのこの文章について考えてみましょう．人びとがキリストのもとに来て「お母様とごきょうだいたちが，お会いしたいと外に立っておられます」と告げた際のキリストの返事は，キリストが肉の絆にどの程度こだわっておられたのかを示しています．21節で，キリストはその絆を否定するかのようなしかたで，「私の母，私のきょうだいとは，神の言葉を聞いて行う人たちのことである」と答えています．それは，キリストが言われたかのようであり，わたしたちが御言葉を聞き，それを敬い，それに従うよう突き動かされるのは，わたしが大事にし，こだわる，肉による結びつきではなく，聖霊の参与による霊的な結びつきです．ルカによる福音書8章の数節が明らかな証拠となるように，この肉の絆が益をもたらすことは何もありません．もしキリストの体に触れることが益をもたらすのなら，大勢の人びとがキリストのもとに無理矢理にでも押し寄せて，何とかして自身をキリストに触

れていただこうとし，その身体的な接触こそが成果をもたらす，とその章で言及したはずです．ですが，身体の接触によってより好ましくなった人は彼らのうち，誰一人としておらず，したがって，それが益するものは何もありませんでした．だからこそ，キリストの体について彼らをおかしな誤解から引き離すように，キリスト御自身がヨハネによる福音書6章63節で「命を与えるのは霊である．肉は何の役にも立たない」と言われているのです．

信仰においてキリストに触れた女の例証

聖霊により，そしてあなたがたの魂のうちにある信仰により，触れ合いや結びつきに関してはほかにも事例があり，これは常々益をもたらしてきました．なかでも，同じ章（ルカによる福音書8章43–48節）には，その事例があります．12年もの長い間，長血を患い苦しめられ，その病を癒やすために自分の財産の大部分を無駄に消費してしまった一人の貧しい女性は，自然的あるいは身体上の医療者たちのうちに，何ら救いの手を見出せませんでした．最終的に，この女性の心のうちで信仰を働かせてくださった聖霊の効力により，信仰によって，身体と魂を共に救うために来てくださったイエス・キリストによって，この女性は自分の身体と魂の健やかさを回復することができると知り，悟りました．この女性の心のうちで，キリストこそが身体と魂を共に癒すことがおできになるとの確信をもって，彼女はキリストのもとにやって来ました．そして，聖書の本文が示しているように，彼女は大勢の群衆の間をかき分けてキリストに近づき，遂に彼女がキリストのもとに辿り着いたとき，彼女の手がキリストの身体に触れたとは書かれておらず，彼女がその手で触れたのはキリストの衣の裾にすぎませんでした．ですが，この女性は，魂の手である信仰によって触れたことで，神であり人である自らの救い主に触れたことが書かれています（この場合，教皇派の人たちはこの効力について，彼女が身体的に触れたことによってキリストからもたらされたの

3 主の晩餐の特徴㊁ 125

だと説明するでしょう)．ところが，彼女が信仰によってキリストに触れたことをあなたがたに示すために，イエスは彼女に「娘よ，あなたの信仰があなたを救った．安心して行きなさい」と最後に言われました．

彼女は，信仰によってキリストに触れた途端，瞬時に，キリストから溢れ出る力にあずかることになりました．彼女は，自らの魂のうちで，その効果によって，その力と癒しの効力を感得し，そして，わたしたちの救い主も自分から力が出ておこなったことを感得されました．キリストは，そのことを感じ取った途端，「私に触れたのは誰か」と言われました．ペトロは（彼はいつもかなりせっかちなので）「先生，群衆が取り巻いて，ひしめき合っているのです．それなのに『私に触れたのは誰か』とおっしゃるのですか」と言いました．わたしたちの救い主は改めて「私が言っているのは，そのようにただ触れることではなく，別の類の触れることだ．誰かが私に触れ，その人が私から威力と効力を引き出したのだ．大勢の群衆はそのように私から効力を引き出してはいない」と答えています．その貧しい女性は過ちを犯してしまったと思い，震えながら進み出て，「私です」と名乗り出ました．キリストは，最後に彼女に応え，こう言われたのです．「安心して行きなさい．あなたの信仰があなたを救った」．つまり「あなたの信仰が，私から威力と効力を引き出し，それがあなたを，魂も身体も共に十分に満たした」と．

このような形でキリストに触れることは，常々，効果をもたらします．それは，身体の手でキリストに触れるのとは違い，いつでも今でも効果をもたらします．なぜでしょうか？キリストは，身体的な頭部となるために，わたしたちの身体の首の上に置かれるために，わたしたちの身体に肉体的な感覚や動作を備えるために，定められているのではありません．まったく違います．聖書はキリストを自然的な頭とはよばず，わたしたちの魂の首の上に据えられる霊的な頭とよびます．そうして，わたしたちの魂に結びつけられて，キリストから溢れ出るものがわたしたちの魂のうちで聖なる動作や神聖な感覚を熟成し，それによって，キリ

ストからわたしたちのうちに霊的で天にかなう命が流れ入るでしょう．ですから，聖書は，わたしたちのことを霊的な体とよぶように，キリストのことを霊的な頭とよぶのです．

わたしたちがキリストから得たのは霊的な命ですから，わたしたち皆がキリストと一つに結び合わされるというのは霊的な出来事です．しかも，肉体の頭脳が，身体に対するのとまったく同じ作用を，キリストが魂のうちに働かせてくださるので，キリストは霊的な頭と言われるのです．こうして，キリストが御自身の教会に，教会のまさしく命である霊的な働きと感覚を備えてくださるからこそ，キリストは教会の頭とみなされます．

そこで，手短に述べますが，この結びつきには肉体的（身体的）なものも，そういった類のものも一切ありませんし，わたしたちの自然的な判断力や理解力で把握できるものではありません．ですから，その霊的な結びつきについて少しでも洞察しようという人は皆，自ら謙遜となり，霊を求めて熱心に祈らなければなりません．そうでなければ，たとえもしそれが実に取るにたらないことであっても，聖霊によって与えられる何らかの光によらなければ，すなわち，わたしたちの心がキリストの霊の力ある御業によって目覚めさせられることなくしては，どのようにしてキリストの体とわたしたちが一つに結び合わされるのかについて何一つ理解できず，このことはわたしたちにとって死んで閉じられた文字のままでしょう．

主の食卓に進み出る心構え

したがって，第一に，主がその慈愛によって自分たちを目覚めさせ，理解力の蒙を啓き，そして霊的な事柄を分別するために霊の光を与えてくださるようにと，あなたがたは祈らなければなりません．第二に，あなたがたは，空しい邪念やこの世的な空想のすべてを取り除く努力をしなければなりません．とても高度なことを聞きに来たとき，あなたがた

は先入観や悪しき欲望、また、この世の思い煩いや心の悩みの種を、すべて拭い去らなければなりません。そして、第三に、あなたがたは、御言葉を聞く心構えをして、御言葉に聞く耳をもって、そして清められた心で御言葉を受け止めるために、進み出なければなりません。あなたがたは、生涯のすべての日々、身体のうちだけでなく魂の内側も、聖性が成長し、増し加わるよう望まねばなりません。そして、あなたがたがそのようにして進み出るとき、間違いなく、聖霊はあなたがたに必要なものを明らかにしてくださるでしょう。たとえあなたがたがこの御言葉を聞き逃してしまい、そのときには大きな益が得られなくとも、それにもかかわらず、やがて後に、聖霊はあなたがたにこうして聞いてきたことの真理が何かを明らかにしてくださるでしょう。そこで、あなたがたが心と精神をもって進み出ているのか、そしてあなたがたの魂はこの世の思い煩いのすべてを空しくしているか、が重要となります。それによって、御言葉を聞くこととともに差し出されるぶどう酒をいただくことができるようになります。

主の晩餐のサクラメントの定義

　さて次に、わたしは主の晩餐のサクラメントの定義について語ります。わたしはサクラメントのことを、キリストにおける恵みと慈愛の契約に繋がる聖なるしるし、とよびます。サクラメントは、イエス・キリストの聖なる制定に則って公に執行されるしるしであり、それが合法的に正しく執行されることで、しるしとさし示されているものとのサクラメント上の一致が生じることになります。この一致において、そこでさし示されているイエス・キリストは、そのしるしが、わたしたちのこの世での養育のために身体に与えられ差し出されているのと同じように、わたしたちの霊的な養育の増強のために真実に差し出されています。

　次にこの定義に関する言葉やそれが指示することを吟味していきましょう。第一に、わたしがサクラメントをしるしとよぶのは、とある公

共の文書にとって共通の一定した印証が押されるように，それがわたしたちの魂に，同じ目的を果たすことになるからです．その文書に押されたしるしは，そこに記されている内容が真実であることを保証し，印証しているのですから，キリストの体と血によるサクラメントは，慈愛と恵みの契約のなかに記されているその慈愛と恵みの真理を保証し，印証するのです．これがしるしと呼ばれる理由です．

　第二に，それは聖なるしるしとよばれます．なぜでしょう？　なぜなら，たとえば，前日の夜に置かれていたパンが，一般的な用途から区別されて，今や聖なる用途で用いられているからです．イエス・キリストの大切な体を示すために，わたしたちの魂に糧を与え，養育することを表すために，そのパンにはとある力が付与されます．今や，それはサクラメントでそのような聖なる用途に用いられている以上，わたしはそれを聖なるしるしとよびます．これはわたしの言葉ではありません．そうではなく，それはローマの信徒への手紙4章11節で，使徒がサクラメントのことをしるしとよんだ際に，それを聖なるしるしとよびました．もし，人びとが自分たち自身でサクラメントに新しい名称を考案したのではなく，使徒のうちに流れ込んだキリストの知恵に従って，キリスト御自身がこのサクラメントに与え，神が御自身の使徒を介して与えた名称がサクラメントに適用され，当てられているのであれば，これらに議論の余地はなく，このことが延々と議論され，論争の嵐が生じることはない，とわたしは確信します．人びとが神よりも賢い存在であると主張し，決して神が名づけなかった名前を自分たち自身で考案することで神よりも上に立とうとするようなところでは，そのような議論や論争が生じます．このことは，言うならば，肉なる者は神よりも賢いと思うべきではないことをわたしたちに教えています．寧ろ，わたしたちは神がサクラメントにつけた名称を謙虚に保持していきましょう．

　第三に，サクラメントは契約と繋がり，大憲章である聖書と繋がり，結び合わされています．もし聖書本文と結び合っていなければ，おそら

くそれはしるしとはよばれえないでしょう．しるしは，それ自体でそもそもそれが何であるのかということを示しているため，もしそれが何らかの聖書本文と結び合っていなければ，しるしはただそれだけのものにすぎません．人びとにそれをしるしと認めさせるのは，それが聖書本文と繋がっていることによるほかありません．ですから，もしそれが聖書本文と繋がっていなければ，それが敬重されることなどありえません．それはつまりこういうことです．もしこのサクラメントが御言葉の説教と結び合って執行されなければ，しかも慈愛と恵みの契約の説教と結び合っていなければ，それはしるしにはなりえません．もし御言葉の説教と結びつかず，しかも，キリストが命じられたとおりに執行されなければ，しるしはそれ以上のものではなく，一片の普通のパンにすぎません．ですから，しるしは聖書本文の証拠に，またその確証としての御言葉の説教と繋がり，合わされ，結びつけられていなければならず，そうでなければ，それはしるしではない，とわたしは述べているのです．しかしながら，神の御言葉である聖書本文の証拠のもとでは，それは多分に違ってきます．というのも，あなたがたも知っているとおり，たとえ，しるしを伴わないままにおこなわれたとしても，どの聖書の記述も信仰を産み出し，権利を確立するのですが，聖書本文の欠如したしるしには何の価値もありません．ですから，それは神の言葉と共にあります．たとえ，もしサクラメントが御言葉に伴われていなかったとしても，それでも御言葉はその働きを，つまり御言葉はわたしたちがキリストを受け取ることができるようにし，御言葉はわたしたちのうちに信仰を生み，育むのに役立ち，さらにわたしたちを信仰において成長させる働きを担うでしょう．しかし，御言葉のしのしるしは，どのような聖なる用途においても，わたしたちに役立つものにはなりません．ですから，しるしは説教される御言葉，すなわち，それによる慈愛と恵みの契約と結び合っていなければなりません．

公に執行されるべき聖餐式

次に、このしるしは公に執行されねばならないとの定義から続けていきます。なぜ公になのでしょう？第一に、そのサクラメントの私的な執行をすべて排除するためです。もしそのサクラメントが誰かに対して私的に執行されたなら、それはサクラメントではありません。なぜなら、使徒はこのサクラメントを交わり（コミュニオン）とよんでいるからです。ですから、もしそれが一人の人物だけに執行されても、そのサクラメント性は失われます。このサクラメントはキリストの体と血による交わり（コミュニオン）であり、またそれゆえに、それは共同意思疎通（コミュニケーション）というしかたでなければならない必然性がある以上、その執行は公に実施されねばなりません。

第二に、このサクラメントが公に執行されねばならないのは、そのサクラメントでさし示されているイエス・キリスト御自身が一人の人物だけのものではないからです。一人だけのものなのであれば、キリストは私的に与えられるかもしれませんし、私的に執行してもよいのかもしれません。しかし、サクラメントにおいてさし示されているキリストは、信仰に生きる男性であれ女性であれ、信じるすべての人のものなのですから、すべての人に広く知れ渡るしかたで、公共の執行において、信仰者たちの会衆での交わりのなかで、キリストは与えられるべきです。

第三に、サクラメントは、神の数々の恩恵に対する父なる神への感謝と呼ばれます。それなら、神に感謝するのに、僅か一人か二人だけというのは不適切です。わたしたちは、この世における神の恩恵に、また霊的な神の恩恵に皆があずかっているのですから、わたしたち皆が公に神に感謝をささげるべきです。このような理由から、定義上、教皇派が自分たちの私的なミサでおこなっているような私的なしかたではなく、このしるしは公に執行されねばならない点を、わたしは述べました。

3 主の晩餐の特徴(二) 131

神聖な制定および命令としてのサクラメント

　このしるしはキリストの制定に則って公に執行されなければなりません．わたしたちはなぜ，人による，あるいは天使による制定ではなく，キリストの制定に従うのでしょうか？　なぜなら，人にも天使にも，サクラメントを制定する力，あるいはサクラメントを創始する力はないからです．神以外には誰もこの力をもっていません．神にはそのサクラメントでさし示されているキリストを与える力があります．そして，キリスト御自身，あるいは父なる神以外には，誰にもキリストを与える力はないのですから，御父と御子以外に，誰にもサクラメントを創始する力はありません．神だけが，サクラメントをサクラメントたらしめてくださるでしょう．さらには，このサクラメントは神の奉仕と礼拝の一部であり，神御自身以外には誰にも神の礼拝の何らかの部分を勝手に指定したり，前提したりする力はありませんから，誰もサクラメントを創始することなどできず，それがおできになるのは神だけです．地上の君主で，他者の思いのままに任せて仕えられることをもってよしとする者は誰もいないでしょう．彼は自分自身が喜べるよう，自分への奉仕を規定することでしょう．なおさら神が御自身の奉仕と礼拝をお定めになるべきことは，どれほどふさわしいことでしょう．ですから，人にも天使にも，誰にも神礼拝のどの部分も制定する力はありません．御言葉とサクラメントのつとめにおいて，地上の人間に与えられる最も偉大な呼称は，使徒がコリントの信徒への手紙一 4 章 1 節で示した呼称です．そこでは，わたしたちは，神の秘められたことや聖なることに仕える者，神の恵みの管理者，奉仕者と呼ばれています．それは，わたしたちがそれらの権威者，創造者，創始者ではなく，そのサクラメントに仕える者あるいは管理する者にすぎない，ということから帰結することです．そうであれば，どんな人にも，どんな被造物にも，サクラメントを創始する力などないのは明らかです．したがって，サクラメントはキリストの制定に則っていなければなりません．キリストがあなたがたにこうしなさいと言わ

れたこと，キリストがおこなわれたこと，そしてキリストがせよと命じられたことをよくよく考えてください．そのとおりに，すべて語られ，すべておこなわれ，すべて従われなければなりません．

　キリストの制定こそが従われなければなりません．もしキリストがせよと命じられたことが僅か一つでも不履行のままであれば，その制定の記録には本質的なものしか含まれていないため，あなたがたはその制定を犯すことになります．ですから，キリストの制定に従って執行する際に，わたしたちは，キリストが言われたこと，おこなわれたこと，そしてこうせよと命じられたことはどんなことにも注意を払わなければなりません．サクラメントの執行は御言葉のとおり忠実に守らなければなりませんから，わたしたちは何でも最初にキリストが言われたことを言わなければなりませんし，それから，どんなことでもキリストがおこなわれたことをおこなわなければなりません．あなたがたはキリストが教えなさいと命じられたことを真っ先に教えなければなりませんし，それから，この制定に従いつつ，信仰をもって，サクラメントを執行しなければなりません．

　次に，サクラメントの御言葉とは，人びとに説教され，宣言され，詳細に説明され，はっきりと平明に届けられたイエス・キリストによる制定のすべて，とわたしはよびます．ですから，もしわたしたちがこの制定に含まれる何らかの特定の事柄や儀式をおこなわずにいたら，わたしたちはこの執行のすべてを犯してしまいます．それはこの制定どおりに執行しているわたしの間では同意され，承認されることであり，また，サクラメントの本性と成り立ちにおいて結び合っていなければならない二つのもの，すなわち御言葉と，御言葉と結び合った聖餐の品が不可欠であるこの制定から自ら離脱したこの世のすべてのセクト（分派）でも同意され，承認されています．サクラメントになり得る以前に，御言葉がその品に帯びていなければならない，などと認めるセクト（分派）は一つもありません．

３　主の晩餐の特徴㈡

　わたしたちが彼らと同意するこの点については彼らもおおむね容易に認めますが，御言葉〔によって聖別されたパン〕の実際の取り扱い方や用い方といった細部になるとそうではなく，わたしたちは彼らから随分とかけ離れています．しかしながら，わたしたちの多くが彼らとおおむね合意することを表明しつつ，特に次の五つの点について議論し，結論を出す段階になると，両極端に分れます．
　①〔サクラメントの〕御言葉によって意味されていること
　②この〔サクラメントの〕御言葉の扱われ方
　③この〔サクラメントの〕御言葉がもつ効力
　④この〔サクラメントの〕御言葉の効果が及ぶ範囲
　⑤その御言葉は誰に向けられ，宣言されるのか

1　御言葉によって意味されていること

　他の数々のセクトのことはさておき，わたしは教皇派にだけ言及します．なぜなら，わたしたちは彼らと最も関わらなくてはならないからです．第一に，御言葉によって「私たち」が何を意味し，御言葉によって「彼ら」が何を意味しているのかを理解しなければなりません．御言葉によって，イエス・キリストが言われ，おこなわれ，こうせよと命じられたことはどんなことも，たすことも引くこともなく，御言葉の意味や表現を何ら変更せずに，キリストによる制定のすべてをわたしたちは理解します．これがサクラメントの御言葉によって，わたしたちが意味することです．

　次に，教皇派は〔サクラメントの〕御言葉によって何をどう理解しているのでしょうか？　彼らはキリストによる制定について説教しませんし，キリストが残されたとおりの制定の全体をおこなうこともしません．それどころかむしろ，彼らはキリストの制定のなかから四つ五つの言葉を選び出し，その制定の効果のすべてをそれらに帰属させます．それらがその制定の言葉であるとして，もし彼らがそれらの言葉で十分に

満足しているなら，それほど大きな問題にはならないでしょう．しかし，彼らはその〔サクラメントの〕言葉につけたしたり，その言葉から差し引いたりして，彼らは自分たちの好みに合わせて，その意味を改ざんしています．彼らが晩餐のことをミサと名づけているので，あなたがたが彼らのミサにおいてこの点を理解できるよう説明しましょう．わたしはそのミサを実質的なものと付随的なものとに区別します．ミサの実質にとって三つのことが不可欠である，と彼らはみなしています．第一に，そこには，神と人との間をとりなす仲介者であるイエス・キリストのつとめを自らに継承する人物，すなわち司祭がいなければなりません．第二に，その司祭が，キリストの体と血をささげる必要があること．わたしたちはこれらにあずかるためにその場に集まりますが，司祭は父なる神にこれらを献げます．第三に，この働きによって（と彼らは言うのですが），彼らはあらゆる善いことを得ます．この働きによって，生きている者たちだけでなく死んだ者たちも，そして，特にそれを分配する司祭自身も，その司祭がサクラメントを与えようとする人も，罪の赦しを得ます．その場にいない教会員たちに関しても，この働きによって，彼らもあまねく自らの罪の赦しを得ます．これら三つがミサの実質に不可欠なこととされます．

　ミサをおこなうのに伴う偶有性[6]には二種類あります．それらの幾つかは常に必要で，それがなければそれを執行することができません．それに対して，幾つかは不必要で，それらがなくとも執行されるかもしれませんが，死罪の場合は不可です．必要なこととは，一方では司祭にとって必要なものであり，もう一方では行為そのものにかかわることです．司祭にとって必要な偶有性には二種類あり，一つは，それがなければ司

---

6) この文脈での「偶有性」とは「ある実質に関するわたしたちの人間の概念に対し本質的ではない特性」を意味し，またそれゆえに，実体変化が生じた後のパンとぶどう酒の物質性に適用することができる．本著147頁での「偶有性」の説明も含む．

祭が司祭ではありえないようなものであり，もう一つは，それがなければ死罪から自由になれないようなものです．それがなければ司祭が司祭ではありえないようなものとは，一つは，彼の頭頂部の髪を剃り落とし，そこへの聖油によって司教から授かった聖別する能力であり，そして，二つは，語る力であり，それゆえに，語ることができるようになるために彼の口蓋は無傷でなければなりません．人としての彼にはこの二つが常に必要です．そのうえで，もう一方のもの，つまり，司祭は罷免や破門，死罪，また，あらゆる教会的な刑罰や批難から自由でなければならない，といったことは必要不可欠ではありません．それに対して，その執行に必要な二つのものがあり，一つは，主の祈りや，制定の五つの言葉のように，それがなければ執行できないような類のもの，そしてもう一つには，ミサがおこなわれる場所を聖別することや祭壇の石，また杯や水を祝福すること，ぼそぼそと呟くこと，歌うこと，ミサでの助祭，などの残りのものはそれほど必要ではありません．したがって，彼らとわたしたちとでは，御言葉と，御言葉によって意味されていることに関して何ら合致する余地はありません．

2.〔サクラメントの〕御言葉の扱われ方

　第二の点，すなわち，この〔サクラメントの〕御言葉の扱われ方に関して，わたしたちは，教皇派とはあまりにもかけ離れています．制定の全体に関わる御言葉は，次のように扱われなければならない，とわたしたちは主張します．つまり，まずもって，神からそれを配る召命を受けた正当な牧師がいなければなりません．そして，この牧師は正当に御言葉を配る必要があります．つまり，その人は，公にはっきりとした声で，御言葉を説教し，宣べ伝え，告げ知らせなければなりません．牧師は御言葉を説き明かすべきであり，何が人びとの役割で何が自分の役割なのか，牧師はそのパンとぶどう酒をどのように配餐すべきなのか，人びとはその手でパンとぶどう酒をどう受け取るべきなのかを明らかにしなが

ら，あらゆる点について丁寧に説明し，提示すべきです．牧師は，彼らがどのようにしてそのパンとぶどう酒によってさし示されるキリストの体と血にあずかるのかについて，自分たちの信仰をきちんと伝えるべきです．さらに，牧師は彼らに，どのようにして食卓への大いなる敬意をもって進み出るべきなのか，そしてその貴重なキリストの体と血にあずかるべきであるのかを，しっかりと教えなければなりません．牧師は〔ラテン語ではなく〕わかりやすい馴染みのある言葉で教えなければなりません．そうすることで，人びとは牧師が語るその事柄を聞いて理解し，彼らは心から把握し，受領するでしょう．はっきりとした声でなく，ぼそぼそとささやかれたことを聞くことにどんな益があるでしょうか？また，もしはっきりとした声で語り出されたとしても，それが理解されなければ，それがどのように役立つというのでしょう？もしあなたがたがわかりやすい言葉，母国の言葉で，キリストの言葉を聞かなければ，理解できませんし，理解できなければ，信じるようになるのは不可能です．信仰がなければ，キリストが適用されることはなく，もしあなたがたが信じておらず，したがって，キリストを自らに適用していないなら，サクラメントに進み出ても空しいだけです．ですから，このサクラメントが正当に執行されるときには，牧師は，それがわかりやすい言葉で聞かれ，理解されるというしかたで，キリストの制定を説教しなければなりません．牧師は，どうしたらそれにあずかれるのかを信仰者たちにきちんと伝わるよう説教しなければなりません．そのようにして，牧師はそのパンとぶどう酒を配餐するなかでの自分自身の役割を知ることができます．ここでわたしたちが主張すべきは，主の晩餐のサクラメントの聖なる制定の適正な扱われ方です．

　これに対して，教皇派はどのように執りおこなっているのでしょう？神から正当な召しを受けた牧師，牧者，または司教（と自分の好みでよんでもかまいませんが）の代わりに，彼らは神の教会において召しも職務もない，雇われの司祭を置きます．なぜなら，司祭の職務は，彼らが

主張する司祭性の意味においては，神と人との間を仲介するつとめ，つまりキリストのつとめ以外の何ものでもありません．彼ら教皇派は，自分たちの司祭たちに，父なる神にイエス・キリストを，日毎にささげさせています．しかし，これは仲介者の職務であり，使徒が語っているとおり，キリストはそれを一度において永遠に，しかも一度においてわたしたちすべてのためにしてくださったことです．したがって，彼らがこれを何度もくり返しおこなえる可能性などまったくありません．ですから，教皇派の司祭たちはキリストがすでにしてくださったことをくり返ししているとみなした場合，御言葉のなかにその根拠なくして，彼らは命じられていないにもかかわらず，そうしています．あるいは，たとえもし彼らが御言葉のなかに自分たちの召しの根拠をもったとしても，それでも，彼らはそのサクラメントを誤って取り扱っています．なぜなら，彼らははっきりと声を出して語るべきところで小声で呟き，ぼそぼそとささやいてその聖餐の品に魔術をかけ，しかも，彼らは，人びとが理解できるわかりやすい言葉でそれについて語るべきところで，彼らはよくわからない言葉で語り，たとえ彼らがもし，わかりやすく，馴染みのある言葉でそれを語ったとしても，彼らはそれをぼそぼそとささやくのですから，人びとはそれによって益を受けられるはずがないからです．そこで，わたしが申しあげたいのは，この方法では，彼らはいつ御言葉を扱っているのでしょうか？もしかして，それがまさに制定それ自体であるのならば，彼らはそれを扱うことにおいてそれをあまりにも台無しにしており，それはもはや聖なるサクラメントではありません．こうして，わたしたちは，第二の点において，つまり，御言葉がどのように扱われるべきであるのか，また実際にどのように執りおこなわれているのか，という点で異なっています．

3. 御言葉がもつ効力

続いて，わたしたちは第三のポイント，つまり，この御言葉がどのよ

うな効力をもっているのか，そしてこの御言葉の効力そのものがどれほど遠くまで及び達するのか，という点に話を進めます．御言葉には効力があり，そして，これまで語ってきたとおり，パンとぶどう酒の聖餐の品であるとしても，その約束において，御言葉には実行する作用があることを，わたしたちは了解し，認識します．わたしたちは，これらの聖餐の品は，この御言葉の効力によって，それらの実体において，それらの本質において，さらにそれらの実体的かつ本来的な属性において変えられるのではなく，わたしたちは聖餐の品が，それらが以前備えていたそのものながらの，つまり，これらの品がそれまで用いられたような普段の用途からは区別されるしかたで変えられ，しかもキリストの制定により，今や聖なる用途に適用されていると認めます．この聖なる用途が普段の用途からどれほどかけ離れているのかに注意を払っていただきたいのです．聖餐式の当日のしるしとしての品々と，昨日までのそれらとの間には，非常に大いなる差異があります．わたしは，そのしるしの品が変えられることを認めますが，しかしその変化は，その品々の性質から生じるものではなく，言葉のささやきによるのでもなく，告げられる御言葉に込められていると想定される何らかの効力からでもありません．キリストの御意思とその約束からもたらされる変化であり，キリスト御自身の制定において定められたものです．なぜなら，神が聖とよばれるものは聖なのであり，そして，神が汚れとよばれるものは汚れているからです．

　これらのしるしがどのようにして聖なるものとされるのかを理解するために，二つのことが考察されなければなりません．第一に，それらを聖なるものとするのは誰か，それは神か，天使か，それとも人か？ 第二に，それらを聖なるものとするのが誰であれ，どのような手段で，またいかなる方法で，それらを聖なるものとするのか？ この二つの問いを考察することをとおして，わたしたちはその聖餐の品の祝聖をめぐる適正な判断に到達することができるでしょう．

どのようにしてしるしの品は聖なるものとされるのか

　最初の問いに答える上で，わたしたちは，ありふれたものを聖とするのは，ただ神おひとりだけである，と主張します．神の御心と御意思により，御自身の御言葉において宣言され，設定されることで，神は日常にありふれたものを，御自身の定めにより，聖なるものとなされたのです．それらが聖なるものとされる方法や手段に関する問いに答える上で，それらを聖なるものとするのは，神の御言葉であり，キリストの制定，キリストの制定において宣言されたキリストの御心，それこそがそれらを聖別する，とわたしたちは主張します．なぜなら，キリストの御言葉と制定を説教し，解説することは，神がこれらのものを聖別してくださったことをわたしたちに示し，しかも，神がそれらを聖別してくださっただけでなく，いつどこで，どのような心づもりでこれにあずかり，どのような目的でおこなわれるのかなど，それらが用いられるべき聖なる方法をも，わたしたちに示します．ですから，キリストの制定において宣言されたキリストの御心によって，それまでは日常にごくありふれたものだったものが，今や聖なるものとされたのです．

　同じ品を聖別するのに，さらに二つの不可欠なことがあります．その二つは，この制定において用いられるもの，すなわち祈りと感謝です．それらが，わたしたちの用途のために，神の被造物を聖なるものとします．もしわたしたちが，神の被造物にあずかりながらも，まるで口のきけない動物のように，そのことを神に感謝もしないのであれば，それらの被造物はわたしたちの使用のために聖化されていないことの確かな証拠となります．

　わたしたちは祈りによって，被造物を，またこの執行の全体を，本来あるべき聖なるものとして公正に用いるために，神から恵みと強さを得ます．またそれゆえに，この聖なる執行において，わたしたちは神から，そして神の御名を祈り求めることから始めるべきであり，そればかりか，

この世でのあらゆる営みにおいても，わたしたちは神の御名において始めるべきです．それらを聖別するのは，その品と結びついた神の御心であり，祈りと感謝です．キリストの制定のなかで神の御心が宣言される以外にも，主の晩餐において，わたしたちが祈り，そしてこの祈りにおいて，わたしたちは感謝をささげるわけですから，主の晩餐の執行において結びつくこれら三つすべてが，しるしを聖なるものとします．したがって，その品は，ただ神の御心によってのみ聖別されるだけなく，祈りをささげ，感謝をささげることにもよります．これら三つのことが，これらのものを聖化される唯一の手段であり道筋です．

「祝福する」と「感謝する」は同等である

そのしるしの品の祝聖を表現し，宣明するために，福音書記者たちや使徒パウロは「祝福する」と「感謝する」の言葉を同義語として用います．これらの言葉は普段から同等のものとして使用されており，マルコとパウロは「祝福」の言葉を，マタイとルカは「感謝」の言葉を用い，そしてすべてが同一の意味を示しています．マルコによる福音書14章22節で，主の晩餐の執行について言及した際，マルコは「祝福する」の言葉を採用し，23節では「感謝をささげる」の言葉を採用し，そのどちらも同じ意味で用いています．ですから，使徒もキリスト御自身も，そして福音書記者たちも，「祝福する」と「感謝する」の言葉を，しるしの品の祝聖および聖別を示すために，同義語のように用いています．もしこれらの言葉が同等のものとして使用されていないなら，コリントの信徒への手紙一10章16節で，使徒が「私たちが祝福する祝福の杯」と述べたときの，使徒のその言葉から適切な意味を把握することが困難になるでしょう．使徒のその言葉は何を意味しているのでしょう？わたしは「私たちが祝福する」という言葉を「祝福によって，私たちが祝聖し，備えた」ことを意味するものと解していますので，「祝福する」と「感謝する」ということが，主の晩餐においては「祝聖する」という言葉が

意味することにほかなりません．もしわたしたちが何か他の意味でこの言葉を用いるならば，わたしたちは過ちを犯します．神は祝福すると言われ，そして人も祝福すると言われています．つまり，神が御自身の被造物に善いものを賜る際に「祝福する」と言われるのは，神の祝福は常に効果があるからです．そしてまた，私的であれ公的であれ人が誰かのために神の御手からの祝福を懇願するとき，神の御名において，そして神の命令に従って人が誰かを祝福する場合，そのときには，神が祝福なさると言われ，人も祝福すると言われます．すると，もしこれら二つの意義での祝福を主の杯に帰そうとするなら，それはまったくの誤りです．なぜなら，わたしたちは意識のない品々に祝福を懇願しませんし，わたしたちは神の御名においてそれらを祝福もしないからです．神は，意識のない被造物にではなく，人の子たちに善いものをお与えくださいます．ですから，わたしたちは「祝福する」の言葉を，三つめの意味 —— すなわち「私たちが祝福した」とは「祝福によって私たちが祝聖し，備えた」を意味する —— で用いるよう促されます．これがそのしるしの品の祝聖によってわたしたちが理解していることです．

五つの言葉：「これは私の体である」

そこで，わたしたちは教皇派がそれらの品をどのように祝聖するのか，またそれらを聖別する形式がどのようなものなのかを理解していきましょう．わたしが理解する限り，それは五つの単語，すなわち「hoc est enim corpus meum（For this is my body：[ゆえに－これは－私の－体－である]）」に帰趨します．それはこれら五つの語をささやくことに帰着します．なぜなら，わたしたちが祝聖とよぶことについて，彼らはささやくとよび，そしてこれら五つの語をささやくことを，彼らはその品の祝聖とよんでいるため，もしそれらの語をささやかなければ，制定語による開式の形式を失うことになるでしょう．彼らは，その音節には隠された驚くべき効用が封じ込められていることを前提にしているため，これ

らの単語がこのようにしてつぶやかれるときに，その言葉から溢れ出る効力ないし効果がパンの元の実質を完全に追い出せると考え，それらの語がささやかれたときに，まさしくそのパンは，またパンの元の実質は，この力によってもろともに打ち砕かれるというのです．さらには，これらの言葉から溢れ出るこの力は，もう一つ別の実質，つまり父なる神の右に座しておられるイエス・キリストの体と血を（天から）引きずりおろし，そして召喚することができ，そしてパンの中にその実体を封じ込めることができるのです．これは，イエス・キリストの実体を天から引きずり下ろすだけでなく，パンの中にそれを包含してしまうのですから，奇妙で，絶大な効力です！　このようにしてささやかれたこの五つの単語にはそうした驚異的な作用があり，彼らは一つの実体を追いやることも，そして別の実体を引き込むことも，またそれをパンの中に封じ込めることもできる，と彼らは主張します．

　そこで，これらの言葉にそのような効力があることを，わたしたちはまったくもって否定します．これは以前にも述べたように，御言葉に効力があることを，わたしたちは否定しません．しかし，それらの用語自体にそのような効力が封じ込められていることを，わたしたちは否定します．つまり，その効力の質も量も，あるいはその効力がそうした作用から発せられることを，わたしたちは否定します．御言葉には効力があることをわたしたちは実際に認めますが，それは神によってこれまで語られた言葉であるからであり，そこに効力が結び合っていない御言葉は一語もないからです．しかし，この効力がその音節のなかに，その言葉をささやく，あるいは口で発することのなかに封じ込められているということに関して，わたしたちは否定します．もしそのような，その音節に封じ込められている効力や威力があるなら，それとまったく同じ理由から，その言葉を構成する文字の字体や筆跡にも効力があることになるでしょう．しかしながら，その文字の字体や書形に何らかの効力があると考える人はいませんし，したがって，その音節に，あるいはその言葉

自体を口に発することに，効力などありません．ですから，その音節に封じ込められている，またはその文節に内在する何らかの効力があることを，わたしたちは否定します．しかし，わたしたちは，そこには御言葉と結びついた力があると主張し，そしてこの力は，その文節に内在するのではなく，ヨハネが福音書の第一章で語るとおり，永遠なる御言葉のうちに，御言葉そのもののうちにあると主張します．「はじめに言があった」の「言」とは，すなわち神の御子，イエス・キリストです．これまで神が創造されたいかなる被造物のなかにも，この効力や威力が僅かなりとも内在してはいない，とわたしたちは主張しているのであって，むしろそれはただイエス・キリストにしか内在しません．ですから，その音節から，あるいは口で発せられたそれらの文節から，何らかの効力が発出するのではなく，キリストとキリストの霊から，これらの言葉に効力を与えてくださるお方からこそ発出されるのです．そうなると，この点が，わたしたちとの相違点です．つまり，わたしたちはその音節に内在する効力などないと主張し，その音節や，それらの文節を声に出しても何の作用も働かないと主張します．むしろ，わたしたちはその効力は神の独り子の人格に内在し，キリストが御自身の御言葉によって働きかけてくださる，と主張します．

次に，実に多くの言葉をささやくことで，キリストの体そのものを天から引きずり降ろし，そのパンに固有の実体を変化させて，その窮屈な所にキリストの体を封じ込めるという，驚愕するような変化などありえないと，わたしたちは主張します．そのようなことはありえようもないと主張し，これについては，わたしは三つの点から，つまりイエス・キリストの体の現実性（リアリティー），わたしたちの信仰の諸信仰告白文，そしてサクラメントの制定の真の目的によって証明しようと思います．そうすることで，教皇派の見解が陥る帰結の限りもない愚かさを，神の恵みによって，わたしたちは理解することでしょう．

最初の原理：キリストの体の現実性(リアリティー)

　わたしが述べる最初の原理は，次のとおりです．すなわち，神の御子イエス・キリストが，定められたときに処女の胎から真の肉体を取り，人としての一致において御自身をわたしたちの本性と結びつけてくださったのは，最初のアダムにおけるその尊厳無欠状態からことごとく堕落してしまったわたしたちの本性が，第二のアダムにおいて，つまりまったく同じその状態に回復するためでした．―― そうです，ただ元の状態に戻すのではなく，わたしたちの第二のアダムが，あらゆる点で第一のアダムよりも優れている，そのはるかに素晴らしい状態にするためでした．

　したがって，キリストは（罪を除く）あらゆることにおいて，わたしたちのような体を引き受けてくださったのですから，必然的に，真の肉体の限定とその不可分な特性は必然的にキリストに付随しなければなりません．つまり，これら不可分性とは，ある一定の場所にいること，一定の範囲内に制限されること，目に見えて触れられることです．これらはどれも（論理学者が言うところの三段論法において）一つの体に属する特性ですから，その本体が破壊されない限り，その本体から切り離されることはありえません．ですから，わたしはこう論じます．すべての人間の体はある一定の場所にある，と．イエス・キリストの体は真の人間の体である，と．それゆえに，イエス・キリストの体はある一定の場所にある，と．

　わたしが場所とよんでいるのは，その体がどこにあるにせよ，必ずそこを通過しなければならない生物体の一定条件であり，体はその場所に制限されねばならず，それがその場所にある限り，どこか他の場所にも同時に存在することはできません．わたしの主張を裏づける学者たちによる証明が，あなたがたに必要ですか？　アウグスティヌスのダルダヌスへの手紙を読むと，そこでは，キリストの体についてこれと同じことを述べています．「体から場所や空間を取り除けば，体はどこにも存在

3 主の晩餐の特徴(二)

しなくなるでしょう．それに，もし体がどの場所にもないのであれば，それは存在してはいないのです」．これと同じことを，アウグスティヌスは，ヨハネによる福音書に関する第13の講解のなかでこう述べています．「甦られた主の体は必然的に一つの場所になければなりません．しかし，キリストの神性の効能および本性はあらゆる場所に遍く及びます」．彼は，その第三書簡のなかで「その体は，大きくても小さくても，ある一定の場所を占めていなければなりません」と述べます．さらにこれに加えて，使徒言行録3章21節に「このイエスは，神が聖なる預言者たちの口を通して昔から語られた，万物が新しくなる時まで，天にとどまることになっています」と記されているように，使徒言行録の歴史が，キリストの体は一定の場所に存在したことを如実に明らかにします．わたしはこれらを証明することにこだわる必要はないのですが，それでも，わたしは続けます．次に，わたしはこう論じます．あらゆる人間の体は有限であって，一定の範囲内に制限されますが，キリストの体はその人間の体なのです．これについて，学者たちからどのような保証を得られるのでしょうか？わたしはあえて多くから引用せずに，アウグスティヌスからだけ引用します．ダルダヌスへ書いた手紙で，彼は「キリストが神であられるという点において，キリストはあらゆる場所にいてくださると信じなさい．しかし，真の体の本性からして，キリストは天にしかおられません」と述べます．さらには，彼の第146書簡ではこう述べています．「キリストの体が地上におられたときと同じように，キリストは天に昇り，天にいます，とわたしは信じます」．しかし，キリストの体は，地上の一定の場所に制限されていたのと同じように，天に制限されているのですから，結果的に，キリストの体がミサでのパンの中と天の両方に同時に存在することはありえません．

　最後に論じるのは，あらゆる人間の体は目に見え，触れることができるものですが，キリストには一人分の人体があって，そして，あなたがたが言うように，キリストは身体をもって現臨されるということです．

ですから、キリストの体は目に見え、触れることができるのです。わたしは、ルカによる福音書24章24節、39節のキリスト御自身の言葉から、自分の説明を裏づけたいと思います。キリストの体の現実性（リアリティー）を使徒たちにわからせるために、そして、それが幻覚ではないことをはっきりと証明するために、キリストは、これら二つから導かれる議論を用い、その手で触れその目で見よ、と使徒たちに命じられました。しかも、その二つの感覚は理解するのに最も確実な手段であったため、そうすることにより、キリストが肉体をもって現れたのか、それとも霊体だったのかを最もよく見分けることができます。あたかもキリストがこう言われるかのようです。「もし私が目に見え、私に触れることができるのならば、あなたがたは、私が本当の身体をもっているかどうか、疑うのをやめるだろう」と。なぜなら、まったくこれと同じ意図で、テルトゥリアヌスが引用した詩人の言葉を借りれば、「Tangere eim et tangi, nisi corpus, nulla potest res（体以外には触れたり触れられたりできるものはない）」のです。これらの議論から、実体変化説がイエス・キリストの体の現実性と甚だしく矛盾することがはっきりとわかるでしょう。

第二の原理　わたしたちの信仰の諸信仰告白文

　実体変化説がイエス・キリストの体とまったく相容れないのと同じように、実体変化説はわたしたちの信仰の諸信仰告白文にも直ちに反します。なぜなら、わたしたちの信仰においては、キリストは地上から天へと高挙され、そして父なる神の右に座しておられ、そこから天と地にあるすべてのものを治め、導き、そしてその御座から、キリストは終わりの日にこの世を裁くために来られる、とわたしたちは告白するからです。この条文は、キリストは、わたしたちの間で所持していた自らの地上での住まいを離れ、天に昇り、御自身の父の右に座し、しかも、使徒言行録の3章21節から引用したペトロの証言によれば、終わりの日が来るまで、今もそこに留まり続けていられると教えています。もしキリスト

が父の右にいまして，終わりの日まで天に留まり続けておられるのであれば，キリストは身体的にパンの中におられません．しかし，この条文はキリストが父なる神の右に座しておられると述べており，またペトロはそこで，キリストは終わりの日まで天上に留まり続けると述べています．したがって，わたしたちの信仰告白に，そして聖書が明確に教えていることに，この実体変化説はまったく反しています．

第三の原理　そのサクラメントの真の目的

　実体変化説はこのサクラメントが制定された目的に反します．サクラメントがもたらす効果が霊的であるのと同様に，その目的も霊的であり，霊的な糧がわたしたちに適用される手段も霊的であるため，それはきわめて自明なことです．しかし，自然的かつ身体的な現臨から霊的な効果が溢れ出すことなど決してないため，イエス・キリストの体の自然的かつ身体的な現臨は，このサクラメントの目的と真っ向から対立します．なぜなら，身体的な現臨では，身体的に食べられなければならないからです．このような食べ方をすれば，次は胃袋で消化されることになりますが，胃袋で消化されたものが，永遠に生きる魂を養うことなど決してありえません．ですから，その身体的な現臨には，この晩餐のサクラメントが制定された目的とは真っ向から対立する身体的な過程が含まれているに違いありません．

　さらに，もしパンが実体変化したなら，それがさし示されているものになったことになります．もしそれがさし示されているものになったら，このサクラメントはしるしを欠くことになるでしょう．そうなると，これまであなたがたが聞いてきたように，どのサクラメントもしるしであるので，それはもはやサクラメントではないことになります．次に，その色や丸い形状といった真のパンに具わる偶有性[7]がしるしになるで

---

　7)　注6)（本書134頁）を参照．

あろうと主張することは，まったくもって愚かすぎます．というのも，しるしとそれによってさし示されているものとの間には相似性があるはずですが，そのパンとぶどう酒の偶有性とイエス・キリストの体と血との間には何ら相似する点がないからです．もしそれらが相似するのであれば，イエス・キリストの体と血がわたしたちを霊的に養うために定められているのと同様に，その偶有性はわたしたちを身体的にも養わなければなりません．さらに，もしそのパンがイエス・キリストの体になったのであれば，キリストは血を抜きにした体を持ったことになるでしょう．なぜなら，キリストは御自身の血をさし示す別のしるしを制定しているからです．さらに，もし彼らが主張するような驚愕すべきことがサクラメントで生じているのであれば，聖書のなかにそれについてはっきりと言及する記述があって然るべきです．なぜなら，神御自身が，聖書において，公にも密かにも，それについて何も宣言することなく重要な業をおこなわれることはありませんし，それに，宣言することで，御自身の驚くべき御業に栄光が帰されるようになさっておられるからです．そのことを，たとえば，ヨハネによる福音書2章8節で水がぶどう酒に変えられたことや，創世記2章22節でアダムのあばら骨がエバに変えられたこと，出エジプト記7章10節でアロンの杖が蛇に変えられたことなどに，わたしたちは読み取ることができるでしょう．

　これらのどの事例でも，その変化がはっきりと告げられているのですから，わたしが主張するのは，もし彼らが断言するとおりに，そのような奇跡的な変化がこれらのしるしの品のうちで生じたとすれば，聖書はそれを隠すことはなく，逆にはっきりと告げているはずです．しかしながら，聖書にはこの変化についての言及はないのですから，主の晩餐の執行において，そのような変化は起きません．さらには，もし彼らが言うとおりにそのような変化が起きるのなら，聖別の言葉が語られる前後のことなのでしょう．もし聖別の文節が発せられる前に変化が起きたら，聖別は余分であり，「これは私の体である」という提示は嘘になります．

もし制定の言葉が語られた後に変化が起きるのであれば,「これは私の体である」という五つの単語で構成される文節の最後の音節が発せられる前に,「パン」という言葉がすでに語られているのですから, この提示は嘘になります. この実体変化説の教理からはこうしたことやより多くのまったく不条理な点が導き出されます.

　さらには, 彼らは執拗なまでに聖書の文字にこだわり, わたしたちに, キリストの言葉は比喩的な意味を認める余地がないほど非常に自明であると強弁してきます. 彼らがもしアウグスティヌスの諭すところに耳を傾けていれば, 比喩的な語りと直言的な語りとを区別するうえで, もっと説得的に語っていたことでしょう. アウグスティヌスは自著の『キリスト教教理』第三巻第16章で, 次のように述べています.「もし, その発言が, 何らかの不正や危害を命じている, または, 幸福や福利を禁じていると思われるなら, それは適正な発言ではなく, 比喩的な発言です」. その上で, 彼は, その具体例として「よくよく言っておく. 人の子の肉を食べ, その血を飲まなければ, あなたたちのうちに命はない」というヨハネによる福音書6章53節からの引用を転記します. アウグスティヌスは引用した言葉に対しこう述べます.「この発言は危害を招くことを命じていると思われるため, それは比喩的な語りなのであって, その発言をとおして, イエス・キリストの苦しみを分かち合い, そして, 主の体が私たちのために苦しみを受け, 傷つけられたことを常に喜びをもって記念しなさい, と私たちは命じられているのです」. 彼は二作めの著書『律法と預言者の敵対者たちへの駁論』では「いずれにせよ, イエス・キリストの肉を本当に食べることはキリストを殺すこと以上に酷いことであって, キリストの血を本当に飲むことは, キリストの血を流すこと以上に酷いことだからです」と述べてもいます. それにもかかわらず, 実体変化説を教える人たちは, まったく同じ論調を未だに保ち続け, これらの言葉は文字どおりに受け取られるべきであるとの立場を保ったままです. ですから, 彼らはただただ悪意をもっておこない, た

だだ真理に反逆してしまい，これをサクラメントをめぐる発言であるとは認めないことが明らかとなります．彼らは，自分たちが意識しているにせよしていないにせよ，これとは別の言葉においても，たとえば，創世記17章10節では割礼が「契約」とよばれ，出エジプト記12章11節では小羊が「過ぎ越し」とよばれ，マタイによる福音書26章28節では杯が「わたしの血」とよばれ，ルカによる福音書22章20節では杯が「新しい契約」とよばれ，そしてコリントの信徒への手紙一10章4節では岩が「キリスト」とよばれているように，比喩的なものを認めるよう強いられています．これらのどの記述でも，その発言はサクラメント的なものであり，一種の解釈を待ち受けます．しかし，彼らは他の点でも，特にパウロが岩を「キリスト」と呼んだ一文のなかに認めるよう強いられるのと同じようにして「コレハ－ワタシ－ノ－カラダ－デアル hoc est enim corpus meum」という五つの単語に，執拗に固執して，彼らはわたしたちを否定します．

神は，御自身の本性と矛盾するものを望まれない

次に，彼らがこの牙城から追い出されると，神は御自身の全能によってキリストの体を天にもパンにも同時に存在させることができるのだから，自分たちの主張は正しい，との第二の論点に惨めにも逃げ込みます．もしわたしが彼らの結論を否定すれば，彼らはそれを証明することに躍起になることでしょう．しかし，ここでの論点は，神ができるかどうかではなく，神が御自身の意思でそれをなさるかどうか，あるいは，神はそのようなことを望まれるのかどうかです．そして，主権者である神はそれを望まれない，とわたしたちは謹んで主張します．たとえ神は自ら望まない多くのことをなさるかもしれないのは真実であっても，神がなそうとお望みにならないことも数多くあることもまた真実です．この点に関しては二種の論点があります．第一に，神は神御自身の本性に反することを，たとえば，激しく変転するとか，衰退するなど，そういった

ことはお望みにはなりません．なぜなら，もし神がこれらをお望みになるとすれば，それらのことはどんな権力や勢力の論証にもよらず，むしろ，神の無力さや脆弱さの論拠となるでしょう．したがって，たとえ神がこれらのことを望まれないとしても，神は全能にいますことを止めず，いやむしろ，神の絶えざる不屈の力がますます知れ渡るようになるだけです．

神は，御自身がすでに定めたものを否定なさらない

　第二に，神がそれとは真逆のことをすでに定めたのであれば，神がそれを望まれることはないでしょう．これが今まさにわたしたちが論じていることです．神はすべての人体は各器官から構成されるべきと定められたため，人間の体は個々それ自体の固有の位置，特定の場所で理解され，一定の範囲内に制限されるべきであり，しかも，神はイエス・キリストもまたそのような人体を，ほんの束の間ではなく永遠に持つよう定められたのですから，わたしが述べたいのは，神はそれに反すること，つまり，神が永遠に持つよう定められたこの体を放棄し，それをまったく同一の時間に，重量があるようでないような，有限であって無限であるような，所在があるようでないような，そんな体であって体でないようなものにすることを，今さら望まれることはありません．それ自体において明らかに反することを神がお望みになるとなれば，神は嘘をつくことがおできになるという以外にはありません．ですから，わたしたちが神の全能を保ち，そして神だけが全能であることを謹んで心から認めているということが，すべての人にわかるようになるでしょう．そして，わたしたちが教えていることの真逆を説く人たちは，無知な人たちの耳をもてあそぶ誹謗者であるということを，すべての人が正当に評価していただくよう，わたしたちは願います．

　彼らはこの議論に満足しません．なぜなら，主は相反することを望まれるかもしれないし，相反する両方をまったく同時に実現するかもしれ

ない，と彼らは主張するからです．あたかも彼らはあらゆる奇跡には相反することが含まれていると言わんばかりに，神がなされた数々の奇跡において，この点を証明しようとします．たとえば，神は御子を生ませるために処女を用いました．彼らは，この御業には相反することが含まれていて，男の子を身ごもることが一方の矛盾であり，身ごもったのが処女であるというが他方の矛盾であると言います．この御業は奇跡です．しかし，それには何らの矛盾もありません．それは実際のところ，処女が身ごもることは自然の流れに逆らう奇跡ですが，もし彼女が祝福された処女が奇跡的に身ごもり，出産したとしても，そこには何ら矛盾はありません．一人の処女であることと，それにもかかわらず身ごもることは，矛盾していません．しかし，処女であると同時に処女ではないとすれば，これは矛盾です．したがって，キリストの体にとって，見えるものでありながら，同時に見えないものであること，一定の場所にあると同時にないことは，どこからどう見てもまったく矛盾しており，それゆえに，それは真実ではありえません．

　別の例を挙げると，閉じられ，施錠されていた扉を通って中に入って来たキリストについて，彼らは言及します．しかし，どんな矛盾がそこに生じているのでしょうか？もしキリストがそれをおこなったのであれば，扉をすり抜けて入ってこられたことについて，一つの奇跡によって，キリストの体あるいは扉のどちらかに性質の変化が生じたことを，彼らはどのように証明できるのでしょうか？しかし，もしあなたがたが矛盾とは何かを知っていれば，生来のものに何の矛盾もありません．彼らが提示する第三の，かつ最後の事例は，ネブカドネザルの炉の中の炎についてです．それは下僕たちを焼き尽くしていきましたが，炎の真ん中にいる人たちには傷一つつけませんでした．この事例は，わたしたちがすでに答えた事例より大きな問題点をもたらすものではありません．彼らは明らかに，あらゆる奇跡のなかに，愚かしい矛盾が含まれていると想像します．もし，この炎が熱くもあり冷たくもあることを彼らが証明で

きれば，続いて彼らは何らかの目的を語るのでしょうけれども，その力が奇跡的に制御されていたため，それがある人びとを焼き尽くし，他の人びとを傷つけなかったことに，何ら矛盾はありません．こうして，神は矛盾を孕んだことを望まれないとの第二の論点が堅固になります．しかしながら，サクラメントにおけるキリストの体の実体的な現臨には矛盾が含まれています．なぜなら，それがキリストの体を，同時に，目に見えるものでありながら目に見えず，捉えられながら捉えられえないようにしているからです．したがって，神はそのようなことを望まれることはないでしょう．

ここからも締め出された場合，彼らはその最後の逃れ場を自分たちの見解の頑強な防衛線とします．そして，神学は物理法則に服していないのだから，キリストの体も物理法則から免れていると，彼らは主張するのです．まずもって，神の法である神学に則り，かつ自然法である物理学にも則りつつ，わたしたちが真にして本来のイエス・キリストの体における人間本来の属性を擁護することのゆえに，それは神学を物理学に従属させることだと主張するのは，非常に貧弱な結論です．神学が物理法則には服さないことを認めると，果たしてどうなるのでしょう？そう認めている以上，キリストの体は物理法則から免れるのだ，というのです．するとどうなるのでしょうか？どんな法則によって，あなたがたはキリストの体を例外にしたり，できたりするでしょうか？自然法則によらなければそれはできません．なぜなら，キリストはダビデの子孫から生まれたのであり，処女の胎から真の体を付与されたのですから，ましてや神の法である神学によって，キリストの体を例外にできることなどありえません．なぜなら，まったき永遠から，キリストはわたしたちの本性を引き受け，真の人となられるよう定められていたことを，あなたがたは知っているからです．神の法が自然法則に従属することなどありえないのは確かです．なぜなら，自然法則は神の法という泉の源泉から流れ出てくるものだからです．しかし，もし自然法則からキリスト

の体を除外すれば，神の律法からも除外することになるのもまた真実です．なぜなら，わたしが断言するとおり，聖書は自然の法則ときわめて一致しているので，もしあなたがたが一方を否定すれば，他方も否定することになり，そこでもし一方を認めれば，他方も認めることになるからです．したがって，自分たちで新たに作り出した物理学によって，神の法と自然の法則を歪めている点をめぐって，自分自身をじっくりと内省すれば，自分の目の中にある丸太の梁に気づくでしょう．なぜなら，まったく同一の体に真っ向から相反する本来的な属性と非本来的な属性があるとみなす人は，真の神学も，真の物理学も歪めているからです．しかし，イエス・キリストのまったく同一の体に本来的な属性と非本来的な属性を帰すことで，正しい神学の道筋を歪め，また自然世界に具わり，確立されている秩序を歪めることになるのは，あなたがたです．あなたがたはわたしの問題提起の理由を知りたいとお思いですか？　物理学と同じように神学でも，二つの矛盾する提題のうち，一方が間違いなく誤りでなければならないというのが，わたしの主張です．しかし，今は締め括るうえで，わたしたちは最後の誤魔化しに対して，きっぱりと答えていきましょう．

栄化されたキリストの体は自然の本性と対立しない

彼らはこう論じます．栄化された存在は自然の法則には服さない，と．しかし，キリストの体は栄化されている，と．ゆえに，キリストの体は自然の法則には服さない，と．わたしたちが直接答える前に，何よりもまず，わたしたちはその体が栄化されるとはどういうことなのか考えなければなりません．そうすれば，その答えはもっと簡単に答えられるでしょう．コリントの信徒への手紙一15章42節で，使徒パウロは「死者の復活もこれと同じです．朽ちるもので蒔かれ，朽ちないものに復活し，卑しいもので蒔かれ，栄光あるものに復活し，弱いもので蒔かれ，力あるものに復活します」と述べています．その少し後では「この朽ちるも

のは朽ちないものを着，この死ぬべきものは死なないものを必ず着ることになる」(53節)とも述べています．このはっきりした対照法によって，パウロは栄化されない体と栄化された体の二つを対比させて，体が栄化されることをパウロは明確に描写します．パウロは，栄化されない体については，朽ちるもの，卑しいもの，不確定なもの，肉なるもの，そして死すべきもの，と描写します．栄化された体については，朽ちないもの，栄光，力，霊，そして不死とみなします．この対立の構図から，その体にどのような復活や栄化がもたらされるか，わたしたちはすぐ容易に了解することでしょう．それらによって，わたしたちは，その栄化された体だけが，朽ちること，恥辱，不確かさ，自然性，そして死から免れることを理解します．要するに，ただその体のみがわたしたちの本性のすべての不確定性を取り除き，またその体にこそ，不朽，力，栄光，霊性，そして永遠性を伴う，よりいっそう栄光に輝く衣が着せられるでしょう．わたしたちはさらに，この栄化が実際に変化をもたらすことを了解します．しかし，この変化が実体において生じると考えるほどに分別を欠く人はいないだろう，とわたしは信じます．なぜなら，もしこの変化が実体において生じたのなら，その古い実体は消え去り，新しい実体が立ち現れるはずだからです．しかし，この聖書の記述からはそのようなことは聞こえてきません．それに，もし質と量において変化があったのなら，その場合に生じる何らかの実体の増加や減少についてわたしたちは何一つ読み取ることができませんから，その質と量においても何ら変化していないようです．キリストは，御自身がよみがえられた後も，それに天に昇られた後も，地上から去られたときも，また御降誕されたときも，目で見られ，手で触れられたのですから，わたしたちが知覚しうる限り，その質と量における変化は，その体が脆い上着を脱ぎ捨て，栄光の衣を身にまとうことによります．

　すでに論じてきた諸々のことからして，キリストの体の栄光は，御自身の本性においても実体においても変化せず，結果的には，キリストの

様相も，あるいは別に他の本質的な属性も，まったく変化はしていません．したがって，キリストの体の栄化は物理法則から除外されることはありません．栄化されたとしても，真の体の本性が留まり続けている限り，その本性やその本来の特性を損なうような，またそれによって栄化をもたらす，本性を超越した賜物（supernatural gifts）などありません —— 聖書から学び知る限り，それらがどれほど崇高なものなのかどうかはまったく問題にはなりません．なぜなら，本性と相対立する賜物のほかに，本性を損ないかねない賜物や属性はないからです．しかし，本性を超越した賜物とは，その本性と矛盾することも，その本性に相反することもない賜物です．したがって，本性を超越した賜物は，その本性を損なうことも害することもできません．そこで，わたしの判断は次のとおりです．本性を彩り，美しくするこれらの賜物は，本性を損なうことも害することもできません．すなわち，本性を超越した賜物はすべて，本性を彩り，美しくするものであって，それらがその本性そのものやその本性に具わる属性を取り除くことはできません．

　この議論にとどまらず，彼らはさらに，体の栄化に関するパウロのまったく同じ教理から，わたしたちとの対立を煽る別の異論を持ち出してきます．栄化された体は霊的な体であることをパウロは認めます．しかし，霊的な体は目に見えない体です．それゆえに，栄化された体は目には見えず，結果的に，キリストの体は目に見えないことになります．たとえこれが公式な議論ではないにせよ，それにもかかわらず，端的に申しあげれば，わたしは彼らの憶説を否定します．なぜなら，たとえそれに対して「体」以外の語が何もなければ，その語は，霊的な体は目に見えないものではないという議論になるからです．

　コリントの信徒への手紙一15章でのパウロの見解に従いながら，わたしたちはその論点をよりいっそうはっきりさせたいと思います．この章の44節で，復活によってその変化は体の諸々の特性において生じると，彼は述べています．そこでは，彼は自然の体でありながら霊的な体

になるだろうと述べています。それから，彼はこの二つの特質について，まさにその次の節から「自然の体で蒔かれ，霊の体に復活します．自然の体があるのですから，霊の体もあるわけです．聖書に『最初の人アダムは生きる者となった』と書いてありますが，最後のアダムは命を与える霊となりました．つまり，霊のものではなく，自然のものが最初にあり，それから霊のものがあるのです．最初の人は地に属し，土からできた者です．第二の人は天に属する方です」と記し，詳しく説明します．そこで，この論旨に沿って，わたしはアウグスティヌスの『アド・コンスタンティウム』の言葉で答えます．「この肉の体は一つの魂ではなく，一つの体であるように，そのようにして，霊的な体は，魂と呼ばれるべきものではなく，一つの体であり，つまりは，それは目に見えないものである」．

この点を取り上げるにあたり，わたしは彼らにただ一つの緩めの結び目を提供し，終止符を打とうと思います．わたしはこう論じます．もしもキリストの体が，それが栄化されているがゆえに，当たり前のように，かつ現実的に，主の晩餐のなかにおられるというのであれば，それが栄光化されていないときは，キリストの体の現臨は現実的に起こりえないことになります．ところが，この晩餐がはじめて制定されたとき，それは栄化されてはいませんでした．ですから，キリストによって最初におこなわれた晩餐でのパンには，キリストの体は実際のところ現臨してはいなかったことになります．もしキリストの体が，その最初におこなわれた晩餐でのパンに実際に現臨していなかったのであれば，それが今，当たり前のように現臨することはありえません．なぜなら，彼らの晩餐やミサ（彼らの思うがまにそうよんでいる）の執行に際して，彼らが何を使用するにしても，彼ら自身が告白するように，キリスト御自身によって最初におこなわれた晩餐の形式，作法，規定に則って，彼らはパンを用いるからです．彼らは，ポワシー会談(1561年)での話し合いにおいて，また彼らが記した他のすべての著作のなかで，イエス・キリストはそも

そも彼らがミサで採用しているその形式に則って執行されたのであり，それと同じようにおこないなさいと，その形式を使徒たちやその後継者たちに残されたのだと，はっきり述べています．したがって，彼ら自身の言葉によって，自分たちが張った網に自ら絡まり，そうして自分たちのミサを損なってしまいました．この点について，彼らはいったい何と答えることができるのでしょうか？　わたしは確信しますが，彼らは黙ったままでは終わらないでしょう．というのも，彼らは，自分たちの信仰を保つために，何かを言わなければならないのですから，もしこの議論が正当であるとすれば，彼らはこれをもって口封じに合うことになるからです．

　たとえ他の弟子たちと共に特定の場所に姿をもって現臨されたキリストの体が栄化されていなかったとしても，にもかかわらず，教皇派の人びとはキリストがそのパンにおいて表された体は栄化されていると答えるばかりで，後は一様に押し黙ってきました．ルカによる福音書22章19節に記される「それから，イエスはパンを取り，感謝の祈りを献げてそれを裂き，使徒たちに与えて言われた．『これは，あなたがたのために与えられる私の体である』」，またコリントの信徒への手紙一11章24節でのパウロの「これは，あなたがたのための私の体である」といった言葉を考察してください．彼ら自身の信仰箇条によれば，言葉はパンに対して宣告され，また言葉はパンへ向けられているため，ここでの「これ」とはパンにおいてさし示されている体をさすとされます．しかし，同一の体が，わたしたちに与えられ，そして裂かれました．つまり，キリストの体は，苦痛と嘆きを伴って十字架につけられ，虐げられました．ですから，わたしはこう論じます．苦痛と嘆きを伴って十字架につけられ，虐げられることは，どうしても栄化された体と合致することができません．しかし，キリストがそのパンにおいて表された体は，わたしたちのために苦しみを受け，引き裂かれるためのもの，と福音書記者たちによって記されているのですから，その体は栄化されてはいませんでし

た．

　そうして結局のところ，彼らはなおも納得を拒み，そしてキリストはパンを御自身の体にすることができ，またそれゆえに，キリストの体は実際に現臨すると主張します．キリストがパンを御自身の体に変えることは可能であるとわたしたちは認めます．なぜなら，神であられるキリストは御自身が望むことは何でもおできになるからです．ただキリストは実際のパンそのものを御自身の実際の体そのものにする意思があることを彼らに証明してもらいましょう．そうすれば，この議論は終結します．キリスト御自身はパンでできた体を持っておられるわけではないのですから，即物的にではなくサクラメント的に，そのパンを事実として御自身の体とされました．キリストの体は，一度にしてまったく，祝福された母マリアの純然たる体から受けついだ肉の実体から成っています．キリストはこれ以外の他の体を持ってもいなければ，一度だけでなく何度も造られる体を持ってもいませんでした．このことからして，キリストの体はパンでできていると教えるすべての教理は不信心であり，異端的です．教皇派の人たちの化体現臨の教理は，サクラメントにおいて，パンでできているものが，聖別奉献注入の力をとおして，キリストの体に変化すると教えているのですから，彼らのその教理は誤りで，異端的である，とわたしたちは毅然と，公正に結論づけることができます．今や，この項目を締め括るにあたり，彼らは正気を失っているので，虚構を固持して神に敵対しないよう，わたしは彼らに懇願します．いかに古くからの立場であっても（なぜなら悪魔は十分に古く，しかも悪魔は決して自らの本性を変えはしないのですから！），彼らにはこれらの言葉がサクラメント的であると告白することによって，むしろ神に栄光を帰するに至らんことを．

五つの言葉は霊的に理解されねばならない

　そこで，教皇派の人たちは，なぜキリストの体とキリストの血の実体

を天から引きずり下ろそうとするのでしょう？ また，なぜサクラメントにおいて，まさにその実体を物質的なもの，具現的で実体的なものにしようとするのでしょう？ その理由は次のとおりです．彼らの身体的な手の中に，また彼らの身体的な口と胃袋の中に現臨することなく，どのようにしてキリストの体と血が，サクラメントに現臨しえるのかを，この真理を，彼らは自らの生来の判断力ではわからず，自らの生来の知性によっても理解できないからです． もし，キリストは手や口や胃袋にではなく主の晩餐に現臨できるであろうことを明らかにする何らかの光を彼らがもっていたならば，彼らは決して，彼らが主の晩餐で考えているような愚かしい化体現臨の思想をもたなかったでしょう． しかし，霊的光をもたないため，彼らは自分たちの生来的な理性に流され，主の晩餐を実体的で身体的な現臨であるとしてしまいます． こうして，神の霊をもたなければ，人は誰もこの五つの言葉「これは私の体である」を理解できないことが，わたしたちがここで学ぶ課題となります． 神の霊をもたない人は，教皇派の人びとがするとおりに，何の疑いもなく，そのまま従うでしょう．つまり，その人は主の現臨を即物的なものとして理解するでしょう．こうして，彼らがその本当の意味を誤解しているため，この問題をめぐって彼らとわたしたちの立場が異なることに，何らの驚きもありません．

　もしあなたがたが教皇派の人びとに，本当のキリストの体はそこにあるかどうか，あるいは，キリストの肉体と血はそこにあるかどうかを，最初に質問してみれば，そこにある，と彼らは答えることでしょう． もしあなたがたが「どの中にあるのですか？」と質問すれば，「パンとぶどう酒の偶有性の中とその下に，パンの色と丸い形の元に」と彼らは答えるでしょう． もし彼らに「どのようなしかたで，それらにあずかれるのですか」と再び質問すれば，「身体の口と胃袋によって，です」と答えるでしょう． そんな風に，彼らはキリストの体と血のことを粗雑に理解しているのです． もしあなたがたが偏在について質問し，本物のキリ

ストの体が現臨するのかどうかを質問すれば，彼は，そうだと答えるでしょう．もし「それはそのパンの中に，共に，下に，でしょうか？」と質問すれば，彼は，それは，あたかもその中身であるかのように，パンの中にある，つまり，パンがキリストの体を含んでいる，と答えるでしょう．それはどのような媒体をとおして提供されるのかと質問してみれば，キリストの体と血はわたしたちの身体の口に提供されている，と彼は答えるでしょう．

　キリストの体は，信仰をとおし，聖霊によって，現臨する

　それに対し，どのようにしてイエス・キリストの本当の体と血は現臨するのかと，もしあなたがたがわたしたちに質問したら，それらは霊的に現臨し，実際に現臨する，つまり，それはパンの中にではなく，主の晩餐に現臨する，とわたしたちは答えるでしょう．キリストの本当の体はわたしたちの手の中，わたしたちの身体の口の中に現臨するとは言わずに，それは霊的に現臨する，つまりわたしたちの霊に対して，わたしたちの信じる魂に現臨する，とわたしたちは答えるでしょう．そうです，身体に対して外的にパンとぶどう酒が現れているのと同じように，わたしたちの魂のうちに，実に内的に現臨します．もしあなたがたが，キリストの体と血が主の晩餐において現臨するかどうかを質問するのであれば，わたしたちは「それらは主の晩餐に現臨するのであって，パンとぶどう酒の中にでも，パンとぶどう酒の偶有性のなかでも実体のなかにでもない」と簡潔に答えます．キリストはわたしたちの魂に，わたしたちの霊と信仰に対して現臨するため，キリストは主の晩餐に現臨する，とわたしたちは主張します．しかも，わたしたちは「これはわたしのからだである」とのキリストの約束のなかでそれにあずかるのですから，キリストは主の晩餐に現臨する，とわたしたちは固持します．この約束はわたしたちの信仰のうちで現臨し，そして信仰の本質は，それら自体のもとには不在なものを，それにもかかわらず現臨させることです．また

それゆえに，キリストは御自身の約束を信じる信仰において現臨するとともに，御自身の聖霊の力によって現臨するのですから，一体誰が，主の晩餐においてキリストが現臨することを否定することができるのでしょうか？

　そう言いつつも「現臨」という言葉でわたしたちが何を意味しているのか，つまり，どのようにしてあることが現臨するとか不在とか言われるのかが説明されねばなりません．この点がわかれば，いとも容易にそれに気づけるでしょう．それらが何らかの外的な感覚，または内的な感覚によって感得されたなら，あるいは，何らかの感覚をもって感得されたなら，それらは現臨すると言われます．それらが感得されればされるほど，それらはますます現臨することになります．そして，いかなる感覚によってであれ，何かが感得されたのなら，その感覚に対してそれは現臨します．ですから，もし外的な感覚によって，それが外的に感得されたのなら，それは外的に現臨します．たとえば，もし外的な目の視覚や外的な耳の聴覚によって，外的な手の触覚や口の味覚によって，それが感得されたのであれば，それは外的に現臨しています．しかしながら，もし何かが内的な目で，魂の内的な味覚や感覚によって感得されたのであれば，それは外的には現臨できないものの，魂に対して霊的に，内的に必ず現臨していなければなりません．したがって，あらゆるものはそれが感得されることに従って現臨するのであり，その結果，もしあるものを外的に感得しないなら，それは外的には不在となります．そして同じく，もしあるものを内的に感知しないのなら，それは内的には不在となります．あるものを不在とするのは，場所の距離ではありませんし，あるものを現臨させるのは，距離の近さでもありません．そうではなく，あるものを現臨させるのは，あなたがたの何らかの感覚によって何かを感得したことだけであって，あるものを不在とするのは，感覚の不在なのです．たとえその物自体がまったく遠くに離れたところにあっても，もしそれを外的な感覚で感得したとすれば，それはあなたがたに対

して現臨します．たとえば，わたしの身体と太陽とは，天が地から遠く離れているのと同じように，場所的にはかなり遠く離れています．けれども，この距離が太陽の現臨をわたしから隔離してしまうことにはなりません．どうしてなのでしょうか？ なぜなら，わたしは自分の目や他の感覚によって太陽を感得し，その熱で，その光で，そしてその明るさで，太陽を感得し，感知します．ですから，もしあるものが常に遠く離れていても，もしわたしたちがそれを感得する感覚をもっていれば，それはわたしたちに現臨します．そうすると，もしあなたがたがそれを感得する感覚をもっているなら，場所の距離が，あるものをあなたがたに対して不在にするわけではありません．それと同じように，たとえそれが常に非常に近い場所にあっても，もしそれを感知する感覚をもっていなければ，場所の近さが，あるものを現臨させるのでもありません．たとえば，もし太陽があなたがたの目に照りつけていても，もしあなたがたが視力を失っていれば，それを感得できませんから，それはあなたがたに現臨していないことになります．甘い歌声は，たとえそれが聴力を失った人の耳元で歌われていても，その人はそれを感得する感覚をもち合わせていないため，聴力のない耳に決して現臨しないでしょう．そして，巧みな話術で語られる物語も，愚か者にはそれを理解することができず，それを感得する判断力もないため，決して現臨しないでしょう．ですから，何かあるものを現臨させたり不在にしたりするのは，場所の近さや遠さではなく，ただそれを感得するかしないかによる，ということになります．

　そこで，あなたがたの質問は，キリストの体はどのように現臨するのですか？ ということになります．それは，あなたがたが何度もくり返し聞いてきたように，一言で言えば，キリストは外的な感覚にではなく内的な感覚，つまり魂のうちに働く信仰に現臨します．なぜなら，このサクラメントおよび主の晩餐の執行は，ある部分では身体的なものであり，ある部分では霊的なものだからです．わたしがこの執行を，ある部

分では身体的なものと言うのは,その対象が,つまりパンとぶどう酒が物質的なものだからというだけでなく,それらのものが提供されるわたしの口や,これらの物質的なものにあずかる方法や手段がすべて身体的なもの,物質世界を介したものだからです.これと同一の執行に対して,ある部分では霊的なものであるとわたしが言うのは,イエス・キリストはサクラメントにおいて天上の霊的なものだからという理由だけでなく,キリストが差し出され,与えられるのはわたしの魂に対してであり,キリストにあずかる方法や手段はすべて霊的なものだからでもあります.なぜなら,わたしはキリストに物質的にあずかるのではなく,霊的にあずかるからです.ですから,これらの観点から,わたしはこの執行を,ある部分では身体的なもの,ある部分では霊的なものである,と言います.

　そこで,第一に,これらの二種類の執行,物質的で自然のしるしと,それらによってさし示されている霊的なものとを混同しないでください.第二に,身体の口と魂の口とを混同しないでください.第三に,身体の手による外的なあずかり方と,魂の手による内的なあずかり方とを混同しないでください.このようにして,それぞれのものが,それ自身の手段に対して現臨する,つまり,さし示されている霊的なものであるキリストの体は霊的な口と手に現臨し,そして物質的なしるしであるパンとぶどう酒は身体的な口と手に現臨するというように,非常にはっきりとわかるようになるでしょう.すると,そのことによってどの対象が現臨するのでしょうか? 物質的な対象は物的に現臨し,そして内的な対象は内的に現臨します.さし示されているものの本質は何か? それは天来の本質です.すると,あなたがたはこう質問してきます.どのようにしてキリストは現臨するのか? と.キリストは霊的かつ天来の手段によってあなたがたの魂に,つまり信仰という魂の口に現臨します.あなたがたの身体的な口や胃袋,または目に,霊的にさし示されているものを現臨させるというのはまったく矛盾することのように思われます.

なぜなら，もしそうなれば，あらゆるものがそれ自身の本質に則して現臨するということですから，それは霊的に現臨するのではないことになるからです．もしそれが肉体的なものであるなら，それは肉体的なしかたで現臨し，そしてもしそれが天来のものであるなら，それは霊的なしかたで現臨します．ですから，どのようにしてキリストの体が現臨するのかと疑問を挟む余地があるとは，わたしは考えません．キリストは身体的にではなく，霊的に，わたしの魂に，そしてわたしの魂のうちの信仰に現臨します．以上のとおり，キリストの現臨のしかたについて，多くのことを述べました．

語りかけられているのは陪餐者であって，しるしの品ではない

そこで今や，わたしたちの議論の最終地点に到達しました．御言葉は誰に向けられ，発声されているのかを，わたしたちは熟考しなければなりません．なぜなら，この点に関して，わたしたちと教皇派の人びとでは意見が異なるからです．御言葉は，人びとに対し，信仰篤き陪餐者たちに向けられ，発声されるべきものである，とわたしたちは主張します．逆に彼らは，御言葉は人びとに向けられ，語りかけられているのではなく，その品に対してであり，しかも，はっきりと口に出されるべきではなく，その品の上でささやかれるべきであり，そのため，もしその御言葉が人びとに語られるならば，しかもはっきりと語られたならば，そのまじないは役に立たなくなる，と主張します．そこで，わたしは，そうした過ちによって，主の晩餐の他の部分のすべてにおいて，その執行が歪められ，それによって，彼らが神の民に語りかけるべきことを，その物言わぬ品に語りかけるとき，この点においてももう歪められています．御言葉はパンに語りかけられるべきものではなく，神の民に向けてこそ語られるべきものであることを，聖書から引き出される三つの議論をもって，わたしははっきりと証明しようと思います．

第一に，慈愛と恵みの約束は，主がそれらを成し遂げ，それらを有効

にする人たちにこそ向けられ，語りかけられるべきです．慈愛と恵みの約束は，どのような仕方であれ，パンとぶどう酒においてではなく，信仰をもつ男女において成し遂げられ，有効になります．ですから，これらの約束は，信仰をもつ男女に向けられるべきです．すると，慈愛と恵みの約束はこうあるのです．すなわち「これは，あなたがたのために裂かれる，私の体である」．この約束は，他の何かと交わされたのではなく，まさに信仰をもつ男女に対して交わされたのであり，またそれゆえに，約束は彼らに対してのみ語りかけられるべきです．

第二に，このサクラメントが恵みと慈愛の契約を証印するものであるという事実について熟考しなければなりません．ところで，神は恵みと慈愛の契約を誰と結ばれるのでしょう？神は一片のパンと契約を結ばれるでしょうか，そういった何も物言わぬ物品と結ばれるでしょうか？自分の使用物と契約を結ぼうとする人などいませんし，物言わぬ品と契約を結ぶことなど，論外です．ですから，サクラメントが契約を証印するのですから，この契約は，物言わぬ品ではなく，必然的に信仰に満ちた魂との間で結ばれなければなりませんし，またそれゆえに，これらの言葉が物品そのものに向けられることなどありえません．

第三に，このサクラメントが何のために制定されたのか，その目的について熟考してください．それはわたしたちをキリストのもとに導くためのものではないのでしょうか？それは，キリストにおいてわたしたちの信仰を養うためのものではないのでしょうか？それは，キリストにおいて主の慈愛を常に確信させることをもって，わたしたちを養うためのものではないでしょうか？サクラメントは，しるしのその品々を神々とするために制定されたのでしょうか？答えは否です．なぜなら，もしあなたがたがこの制定における神の目的を特徴づけるなら，前日まではパンとぶどう酒だったものを，その当日には神々に変えることで，しるしのその品々を高貴なものならしめるために，その品々に好意を示し，栄誉を授けようとして，キリストがそれを制定したのではないこと

3 主の晩餐の特徴(二) 167

は，あなたがたもわかるでしょう．それとは逆に，キリストの制定は，それらの本質を変えようとしてその品々に関わられたわけでなく，実際には，わたしたちを作り変えるために，つまり，わたしたちを改めさせ，そうしてわたしたちをますます霊的にするために，またわたしたちがそのように用いるのにふさわしくその品々を聖別するために定められている，とわたしたちはきっぱりと断言します．しかし，その特別な目的はこれです．それは，わたしたちを聖とするため，そしてキリストへの確かな信仰をますます成長させるためであり，しるしのその品々を変化させるためでも，それらを神々にするためでもありません．ですから，これら三つの議論のすべてから，その御言葉はしるしのその品々に向けられるべきではなく，人びとに対し，信仰篤き陪餐者たちに向けられるべきことは明白です．

　さて，結論ですが，わたしたちがどれだけ長い時間をかけて，サクラメントの正しい理解について論じてきたかはともかく，もしそれがなければ何の効果も得られない一事があります．あなたがたもご存じのとおり，サクラメントに関して言われていることのすべては，信仰に根ざし，信仰に基づく，ということです．もしある人に信仰があれば，たとえそれがごく微小なものであっても，その人はキリストについて何かを把握し，そしてこのサクラメントの理解において何らかの思いをめぐらせることになります．しかし，たとえある人がそのサクラメントをいっそう明瞭にしようと懸命に努力をしてみたところで，もし彼に信仰がなければ，彼がキリストを把握することも，キリストについて思いをめぐらすこともできません．信仰がなければ，わたしたちはキリスト者ではありえず，神を仰ぎ見ることもできません．信仰がなければ，わたしたちはキリストにおいて神を感得することもできません．信仰はわたしたちの魂を，そこでわたしたちが命を授かり，かつ産み落とされたこの死と破滅のこの世のただ中から，その外側へと連れ出して，わたしたちを命のなかに移植する唯一のものです．ですから，主が御自身の慈愛をもって，

信仰の目によって精神を照らし，心に信仰の愛を輝かせ，そして心のうちで，信仰の目標に向けた渇望や切望を働かせ，そのようにして，わたしたちを永遠の命へと養う信仰の糧を得ようとますます渇望し，切望して，ひとりのキリスト者が取り組む学びと努力のすべては，この信仰に注がれるべきです。

この信仰がなければ，そこには確かに何らの幸福もなく（生来的な人間が，自らの生来的な理解において，どれだけ自分に満足しているかには，何ら関係なく），その人の人生のすべてがひどく惨めなものにすぎないことは間違いありません。今，あなたがたを喜ばせ，満足させるものが何であれ，それが精神の考えや活動であれ，体の運動であれ，もし信仰がなければ，まさにそのまったく同じ動き，思考や活動が，これから先，あなたがたをひどく苦しめることになるでしょう。ですから，信仰がなければ，神を喜ばせることはできず，神を喜ばせないことは何であれ，あなたがたをひどく苦しめるためにおこなわれることになります。ですから，あなたがたが神の御心を害した場合には，どんな活動にも，どんな考えにも，そしてどんな行動にも，慈愛を乞い求めてください。そうでなければ，まさに今述べたような事柄において，神はあなたがたに立腹し，罰を与えるでしょう。真の信仰による以外に，神を不愉快にさせることを防ぐ手立てはありません。ですから，キリスト者は信仰において成長するよう励まなければなりません。

さて，あなたがたが信仰を得るのは御言葉を聞くことによってであり，そして，あなたがたが信仰を増し加えるのはサクラメントにあずかることによります。そして，あなたがたに信仰があるのなら，サクラメントにあずかることは有益となるでしょう。しかし，信仰がなければ，あなたがた自身の裁きを食べることになるでしょう。ですから，ひとりのキリスト者としての全目的は信仰を得ることであり，しかも，この信仰は惰性では得られず，篤い祈りによって得られるものです。ですから，わたしたちは皆，一人ひとりが，この信仰を求めて，そして，イエス・

キリストの義の効果をとおしてこのサクラメントにあずかるにふさわしい陪餐者となれるよう，そのようにして信仰が増し加えられるよう，ひれ伏して篤く祈りましょう．父と聖霊と共にいますキリストに，すべての誉れ，讃美，栄光が，今もとこしえにありますように．アーメン

4 主の晩餐への備え㈠

人は自分を吟味したうえで，そのパンを食べ，その杯から飲むべきです．
コリントの信徒への手紙一 11 章 28 節

　わたしたちがイエス・キリストを十分に愛しているかどうかを自ら吟味し，然るべき検証をおこなうべきであるとの教えは，サクラメントの教理の前に，しかもこれにあずかる前に取り扱わなくてはなりません．ある程度，自分の魂を備えなければ，しかも自分の心に聞く耳を備えなければ，神の言葉を実りあるものとして聞くことは誰にもできません．むしろ，備えることは素直に御言葉を聞くために必要であるのと同じように，まさに目に見えるサクラメントにあずかるためにも常に必要です．ですから，備えること，そして自己を吟味することに関する教えは，その適切な場所が与えられるべきであり，そのことはあなたがた一人ひとりにとって，まさに必要です．
　わたしたちが先ほど読みました御言葉のなかで，使徒は自らの助言や忠告を与え，しかも忠告だけでなく，主の食卓に来てはならないことや，軽率に御言葉を聞きに来てはならないこと，わたしたち一人ひとりが敬意をもってこの聖なる執行に参与すべきこと，わたしたちは何らかのしかたで自分たち自身を整え，清めるべきこと，といった訓告や命令も与えています．わたしたちは天国の王の食卓に連なろうとしているのですから，わたしたちを自分の最上の衣服で装わせます．一言で言えば，使徒が「あらゆる男性，またあらゆる女性に，自分自身を審理し，吟味させよ」と言うとき，そのような備えの教理や重要性の全体を明らかにし

4 主の晩餐への備え㈠

ます．

　それは，使徒があたかも「あなたがたの一人ひとりに，自らの魂を審査し，吟味させよ．すなわち，あなたがた自身の心の状態を，そしてあなたがた自身の良心の状態を審査させよ．神に対するあなたがたの心の状態がどうなっているのか，そして隣人に対するあなたがたの良心の状態がどうなっているのか，点検してみなさい」と言っているかのようです．使徒はあなたがたの隣人に，あなたがたのことを審査させようとしていませんし，使徒はあなたがたの仲間に，あなたがたの心を点検させようともしていません．そうではなく，使徒があなたがたに命じているのは，自らの良心を省みること，自らの心を吟味することです．なぜなら，あなたがたの心の状態や良心の状況を確証できる人は自分以外いないからです．次いで，使徒は，あなたがたを検証することから，他の人びとを排除してはいません．なぜなら，それはあなたがたを審査するのが牧師の務めだからですが，他者はあなたがたが自分でできるほどに，あなたがた自身のことを厳密に知ることなどできません．なぜなら，あなたがたが自らのことについて知るようには，誰もあなたがたのことについて多くを知ることができないからです．他者は誰一人，あなたがたの心の状態や良心の状況を検証できませんし，ただ自分自身だけがそれを検証することができるでしょう．他の人びとはどうかと言えば，彼らは，あなたがたのおこないやその功績に従って，あなたがたの心や良心を判断することでしょう．そして，もしあなたがたの働きや功績が特段に悪質でも不道徳でもなければ，あなたがたの心と良心を好意的に評価し，わたしたちは良心的に繋がり合っていきます．ですから，人の霊を審査し，その当人の心あるいは良心を審査するのにふさわしい人は，その当人以外には誰もいません．

　もしこの審査が徹底して実施される場合には，次の三つの点が十分に考慮されねばなりません．第一に，自分を審査するということがどういうことかを理解していなければならないこと，つまり，使徒があなたが

たに吟味するよう命じるその良心についてあなたがたがそれとどう向き合っているのかということです．第二に，なぜあなたがたが自らの良心を審査しなければならないのか，その理由と根拠をよくよく考えなければなりません．第三に，あなたがたが自らの良心を審査し，吟味すべき主要なポイントが何かを理解しなければなりません．

1. わたしたちの良心を理解する必要性

　第一に，あなたがた一人ひとりがご存じのことから始めましょう．あなたがたのなかに良心のない人はひとりもいないのですから，良心とは何かを理解することが必要です．したがって，神がわたしに恵みを与えてくださる限り，わたしは良心について説明したいと思います．わたしは良心のことを，心のうちのある特定の感覚，生ける神の審判と似たもの，わたしたちによってなされた行為に基づいて後からついてくるもの，精神のなかの知識に由来するもの，恐れや喜び，嘆きや感激といった心のうちのある特定の動きに伴うもの，とよびます．

　(1)　そこで，わたしたちはこの定義のそれぞれ異なる各部分を検証しましょう．わたしはそれを，第一に，心のうちのある特定の感覚とよびます．なぜなら，自らの心を叩き，自らを咎めることもなく，実に密かに，あるいは実に平静に何かをおこなうことのないように，あらゆる人びとの心のうちに，主がそうした刻印を刻んでくださったからです．自分がしたことが健全だったのか，それとも不健全だったのかを，神はその当人に自らの心で感得させます．主はなぜ，心のうちにこの感性を置かれたのでしょう？　それは，神の眼差しは，外的な表情や外に現れ出る行為に対してよりもはるかに重点的に内的な心に対して注がれているからです．なぜなら，主はサムエル記上16章7節で，サムエルに対し「私は心を見る」と言われているからです．同様のことは歴代誌上28章9節にもあり，主はソロモンに対し「主はすべての心を探り，すべての思いの向かうところを見抜かれる」と言われています．さらに，エレミ

ヤ書11章20節では「思いと心とを試される万軍の主」と言われています．そして使徒も，コリントの信徒への手紙一4章5節で「人の心の謀（はかりごと）をも明らかにされます」と述べています．このように，主なる神はおもに心に関心があるため，良心の主要部であるこの感性を心のうちに置かれたのです．

　(2)　次に，この感覚が神の審判に似ていることを述べます．というのも，いと高き神による秘密で目に見えない裁き —— 自らの良心のうちにあるその各自の審判に従って，あらゆる人びとが義とされるか遺棄されるその大いなる日の審判へと進み出るための各自の審判 —— に対応させ，またそれに似せるために，わたしたちが自らの内側で内々の，日常的にありふれた審判を実施するために，この感性がわたしたちの魂のうちに刻まれ，残されているからです．しばしの間，生ける神が最後の審判における御自身の御業を，地上でのわたしたちの人生の全過程と関連づける手段として，この良心はわたしたちのうちに残されています．その最後の日に，わたしたち自身の良心の書物が紐解かれ，そして，あらゆる人びとが自らの良心のうちの判決文に従って，報いを受けるでしょう．したがって，わたしたちの良心は神の審判に似ている，とわたしは述べるのです．

　(3)　わたしが述べる第三の点は，それがわたしたちによってなされた行為に基づいて後からついてくるものだということです．わたしたちの良心は，その行為がなされる前にわたしたちを咎めることはなく，その悪行が犯される前にわたしたちの心が自らを責めることはありません．まったくありません．良心の責めや心の感覚が先行することなどなく，その行為がなされた途端に後からついて来るものです．ですから，その行為がなされた途端に，あなたがたの良心がそれを自らに適用し，自らに対する判決を下すのです．こういうわけで，それをわたしたちによってなされた行為に基づいて後からついてくる感性，とわたしはよんでいるのです．

（4）わたしが述べる第四の点は，それが精神のなかの知識に由来するものだということです．なぜなら，もし悪行がなされたことが良心に伝わらず，心が認知しなければ，心も良心もそれを悪いことに数え入れることはできないでしょう．知識は良心の呵責に先んじていなければなりません．あなたがたの精神が悪だとわからないことを，心がそれを悪であると感得することなどありえません．ですから，知識は常に感覚に先行していなければならず，そしてあなたがたの良心からの証言と呵責は，あなたがたの知識の物差しに即応するでしょう．なぜなら，浅はかな知識や疑わしい不確かな知識は，良心の呵責を軽く，小さくしますが，それに相対し，御言葉から引き出される聖なる堅固な知識は，良心の呵責を重くします．ですから，良心は知識に相応じなければなりません．もしわたしたちが生まれながらに具えている知識以外に，また本性のうちにまだ残る光のきらめきによる知識以外に他の知識をもっていなければ，わたしたちの良心は，もうその知識以上には及ばないでしょう．しかし，もし本性の光のほかに，わたしたちが神と神の御言葉の知識をもち，わたしたちの心のうちで働かれる聖霊によって，神の知識をもつなら，わたしたちの良心は，御言葉のうちに輝く光に照らし出されて，自らを吟味し，検証しながら，ますます進展するでしょう．したがって，良心は，わたしたちが聖霊の働きによって，また神の御言葉を聞くことによって，わたしたちが光に照らし出されるときに獲得されたり，到達したりするものではありません．そうではなく，わたしたちの良心は，わたしたちと共に生まれたもの，わたしたちにとって生来的なものであり，あらゆる男女の魂のうちに刻まれているものです．光のきらめきが本性のうちに残されているため，良心が本性のうちに刻まれているのです．もしそれ以外にないとしても，あなたがたの本性のうちに残るまさにその光は，あなたがたに有罪の判決を下すのに十分でしょう．良心は獲得されるものではありません．またそれゆえに，良心は御言葉を聞くこととともに始まったのでも，聖霊による助けと刷新によってわたした

ちが自らを改革し始めたときに獲得されるのでもありません．すべての人が生まれながらに良心を具えており，そして主なる神がわたしたちの本性のうちにそれを刻印されたのです．そして，たとえこの生まれながらの良心が，神の御言葉に従って改革されていなくとも，それは永遠にあなたがたに有罪の判決を下すのに十分でしょう．こういうわけで，わたしは，心のうちの感覚は精神の知識に由来すると宣明します．

　(5)　わたしが最後に述べるのは，それはある特定の心の動きを伴うものであるということです．そして，わたしたちはこの動きを恐れや喜び，動揺や歓喜をとおして表現します．もしその行為がきわめて悪質であれば，それは非常に大きな恐れとなるでしょうし，良心の呵責はとても重くなります．すると，罪悪感には常に不安が伴うため，良心は決して安息を得られません．しかし，もしその行為が誠実で，信心深く，誉めるにたるものなら，それは心を満たし，歓喜を爆発させもします．ですので，端的に言えば，あらゆる良心のうちには，一つは知識と，そしてもう一つ，あなたがたの知識に則して自らの行為を自らの心に適応させることで得られる感覚，の二つがなければなりません．こうして，まさしくその言葉そのものが示しているとおり，良心（conscience）は二つの部分から成ります．つまり，それが科学的知識（science）とよばれる点に則った知識と，そしてそこに「con（ラテン語で「一緒に，共に～」の意）」が加えられている点に則った感覚です．だからこそ，良心（con-science）とよばれます．ですから，良心という言葉が示しているのは，適用を伴う知識のことなのです．

　主なる神が人間の魂のうちで多様に仕えるために備えつけられたこの良心は，つまりは，あなたがたがおこなうあらゆる行為に対する注意深い随行者，同伴者，保護者として活動するためのものです．そういうわけですから，いかなる行為も，秘密裏に，隠れて，内密に成し遂げられることはありえません．むしろ，あなたがたが意識しようとしまいと，あなたがたの良心はその証拠を残すでしょう．あなたがたの良心はそれ

についての忠実な目撃者となり，そしていつの日か，その同じ行為の忠実な記録者となるでしょう．またそのため，①主なる神が良心をこのつとめに任命したのですから，その結果，あなたがたのあらゆる行為において良心があなたがたに付き添い，同伴しているため，良心から免れる行為などはありえません．②同様に，主なる神が良心をあなたがたの告発者に任命し，それをあなたがたの魂のうちに備えつけられたのですから，その結果，あなたがたが何か悪しきことをおこなうとき，自分の心のうちに，その行為に伴う過誤を見つけ出す私的な告発者となります．そして③主なる神はさらにあなたがたの魂のうちにそれを置かれたのは，あなたがたの正直で誠実な証言者にするためです．そうです，その良心の証言は，一証言や一証人に似ているだけでなく，その良心は一万の証人にも匹敵します．④さらに良心があなたがたの魂のうちに備えつけられたのは，あなたがたに対する裁きの役目を担い，罪状を宣告し，咎めるためです．そして，良心がそうするのは，わたしたちの個々の裁きが，終わりの日の主なる神の普遍的ですべての人に及ぶ裁きに先んじて執行されていなければならないからです．それ以外に何か他の理由があるでしょうか？⑤主なる神があなたがたのうちに良心を刻まれたのは，あなたがた自身の裁きを自らに下すためです．これは恐いことです．主なる神があなたがたのうちにそれを残されたのは，自らを罰し，自らを懲らしめるためであり，そうして自らへの審判を自ら執行させるためなのです．

　このことは，同一の自己の良心が，自らへの審判を執行するためにあなたがたの行為の観察者また目撃者，告発者，一万の証人，審判者，刑の執行者，苦しめる者として，魂のうちで非常に多くの役目を常に果たそうとしていることは，驚嘆すべきではないでしょうか？ですから，主なる神があなたがた自身の魂の外であなたがたに合法的な手続きを執行する裁判官を探し出す必要はまったくありません．なぜなら，あなたがたは自分自身のうちにこれらすべてを備えているからです．この点に

留意してください．なぜなら，この点に関する一語もきっと地に落ちることなく，あなたがたは自らの幸福に際しても永遠の禍に際しても，それに気づかせられるからです．あなたがたの誰もが自らに執行するこの秘密で私的な審判は，実に確実に持続し，そしてあなたがたのうちに堅く据え置かれているため，それを除去しようとしても，それを自分の魂から取り除くことなど決してできません．もしもこれまでにこの地上に受肉した悪魔のなかでも，最も凄まじい悪意を抱き，邪悪そのもののような存在にあなたがたがなるようなことがあったとしても，あなたがたは自分の魂からこの良心を根絶することなど決してできないでしょう．それでもなお，あなたがたが意図してもしなくても，偉大な日に執行される全般に及ぶ審判において，あなたがたを弁解できなくさせるのには，それは常に十分であり続けることでしょう．

　あなたがたが自らの精神からあらゆる知識を取り除き，自らモグラのように見えない者になるかもしれないことを，わたしは認めます．わたしはさらに，あなたがたが自らの精神からあらゆる感性を取り除くことで，自らの心を頑迷にし，その結果，良心が自らを咎めなくなり，あるいは自らの過ちに気づかなくなり，そして何ら躊躇なく悪行を働くことに快感すら覚えかねないことを認めます．しかし，この地上のいかなる類の不正行為も，恐れもなく悪行を働けるような地点へとあなたがたを連れて行けることを，わたしは否認します．あなたがたが悪行を働けば働くほど，あなたがたが悪行を長く働き続ければ続けるほど，それだけいっそうあなたがたの不安も増大するでしょう．そうなのです，その邪悪さにもかかわらず，そして人の心の悪意のすべてにもかかわらず，不安がなくなることはないのです．それに，たとえそれらの邪悪が力を合わせても不安を取り除けるだけの力はないでしょう．なぜなら，その良心の疼きは審判の日が来ることを絶えず証明し続けるからです．

　わたしはさらに，諸々の条件が時間の経過とともに変化し，いつまでも不安が留まり続けず，むしろ時として安心に道を譲ることになること

を認めます．さらに，いつまでもその安心が留まらずに，そこで再び恐怖心に道を譲ることになり，その結果，この恐怖心は完全には拭い去ることができなくなるでしょう．安心感が大きければ大きいほど，あなたがたが我に返ったときには，それだけ不安もますます大きくなるでしょう．

　さらに，時間の経過とともに，人は邪悪な行為を働いて自分の精神から知識を消し去り，そして自分の心から感覚を消し去ったときには，この不安は見えなくなるだけではないかということを，わたしは認めます．そこには何が残されているのでしょう？　人がすべての光を消し去り，自らの本性のうちに暗闇以外に何も残さないとすれば，そこには見えない恐怖以外に何も残されていないでしょう．そのため，恐怖がどこからやって来るのか，その後どういう展開になり，どこへ導くのか，またそれがいつどこで終焉するのかもわからないため，恐怖は見えない，とわたしは認めます．したがって，このように自らの魂のうちで迷いに陥った人たちは皆，この地上で最も惨めな人たちです．キリストのうちに神の御顔を見ることで，キリストの死と受難のうちに逃れるすべを見出すことで，しかも，キリストの血潮において差し出されている神の憐れみ深い慈愛を見出すことで，あなたがたの精神にこの知識の閃きと霊の光を保ち続ける限り，もしこの光のきらめきをこそもっていれば，たとえもしそれがほんの小さな仄かな光であったとしても，しかも，この知識がとても深刻な損傷を被っていても，それでも，キリストにおいてあなたがたに十分な慈愛があります．しかし，もし自分の魂や心の扉をすべて閉ざして，魂や心をまったき暗闇で満たしてしまえば，その結果，あなたがたは恐怖がいつどこから来るのかがわからず，それから逃れる手立てもわかりません．これこそ，悲惨のなかの悲惨です．

　わたしたちは多くのことに嘆きを覚えます．わたしたちはこの国の現状を憂います．なぜなら，この説教を特に聞いて欲しい当人たちがこの場にいないからです．それでも，あなたがたには時間の猶予があり，こ

の光は今なお提供されていて，いくばくかのこの光のきらめきは留まり続けているのですから，それが消えてしまわないよう，自分の良心に注意を払わなくても構わない人など誰一人いません．この国の大勢の素晴らしい人びとが，あっという間に彼らのうちにある光のきらめきを消失しつつあり，しかもそれを消失させてやまないのを，わたしは目の当たりにしています．そして，彼らがそうしてしまったとき，嗚呼，彼らがこれまで消すことのできなかった彼らの良心における，覆われていたおぞましい恐怖心 —— 逃れる術のない不安，消えることなくただただ増長しつづける不安，終わりのときにすっかり彼らをなめ尽くすであろう不安 —— それ以外に何がその後に生じることでしょう．ですから，あなたがたの誰もが自らのうちにあるこの光に注意を払い，自らの心の不正な情念が体を操らないよう注意を払ってください．少なくとも，これら不正な情念がこの光を払い除けることはないのだと，わかってください．そして，主がこの光をあなたがたに与え続けていてくださる限り，あなたがたがそれを抱き入れて新たな進路をとるために，また人生を改めるために，主の慈愛において恵みを与えてくださるよう，この時を尽くして祈りましょう．

　体が魂から離れ，魂が体から離れても，良心が魂から離れることは決してありません．しかし，魂が赴くところどこにでも，その同じところで良心は息づき，良心がどんな状態にあろうとも，あなたがたが死んだとき，その壮大な審判の日に，そのあるがままの状態であなたがたと共にあるでしょう．ですから，もしあなたがたの良心が死に際に苦しむのならば，もしあなたがたがそれを静めていなければ，良心は最後の審判におけるあなたがたの刑の執行者となるでしょう．

　ですから，この問題は十分に熟慮されねばなりませんし，誰もが，魂が体から離れるとき，あなたがたの良心が神と共なる平安と安息へと導くような善良な良心をもつよう努めるべきです．あなたがたにそれは取り戻され，再び素晴らしい平安と安静で満ち溢れることでしょう．その

とき，その良心にとって，それが何であるのか，その本分がまっとうされるのです．生ける神が，これらのことを心に留めるあなたがたの記憶を大いに清めてくださり，そしてそのどんな記憶も人生が終わるときまで絶えずあなたがたに留まり続け，いつでも思い出せるよう，わたしは祈ります．

2. なぜわたしたちは各々自らを吟味すべきなのか？

　次に語らなければならないのは，わたしたちがなぜ自らの良心を吟味すべきであるのか，そのことを熟考してみなければならないことです．どうしてわたしたちは男であれ女であれ，自らの良心と魂を審査せよと促されるのでしょうか？ わたしは簡潔に答えたいと思います．

　(1) 一人ひとりに自らの良心による審査をさせるのは，主なる神が，魂の他の部分ではなく，まさしくそこを御自身の住まいとしているからです．主なる神は人の魂のうちを，即ち，その人の意志と良心のうちを，御自身の住まいに定め，そのようにして，主なる神が住む場所をあなたがたに整えさせ，その心の内に注意を払うようにさせているからです．

　(2) たとえ天におられる主なる神がそこを御自身の住まいになさらなくとも，それでも，主の御目は，人体の厚みをも突き抜けて，たとえそこがいかに暗く，雑然としていようとも，すべてをご覧になり，そしてあなたがたの良心の秘められた隅々にまで光をもってさし入られます．すべてを御覧になれる神の御目には，あたかもあらゆる地上の外的で物理的なものが身体の外的な目に明らかになるのと同じように，あなたがたの良心の最も秘められた隅々も開かれ，明らかになり，証示されます．ですから，主の御目はとても鋭く刺し貫くものであり，しかも，主なる神は御自身の御目をわたしたちの心にこそひたと注いでおられるため，わたしたちに自らの心を審査させるのです．

　(3) 主なる神は良心の主です．地上のいかなる君主も，良心を統治することも支配することもできません．ただ天にいます神だけが，天と地

の王であられるイエス・キリストだけが、良心の主です。救ったり解いたり⁸⁾する力はこの主にしかありません。ですから、主の食卓に来る備えをするときには、あなたがたは自分の良心を見つめ直し、その状態を審査し、吟味することは、まさにふさわしいことではないでしょうか？

(4) 自分の良心を審査し、吟味させるおもな理由の一つは、あなたがたの魂の健やかさと至福がまさにその点にかかっているからです。もしあなたがたの魂のうちなる良心が健やかであるのなら、もしそれが平安で安静な状態なら、あなたがたの魂は健全です。もし良心が良好な状態であるのなら、あなたがたの魂はきっと健やかで良好な状態にあるはずです。なぜなら、その健やかな善い状態、またあなたがたの魂の至福は、善良な良心に基づいているからです。ですから、それが一人ひとりに自らの良心を十分に審査させることになるのです。わたしたち自身に注意を払うことを不正とするような律法など、これまで何一つ制定されたことも考案されたこともありません。健やかさをわたしたちにもたらし、保ち、そして維持するものを追求することこそが、わたしたちにとっては当然のことです。そうすると、魂の健やかさは良心の健やかさにかかっており、しかもそれを保ち続けることにある、したがって、あらゆる律法に合致することにあるのですから、あなたがたは自分の良心に注意を払うべきです。もしあなたがたが自分の良心を健やかな状態に保つなら、あなたがたの魂は健やかであり、しかも、もしあなたがたの魂が健やかであるのなら、どんな問題があなたがたの身体に及んでも、それらすべてに耐えられることでしょう。しかし、もしあなたがたの魂が病んでいるなら、しかも、もしその魂に邪悪な心がはびこって病んでいるのなら、あなたがたは自分の身体に襲来するごく些細な困難にすら耐えられない

---

8) 訳者註　ここでの「解く」とは、マタイ福音書 18 章 18 節でイエス・キリストが弟子たちに教えた言葉、「よく言っておく。あなたがたが地上で結ぶことは、天でも結ばれ、地上で解くことは、天でも解かれる」の教えを描いており、地上と天上における〈赦し〉のことを意味している。

でしょう．それに対し，もし良心が平静で健やかな善い状態であるなら，どのような困難もあなたがたの身体に襲いかかれず，そればかりか，善良な良心の強靭さが，むしろその困難に立ち向かうでしょう．ですから，あなたがたの良心を養うことに留意し，その状態や習性を審査し，吟味すること，それ以上のどんな前提があるでしょう？

　そうなると，健やかさは必要だと語るだけで，具体的にどうすればそうした健やかさが得られ，保たれ，維持されるのかを示さないのは，話のオチのない冗談話にしかすぎませんので，あなたがたの良心を安静かつ健全な状態に保つため，わたしはここで幾つかの教訓を述べましょう．

　（1）第一に，イエス・キリストにおける神の慈愛の堅固な確信を保ち続けることに関心を注いでください．寝ているときも目覚めているときも，神とあなたがたとの関係を吟味し，そしてあなたがたが主の御手からの慈愛を切望しているのかどうかを熟慮してください．あなたがたは主の慈愛を確信していますか？次に，自分の良心が良好な状態であることや，自分の魂が健やかであることを，確信してください．なぜなら，使徒がテモテへの手紙一1章19節で述べているとおり，信仰を保つことで，良心は支えられているからです．この確信をもち続け，それを欠くことなく健全なものとして保ち続けてください．もしあなたがたが自分の魂を健やかに保とうとするなら，それを傷つけたり疑念のなかに魂を放置したりしてはならず，いかなるものにも確信を妨げさせてはなりません．もしあなたがたが疑念を抱くなら，あるいは何らかのしかたで確信や自信が弱まるなら，それとともに，あなたがたの魂のうちの健やかさが失われるのは間違いありません．それと同時に，あなたがたの良心が損傷を被ることも避けられません．すなわち，信仰は健全な良心なくしては宿ることはないでしょう．ですから，あなたがたが自らの良心に背くあらゆることをおこなうときにはいつでも，同時に，神の慈愛の確信が薄まり，そこで神の慈愛を疑い続けるようになり，あなたがたがキリストの足もとにひれ伏し，そうした悪しきふるまいに対して御赦し

を得，神の御手の平安を得，そのようにして確信を取り戻すまでは，自分の良心の健やかさを失うでしょう．これが第一の教訓です．自らの魂を健全に保つために，あなたがたは神の御赦しの恵みを確信しているかどうかを確認してください．

(2) 第二の教訓は，自分の魂の健やかさを脅かすもの，あるいは自分の良心の平静と平安をかき乱すものが何であれ，あなたがたはそれらを遠ざけ，忌避し，身を慎まねばなりません．それらを追放し，それらに対するどんな関わりをも拒絶してください．それが一般的になすべき正しいことです．しかし，良心の平穏な状態をかき乱すものが何であるのかをわたしたちは理解しましょう．それはつまり，この世における罪以外の，地上における悪の本性以外の何ものでもありません．したがって，もしわたしたちが自分の魂を健やかに保とうとすれば，それとともに必然的に，罪を忌避しなければなりませんし，わたしたちは罪から逃れ，かつ罪を取り除かねばなりません．善良な良心を保つことと自分の心の本性（すなわち罪）に従うことのどちらをも併せもつことは不可能です．またそれゆえに，もし自分の魂を平安で健全に保とうとすれば，あなたがたは自らの欲に別れを告げ，自分の心の本性を放棄しなければなりません．あなたがたは，自分の本性や欲求を満たそうと，自分がしたいと欲していたことをしないようにしなければなりません．あなたがたの本性や肉欲が何かをするよう命じるとき，はたしてあなたがたはどうしますか？ あなたがたは，それが神の善なる御心にどれほど適っているのか，そしてあなたがたに命じるその本性が神の律法とどこまで合致しているのかを吟味しなければなりません．もしあなたがたに命じるその本性が，神の律法や聖なる御心と合致しているならば，それは間違いなく，洗練された資性であり，そしてあなたがたはそれを成し遂げることでしょう．しかし，もし後になってあなたがたが自分の本性が法外で，神の御心を侵害しつつあること，そして神の律法に背きつつあることに気づいたら，そのことに用心してください．あなたがたがそれに屈

し，その成されるがままにしてしまわぬよう，抵抗してください．なぜなら，もしあなたがたが，たとえ一時でも，そうした本性からの意志を成就したならば，そこからどんな喜びが得られるのでしょう？ それは，初めは心地よい快楽をもたらすかもしれませんが，結局のところ，常に辛苦の自責の念に終わることになるでしょう．

そのとき，この辛苦の自責の念を回避するために，あなたがたは自らの本性を調べる必要がまったくないのでしょうか？ あなたがたは，神の律法という物差しによって，それらを審査し，吟味しなければなりません．それらが神の律法にどれほど適っているのか，あるいはそれらがどれほど適っていないかを，あなたがたは理解しなければなりません．そしてそれらが神の律法に適っていなければ，どんな人にも自分を否認し，自分の本性を放棄してもらいましょう．あなたがたがこのように自分の審査をおこなうとき，それはあなたがたの本性を清め，自分の魂をキリストの住まいとし，自分たちの良心に憩いを与えます．こうして，聖霊が体も魂も健やかで良好な状態にし，喜びで満たします．ですから，罪を忌避してください．これが第二の教訓です．

(3) 第三の教訓は，ことを良く果たすことのために学ぶ，ということです．もしあなたがたの魂を健やかに保ちたいと思うなら，より良いことを，しかも継続的により良いことをおこなうことを学んでください．少なくとも，日々，より良くおこなうという目的意識を自分の心のうちにもってください．これが最後の教訓です．わたしたちが自らの最善を尽くそうと努めるときでさえ，わたしたちは堕落しますから，それに，公正な人でも最も聖なる人でさえ，一日に7度，いや実は7の70倍も堕落してしまうのですから，こうした躓きや堕落においてあなたがたはどうしたらよいでしょう？ もしあなたがたが堕落すれば，しかもあなたがたがそうなるのを避けられなければ，あなたがたが堕落したそのところで，何もせずに寝転がっていてはならず，またそこで眠りこけていてもなりません．眠りこけるのは恥ずべきことですから，そこでもう一

度起き上がるべきです．すると，どうすればあなたがたは起き上がれるのでしょう？　自らの魂への慰めを得るため，また自分の良心が安らぐのに必要な平安をキリスト御自身から送ってくださるようキリストに願い求めるため，さらに自らの魂の健やかさを取り戻すために，魂を高く挙げること，恵みと慈愛の源泉に駆け込むこと，そしてイエス・キリストに立ち帰ることによって，です．ですから，あなたがたは堕落したそのところで眠りこけていてはなりません．むしろ，直ちに起き上がり，慈愛を祈り求めてください．慈愛を受けることで，あなたがたは自らの堕落から回復されるでしょう．あなたがたは悔い改めによって自らの人生を改めるでしょう．そして，あなたがたは悔い改めによって平安を得るでしょう．そうすれば，あなたがたは平安が得られ，自らの魂のための健やかさが得られるでしょう．

　そこで，もし自らの魂を健やかに保ちたいと思うなら，このルールを守ってください．つまり，ダビデがそうしたように，罪のなかに眠りこけてしまわぬよう注意してください．あなたがたが堕落したときに，何もせず転落したままでいてはなりません．姦淫から殺人へ，そして殺人からまたその次の殺人へ，といった具合に，一つの罪からもう一つの罪へと転がり落ちてしまわぬようにしなければなりません．ルールとして，もしある人が罪のなかに眠りこけるなら，そして時間が来ても起き上がらなければ，どんな罪も孤独だったためしはないため，一つの罪はもう一つ別の罪を産むでしょう．罪が大きければ大きいほど，そして邪悪であればあるほど，それに引き続いて生じる罪はますます大きく，邪悪なものとなります．ですから，あなたがたが堕落したときに，そこから起き上がることに躊躇せず，むしろ，一目散に慈愛の泉へと駆け込み，恵みを探し求めるのです．たとえそれがどこであれ，祈りへと駆け込み，野辺にあろうと町中にあろうと，神の教会に駆け込むのです．イエス・キリストのもとに駆け込み，そしてあなたがたが自らの良心に平安を与えてくださるキリストの慈愛を願い求めるのです．しかも，そう

することでしか，あなたがたは自らの魂の健全さを保てません．このようにして，わたしたちの信仰において聞かれる慈愛と恵みの生きた御言葉と，そして，同じそれを聞くすべての人の魂を隷属させる「殺す文字」——ここでわたしが言おうとしているのはミサの偶像礼拝の教理——との違いを，あなたがたは学ぶでしょう．

　わたしがこの点に言及するのは，わたしたちの若い世代の大多数の人がその（ミサの）もとに委ねられていて，しかも，この国にとても鮮明に響く生き生きとした御言葉に対する侮蔑のために，さらには，わたしたちの間の貴族階級の人びとが（彼らの大半がまっしぐらに悪魔のもとに擦り寄り，麻痺状態になって）御言葉をすっかり流し去ろうとしているために，主はこの国から御自身の恵みと慈愛を取り去ろうとしつつあります．これは，このとても豊かに差し出されている平安や慈愛，恵みのときを熟慮し，分別する目を，あなたがたのなかで誰も持ち合わせていないとは，何と惨めなことではありませんか？　主なる神が御自身の慈愛において，あなたがたに間に合うよう，分別の目を与えてくださいますように．

　そこで，なぜあなたがた皆が自らの良心を審査し，吟味すべきなのか，その理由は多々あるので，審査がおこなわれるのはある日，ある年とかではなく，それはあなたがたの一生涯で毎日，毎年を通じておこなわれるべきです．なぜなら，良心は生きておられる神と共に生き続けなければならず，そして神の御子の顔を常に仰ぎ見なければならないものの，一度かぎりでその良心が余すところなく清められたり，注意深く吟味されたりすることなどありえないからです．わたしたちが良心を熱心に精査すればするほど，ますますわたしたちはより良いもので占められるでしょう——わたしはわたしたち自身の良心について言っているのであって，わたしたちの隣人について言っているのではありません．

3. わたしたちの良心を吟味する主要なポイント

　第三に，あなたがた皆が自らを吟味すべきポイントに辿り着きました．誰もが皆，自らの良心を調べ，吟味すべきことは，第一に，あなたがたが天にいます主なる神と共なる平安にあるかどうか，第二に，自分の隣人と共なる愛と友好のもとにあるかどうかという点です．

　あなたがたは自らの良心が神との調和また平安のうちにあるのかどうか，知りたいと思いますか？　あなたがたはそれをこうして知ることができます．天にいます神は，常に不浄で汚れている魂とは，交わることも同伴することもできません．そうです，それはできません．この人生のなかで魂が十分に清められ，完全に聖なるものとされ得る，と今わたしは言っているのではありません．そうではなく，この人生には，驚くばかりの不正，膨大な罪，大きな過ちがあり，それらによって義人でさえ汚されてしまいます．わたしが言いたいのは，魂は，いくらかでも清められ，聖とされることがなければ，神との平安を得ることはできず，主と交わることもできないということです．なぜなら，常に悪臭を放ち続ける不浄な魂のうちに，神は御自身の住まいを構えようとはなさらないからであり，したがって，必然的に，そこは清められていなければなりません．魂の片隅であれ，そこかしこ奇麗にされねばならず，そうすることで，天にいます主は，御自身の聖霊によって，そこに御自分の住まいを構えられることでしょう．次に，どのようにして心が清められるのかを見ていきましょう．ペトロは，人間の魂は信仰によって清められ，人間の心は信仰によって浄化される，と言います（使徒言行録15：9）．ですから，イエス・キリストへの信仰が心を開かせ，心を浄化し，そして，キリストの血の効力において，わたしたちは神との平安を得ます．使徒が言うとおり，「信仰によって義とされたのだから，私たちの主イエス・キリストによって神との間に平和を得ています」（ローマの信徒への手紙5：1）．

次に、使徒が言うように（コリントの信徒への手紙二 13：5）、あなたがたに信仰があるのかどうかを自ら証明しなければならない、という更なるポイントに、わたしたちは進んでいきます。自分の魂がこの信仰に習熟しているのかどうかを見極めるために、自らの魂を吟味してください。なぜなら、もしキリストへの信仰がなければ、キリストはあなたがたのうちにはおられず、そして、もしキリストがあなたがたのうちにおられないなら、あなたがたは酷い状態、すなわち、神に見放され、遺棄の状態のなかにあるのです。ですから、自分にキリストの愛への信仰があるかどうか、自分がキリストの御業による慈愛にあずかり、キリストの血による聖化にあずかっていることを信じているのかどうかを、誰もが注意深く見つめ直し、見極めるべきです。もしもこのような信仰がなければ、あなたがたはなんら神との平安を得ることはありません。なぜなら、神との平安は、キリストへの真の信仰によって生じ、日々増し加えられていくものだからです。そうであれば、わたしがすでに言及したように、この信仰が真実であり、それは生きており、心を神と一つに結ぶところでは、この信仰は言葉と行為に現れ出ずにはいられません。それは抑え切れないものです。信仰は、わたしたちの罪を赦してくださった天にいます神への讃美を言葉で言い表さずにはいられません。信仰は、わたしたちが神に対して犯してしまった罪を言葉で明白に告白することから始まるものです。信仰は、心のうちの自らの信仰をこの世に証しするため、この信仰によってあなたがたが新たにされた人であることをこの世に証するために、善い業をおこなうその行為において現れ出ずにはいられません。こうして、生活とふるまいにおけるあなたがたの良き模範によって、神の教会の各員である兄弟姉妹たちをあなたがたが啓発することになり、さらには、あなたがたの聖なる生き方によって、罪人を悔い改めへと促すことになり、彼らはあなたがたの生き方を見て、あなたがたのうちなる神をほめたたえずにはいられなくなるようにさえなりえます。

（1）　自らを審査する最初のポイントは，その心，その口，その手を見つめることです．この三つの間には，それらすべてが一つの歌を合唱するかのような調和があります．もし心が内的に神と結び合わされていれば，口が外的に神をほめたたえるのは疑いようがありません．それに，もしあなたがたの心と口が新たにされ，それらが一つに繋がっているのなら，必然的に，あなたがたは自身の会話のなかでこのことを明らかにせずにはおられません．心と手も繋がっているはずです．あなたがたの会話は心に応じて変えられ，心と同じように，まったく誠実で敬虔なものとならなければなりません．ですから，もしあなたがたの会話が善良であるのなら，それはあなたがたが神と一つに結び合わされている確実な証拠となります．しかし，もしその会話が善良でなく，自分が望むままに語っているとすれば，あなたがたの心はただ汚れているだけで，このまことの生ける信仰は心に居場所がありません．もしそのとき，いつ自分たちは神と一つに結び合わされるのかと尋ねるなら，その答えは，あなたがたの会話が，つまりあなたがたの心と口がすべて同一のことを言い表すようになるときです．そのとき，疑いを挟む余地なく，聖霊によって錬成された信仰の働きがあなたがたの心のうちにあり，それがあなたがたを神との平和へと導きます．これが，自らを審査すべき第一のポイントです．

（2）　次のポイントは愛です．あなたがたは，自分が隣人を愛し，思いやれているかどうかを審査しなければなりません．信仰によって結ばれる以外に，わたしたちが神と一体とされることがないのと同じように，愛と友好と思いやり以外に，あなたがたが自分の隣人と一体とされ，またこの地上にいるキリストの成員たちと結び合わされることはありません．愛なくしては，あなたがたはキリストの体の成員ではありません．なぜなら，愛はキリストの体の成員のすべてを一つに結び合わせる主要な腱であり，そして愛は霊的で秘義的な一体性において彼らを成長させるからです．愛はキリストの子どもたち，そしてキリストの体の成員た

ちが，それによって世界中の他の人びとから際立たせられる唯一のしるしです．愛は，わたしたちの魂を生き返らせ，わたしたちを神と似たものにする，聖なる油です．わたしたちが愛において成長すればするほど，神は愛であるため，神は聖霊によってますますわたしたちのうちに住まわれます．ですから，あなたがたの隣人へと向けられる愛が，いかほどかでも心に内住していなければ，あなたがたは自分の隣人と交わりをもてませんし，なおさら，神と交われるはずがありません．もし人びとの行動をこのルールに則って吟味したなら，わたしたちは，互いに敵意を抱いて反目し合う心をもつ無数の不敬虔な人びとをこの国で見出さずにはおれません．悪魔と悪意に満ちた精神が住むところに，聖霊のための場所はどこにもありません．そこで，主が彼らを導くために，彼らのうちに，神と隣人へ向かう素晴らしい愛と友好を注ぐために，あらゆることをしてくださり，そのようにして，彼らの状態を造り変えてくださっていても，それでも，ついに神が彼らの上に大きな報いと呪いの裁きが振り下ろされるまで，彼らは自ら目覚めようとはしません．それにもかかわらず，この愛に満ち，誠実かつ敬虔な会話のすべては，信仰の根幹から溢れ出し，その結果，もしあなたがたの心にいかほどかでも信仰があるのであれば，たとえそれがほんの小さな信仰でも，それに基づいて，自らの隣人へと向けられる愛があなたがたにあるはずです．そして，この愛は決して根拠のないものではなく，いろいろなしかたで，それ自体を常に明らかにします．なぜなら，信仰はその他のすべてが拠るべき土台だからであり，信仰はまさに至宝にたとえられます．この信仰なくしては誰も神を喜びとすることができず，それなくしてはすべての行為は神の御前で嫌悪をひき起こすものとなり，それなくしては恐るべき惨めさのなかに取り残されてしまい，あなたがたがそれに気づいていないときほど恐ろしいことはないのですから，聖霊によって，わたしたちの魂のうちで，この信仰がどのように働き，創造されるのか，そしてどうすればそれがわたしたちのうちで保たれ，育まれるのかを知り，理解す

べきことについて，ほかに何ら良い理由があるでしょうか？ですから，どのように信仰が創造され，どのようにそれがもたらされるのかを聞き受けるとき，あなたがたは自らの良心を吟味し，あなたがたが信仰のうちにあるのかどうかを見極めるようになるでしょう．

4. わたしたちの内側での聖霊の働き

わたしはあまりにも長い時間を割いてこの点をめぐって話を進めてきました．そこで次に，時間が許され，神がわたしに恵みを与えてくださる限り，どのようにして聖霊が男女各々の心と精神のうちで働いてくださるのか，また彼らの魂のうちにこの貴重な信仰を創造し，形づくられる際に，神がどれほどの労苦を傾けられるのかについて，わたしはあなたがたに教示したいと思います．ただし，それを話し始める前に，あなたがたが自分自身の惨めさや虚りの幸福について理解すること，そして主なる神がいかにして，あなたがたを以前の状態から回復させるために来てくださったのか，そして先祖であるアダムの行為によってあなたがたが失われた者となったときに，あなたがたをどのように再創造してくださったのかを知ることは，必要なことであり，むしろ必要以上のことです．

わたしたちは最初のアダムの子どもたち

この問題をもっと深く考察するため，人は普遍的に，またあらゆる人間は個々に腐敗し堕落しており，そしてそのことは人間の最初の父祖の罪によるものであるという事実を，あなたがたに思い出してもらいます．たとえもしアダムの最初の堕落と罪だけしかなかったとしても，わたしたちは皆，肉体と魂の二重の死の正当な裁きの宣告を受けるでしょう．なぜなら，自分の魂のうちに残されていた帰る望みも消え失せ，はるか以前に罪によって人が失った像を修復し，元の人間の状態に回復するという自覚も失い，こうして人は普遍的にかつ個々それぞれにも著しく堕

落し，しかも，人は自らの内側のこの絶望的な状態に留まり続けているのですから，神はいったいどうなされるでしょう？　永遠に生きておられる神，その採られる手段は測り知れない唯ひとりの賢明なる神が，このように像の損なわれた人間が，それでもなお救われ得る一筋の道を見出してくださいました．この点について，神は誰に助言を求めたでしょうか？　どんな被造物にでもなく，他ならぬ御自身に対してでした．三位一体の三つの位格が自分たち自身でご相談されました．唯一なる神は，御自身を誘導する原理を御自身の外側に何一つもっておられませんので，御自身ただひとりによってのみ動かれ，御自身に助言を求めて動かれたのです．このようにして，御自身において御自身の合議に即して働くべく行動されたそのとき，神は何をなされたでしょうか（エフェソの信徒への手紙 1：9）．

　すべての男女が永遠に死すべきものとなったとき，一定数の人びとを失われたアダムの子孫から選び出して，その人びとを神が聖とし，義とし，栄化することは，神の無限の慈しみにおいてお喜びになることでした．ですから，彼らへの救いの業を成し遂げるために，神は，三位一体の第二位格であり，力と栄光と主権において御自身と同様に高く，すべてにおいて父なる神と等しい，神である，御自身の御子（神には独り子しかいない）に命じ，神は御子にこの働きをするよう，つまりわたしたちの贖いと永遠の救いをもたらすよう，任命されました（これは，その奥義についてある程度明らかにされたことにほかなりません）．ですから，時が満ちるに及んで ── 神がすべての時を御自身の知恵に即して配剤しておられるので ── 神がお定めになった時に，神は処女の胎に御自身の受胎を託し，わたしたちの肉体を取り，罪と同じようなものを得るために，御自身の御子を世に降されたのです．罪そのものを神は採られませんでしたが，神は罪の様と等しくなられました．罪の様と等しくなられたというこの表現によって，わたしが言おうとしているのは何でしょうか？　わたしたちの肉体は罪の様と等しいのです．神がひき受け

られたのはわたしたちの肉体と本性ですが，処女に神が受胎したまさにその瞬間に，それは完全に聖化されていました．

選ばれた者は第二のアダムの子どもたちとされている

神は自らにこの肉体を取られ，そして，この肉体および本性において，罪がわたしたちから永遠に取り除かれ，追放されることになりました．そして，わたしたちは皆（本性からして各人に例外はないため）一つの道に失せ行くはずだったにもかかわらず，わたしたちの救い主，イエス・キリストは，わたしたちをお選びくださり，そして，世の始まる前からの神の隠された選びにおいて，キリストの御父がわたしたちをお選びくださったことにより，イエス・キリストは御自身のときを見計らってわたしたちを召し，そして，御自身が贖い取ってくださったその救いにあずかる者としてくださいました．主はわたしたちの父祖であるアダムにおいて失われた像を修復してくださっただけでなく，主はわたしたちが失ったもの以上の，はるかに素晴らしい像をわたしたちに与えてくださるのです．主なる神は，アダムが原初において置かれた地上の楽園（それ以上の何を，わたしたちは探し求めることができるでしょうか？）にではなく，わたしたちが失ったよりもはるかに高くある，はるかに優れた天の国に，わたしたちを置いてくださいます．主がわたしたちに与えてくださるこの天の国は，神の御子と神御自身と同様にはるかに神聖なものであり，人であれ天使であれ，これまで存在したどの被造物もはるかに超越したものです．もしわたしたちが原初の父祖が創造されたときの像のもとに留まっていたならば，この地上の世界に自らを永遠に位置づけていたでしょうし，わたしたちは，地上のものよりもはるかに優れた天の国を，自らの住み家として望みはしなかったでしょう．しかし今や，第二のアダム，わたしたちの救い主，イエス・キリストの至福をとおして，わたしたちは地上から天の国へ，天上の楽園へと引き寄せていただいているのです．しかし，わたしたちが天上においてなすべきことは

何でしょうか？　わたしたちは地上のもので造られているのではないでしょうか？　そうして，地上へと戻されるのではないでしょうか？　この地上の肉体はこの地上の楽園にこそふさわしいのではないでしょうか？　しかし，主は御自身の慈愛において，わたしたちを地上から天上へと引き寄せるために，その御子を遣わされました．

　これはあまりにも崇高なことであるため，容易に考えられ得るようなことではありません．なぜなら，このようにわたしたちを天上の楽園へと引き寄せることは，わたしたちの思考をはるかに超えたことだからです．どうして人間の心が，天上にいる天使たちの命をわたしたちが生きるべきであるなどと考えるようになれるでしょうか？　しかし，このことは，生きておられる神が，その慈愛のすばらしい豊かさと憐れみにおいて，そして，わたしたちに向けられる神の慈しみのそのありあまるほどの大きさにおいて，喜んでおこなってくださったことなのです（エフェソの信徒への手紙のなかで，使徒はこれを言い表すのにふさわしい言葉を見つけられませんでした．彼がその憐れみの豊かさについて言及するとき，使徒はどう話し始めたらいいのか，またどう話し終えたらいいのか，まったくわかっていません．もしあなたがたがこの手紙を注意深く吟味すれば，きっと聖書の他のどの箇所よりも，その憐れみの豊かさについて，もっと素晴らしくもっと秀逸な言及のしかたがあることに気づくでしょう）．わたしが述べるのは，単にわたしたちに失われた像を与えることでも，わたしたちをこの地上に残したままにしておくことでもなく，わたしたちによりよい像を与えること，そしてそれ以上に，永遠に神と共にいられる天上にわたしたちを置くことをこそ，神はお喜びになるということです．

霊がわたしたちの贖いを確信させる

　そうなると，神の慈愛と恵みはここで終わるのでしょうか？　いいえ．わたしたちの救い主，神の御子イエス・キリストによって，神がすでに獲得し，それにあずからせてくださっているこの救いは，完全に成し遂

げられており，そこから欠落したものは何一つなく，主はまさにこの贖いをわたしたちの知識にもたらしてくださいます．主は御自身の人格において，御意思において，わたしたちを贖ってくださるのですから，主はわたしたちの良心のうちでそのことを確信させます．どのようにして神はそうなさるのでしょうか？ その死によって，主はわたしたちのまったき贖いを確保してくださいましたので，わたしたちの内的召命によって，わたしたちの心のうちで，主がその体においてわたしたちのためにしてくださったことに気づかせ，感得させることで，主はわたしたちにそれを明らかにし，知らしめてくださいます．なぜなら，わたしたちの主がその仕え人らに命じて，わたしたちの良心にこの贖いを告げ知らせ，伝達させたとき，主はわたしたちの魂のうちに，神の御子がわたしたちのために死なれたことを確証する，このすばらしい信仰を働かせてくださるからです．もしいかなる道筋も見出されず，もしそれによってその救いを感知し，またその救いをわたしたち自身に適用させる，いかなる手だても手段もわたしたちに与えられていなければ，どのようにして，わたしたちの贖い，わたしたちの救い，そしてはるかかなたにあるわたしたちの（永遠の）命を見出せることができたでしょう？ 病気の人が薬局で薬を目にしたとて，それが病気に効かなければ，それは何の役に立つのでしょう？ ですから，わたしたちの贖いと救いというこの御業が完全かつ自由に成し遂げられるのには，神が御自身の独り子をわたしたちのために十字架の死へと引き渡されたのと同じくらい自由に，それほどまでいとも自由に，神はこの方法と手段とを見出し，そしてわたしたちにこの御手を伸べてくださり，そうすることでわたしたちはキリストを確保することになり，こうしてキリストをわたしたちの魂に適合することになるのです．

　そこで結論を言えば，この手段こそが信仰なのです．信仰のほかに，わたしたちが，それによってキリストをわたしたちの魂に適合することができる手段も方法も，神の聖書のなかにはありません．ですから，信

仰は推賞しても推賞しきれません．どうか信仰に立ち帰ってください．そうすれば，信仰があなたがたを神へと向き変えさせるでしょう．そしてそれがあなたがたを神と一つに結び合わせ，かくして信仰があなたがたの行動のすべてを十分に神のお喜びに適うものにします．

ソラ・フィデイ —— 信仰によってのみ

わたしたちがおこなうよろしくない行為があり，この世界の面前でそれがどのように好ましく映るかはともかく，もし行為が信仰においてなされなければ，それは神の御前で嫌悪感をひき起こし，さらには，わたしたちへの断罪を促すものとなります．もしわたしたちに信仰があるならば，すべての神の被造物はわたしたちに微笑みかけずにはいられません．被造物は，一致団結して，わたしたちの救いの御業を相働かないではいられません．その一方で，もしわたしたちに信仰が欠如していれば，すべての神の被造物はわたしたちに仇なすものとなり，そして，わたしたちの弾劾のために一致団結することでしょう．信仰が，わたしたちを天にいます神と結びつけ，そしてわたしたちを天上のものとします．この素晴らしい信仰は，神がわたしたちに与えてくださる賜物や恵みのすべてと融合しているので，信仰がなければ，地上におけるどんな富もわたしの魂には何の価値もありません．そして，この世の科学や知識，知恵のすべてを身につけることも，信仰がなければ，いったい何の役に立つでしょう？ なぜなら，悪魔はこの知識のすべてを身につけておきながら，少しも善良にならないからです．君主国家や国々のすべてを統治するためにわたしの役に立つもの，地上のあらゆる富を所有するのに役立つもの，それらの一切がわたしの魂に何か役立つことができるのでしょうか？ できはしません．もしわたしに信仰がなければ，わたしに不利な事例を立証するばかりです．ですから，信仰がなければ，神の至福や賜物はすべて何にも役立たず，ただわたしたちの惨めさを促進するばかりです．

信仰がなければ，神の賜物と恵みのすべてが損なわれます．信仰だけがあなたがたに神の恩恵と恵みを正しく適合させ，信仰だけがこの生涯の今ここで求められ，保たれ，発揮されるべきです．もし信仰があるならば，その他の神の恵みすべてがあなたがたにとって有益となります．なぜなら，この宝石はそれらすべてを秩序のうちに保ち，そしてそれらすべてを実りあるものとするからです．その一方で，信仰がなければ，この地上にあるあらゆるものがあなたがたを被告人と訴えるだけでしょう．

　次に，どのように信仰がわたしたちの魂のうちに創造されるのかについて述べたいと思います．ヨハネによる福音書6章44節でわたしたちの主が「私をお遣わしになった父が引き寄せてくださらなければ，誰も私のもとに来ることはできない」と言われたことに基づいて，わたしは論じていきます．これらの言葉のなかで，もし不本意からではなく，わたしたちが父なる神によって喜んで創造されており，その上で，わたしたちが強引にでも引き寄せられ，強制されることがなければ，誰も神の御子のもとに来ることはできない，とわたしたちははっきりと理解します．神の霊が必ずわたしたちを引き寄せて，先導してわたしたちを神の御前へと喜んで連れて来させるのはなぜなでしょう？　なぜなら，わたしたちは生まれながらに罪や不義に刺し貫かれ，損傷を被っているだけでなく，使徒が示しているように，わたしたちは「過ちと罪とのために死んだ者である」（エフェソの信徒への手紙2：1）からです．さらには，生来の命におけるいかなる死体もどんなに空しいことかわかってください —— わたしたちがこの生涯で熱望する神の命，つまり天上の命，そして霊的な命におけるわたしたちの魂が（たとえ，魂が自然の命をもって生きていても），神の霊が引き寄せる，つまり，わたしたちの心と魂を生き返らせてくださるそのときに至るまで，どんなに空しいことかわかってください．これは「引き寄せる」によってわたしたちが共通に意味していることではありません．それは寧ろ，死んだ何かを，霊の命が欠如

した何かを「生き返らせること」です．ですから，神の霊がわたしたちを引き寄せなければ，つまり，霊的で天上の命でわたしたちを生き返らせることがなければ，わたしたちは天には行けませんし，しかも，もし神がはじめられた命を神御自身が養ってくださらなければ，わたしたちは生き続けられません．そこで，神の霊がわたしたちを引き寄せると言われているのですから，わたしたちのうちでこの命は始められ，そしてその同じ霊によってわたしたちのうちにこの命は保たれ，養われていきます．すなわち，聖霊による引き寄せによって，わたしたちの魂は生き返らされるのです．ですが，霊の引き寄せによって，わたしたちの魂のうちに信仰が創造され，錬成されて，そうしてわたしたちを新しい被造物へと造り変えてくださるということをこそ知るのみです．

わたしたちの内側での霊の働きの秩序

(1) 次に，わたしたちを引き寄せることにおいて，そしてわたしたちの魂のうちにこの信仰を創造し，錬成されることにおいて，聖霊がどのような秩序を保たれるのか，理解していきましょう．第一に，わたしは魂を，それがふだんから区分される二つの部分，つまり心と精神に区分します．わたしたちの精神は，闇のなかで暗く鈍らされ，その上本性的に目が閉ざされていて，そこには空しさと過ち以外に何もないため，わたしたちは消え去るのみで，どんな善い目的のもとに保たれることもできません．そのとき，神の霊は何をされるのでしょう？①神の霊がされる最初の働きは精神のうちに秩序をもたらすことです．つまり，神の霊は，生来的に精神のうちに潜む闇を消し去り，虚無と無知を払い除け，そしてこの闇の代わりに，神の霊は，天来の神聖な光を，イエス・キリストにだけ内在する光をもたらします．こうして，霊は霧と闇の雲を払い除け，精神のうちに光を差し込まれます．そして，霊はこの光で何をなさるのでしょう？②わたしたちがこのうちなる光を得，そして聖化された理解を得た途端に，世界の創造者なる神としてだけでなく，その

御子なるイエス・キリストにおいてわたしたちを贖ってくださった贖い主なる神として，霊はわたしたちに神をわかるようにしてくださいます．

　次に，わたしがこの光を得る前は，わたしの心と精神は何をどうしていたのでしょう？　わたし自身も経験していますが，この光が入ってくる以前の心と精神がどのような状態なのかは，誰もが経験しています．精神は闇に覆われ，心は頑迷となり，それらは結託して共謀を企み，神に代わって偶像を —— 目には見えないうちなる偶像を —— 築きあげようとします．ここでわたしはどのような偶像に祈りを献げるのでしょう？　疑うまでもなく，何らかの世俗的な，あるいは肉欲的な性向やその他のものが，あなたがたの心の玉座に祀り上げられ，しかも，この偶像に，自らの心と精神，魂と肉体，そのすべてを献げ，その結果，本来なら神のみに献げられるべきはずの魂と身体の献身が，あなたがたの心のうちに，つまり神の場所に，最も至高なるお方に成り代わって設けられた，偶像に献げられてしまうのです．そして，あなたがたは，これまで生ける神を礼拝してきたよりもはるかに勝って，この偶像を礼拝することに夢中になってしまいます．実際，この偶像が取り除かれなければ，またこの偶像に仕えさせるこの暗愚が取り除かれなければ，あなたがたは，あれやこれやの肉欲の奉仕者以外の何者でもありません．そして，生ける神を礼拝するために聖別されたはずの魂は，何かしらの嗜好や何か他のもののために，何らかの世俗的なものやあなたがた自身の肉欲のために使役されます．

　ところがかつて，わたしたちは夜と闇の子どもたちでしたが，しかし今や，魂のうちにキリストに由来する天上の光のいくばくかのきらめきをもたらしてくださったときから，主がわたしたちの生来の精神と知性の雲々を追い散らし，そして闇に覆われた魂から濃い霧を払い除けてくださり，③今や，キリストはわたしたちを，主にある光，すなわち光の子ども，昼の子どもにしてくださいました．こうして，生ける神以外の，この世にあるすべてのものは，空しいもの，人を騙す誘惑者，束の間の

影，浮き漂いたちどころに過ぎゆくものであることがわかり，こうして，わたしたちは自らの心と精神が不断に悪に設定されていることに気づかされます．そのとき，わたしたちはその偶像を嫌悪するようになり，そしてただ神にのみ仕えることを追求するようになるのです．

　次に，もし主が御自身の慈愛と善において，わたしたちのうちにこの光をもたらしてくださらなければ，さらに，もしわたしたちが少しでもこの光のかすかなきらめきを得られなければ，わたしたちは自らの空しさに決して気づくこともできず，ましてや神のことがわかるようになることもありません．すなわち，これが聖霊の最初の働きです．霊は闇と過ちを払い除け，そしてわたしたちの精神のうちに光を差し入れてくださいます．次に，聖霊のこの最初の働きは，聖書では信仰の名において頻繁に言い表されています．なぜなら，心と同様に，精神はそれ自体の本性に従って，それ自体の是認と信念を具えているからです．またそれゆえに，精神がこの光によって照らし出され，整頓された時，その精神の是認と知識は信仰とよばれます．使徒たちや福音書記者たちがこの信念を信仰の名でよぶのは，あなたがたが神へと向け，また神が遣わしてくださったイエス・キリストへと向けられる眼差しを得た途端に神を仰ぎ見，そして神に近づく手だてを得た途端に，たとえそれが精神のうちにただあるだけであっても，その手だては信仰とよばれるからです．

　(2)　しかし，わたしたちはここで終わらせるわけにはいきません．もし信仰が精神よりもさらに前進していかなければ，それはもはや，わたしたちが追い求めている信仰ではありません．なぜなら，わたしたちを義とし，わたしたちに善を働かせる信仰は，精神と同じように，心をも開かずにはいません．つまり，信仰は心から偶像や嗜好を追い払い，そして払い除けたその場所にイエス・キリストの玉座を設けなければならないからです．こうして，もし神の善なる霊が精神よりもさらに前進しなければ，そしてわたしたちの精神からだけでなく，心からも偶像を払い除けなければ，わたしたちは，慈愛を乞い求めさせる義の信仰を得る

ことはできません．神の霊は精神を照らし出すだけでなく，この心を宥め，あなたがたの本性を変革するものでなければなりません．しかも，あなたがたの本性が邪悪にして粗悪でありながらも，神の霊はそのような意志をも必ず造り変えてくださいます．そのためには，霊があなたがたの心の土台を改善しなければ，つまり，その土台を神の上に据え置くことによって，その所有者に豊富な成果を益々もたらさなければなりません．

　このことはわたしたちに何を教えているのでしょう？ これは，誠実な心を探し求めること，しかも，それを得るまで熱心に探し求めることを，あなたがたに教えています．その人を善への参与者とする手段を当人が得られなければ，すなわち，当人がどのようにして悪を忌避することができるかが示されなければ，何が善で何が悪かを知ることがいったい何の役に立つでしょうか？ これは，わたしにとって特別な益となるために，わたしが善の参与者になる手段が何も見つからないとき，わたしがただ遠くから眺めて，これはわたしにとっての善だとわかるだけでは，何の役にも立たない無駄な知識ではないでしょうか？ これはわたしにとっての悪だとわかりながら，もしわたしがそれをすれば自らを傷つけてしまいかねないと認識したにもかかわらず，まさにそのことを実行してしまうとき，その認識も何の役にも立たない知識ではないでしょうか？ ですから，神の霊はこの働きにおいて，これら二つを互いに結び合わせます．つまり，神の霊が精神を造り変えるとき，心も造り変え，あなたがたが善いとわかるそのことに参与させ，かつ悪を斥けさせます．

　これは，あることをあなたがたに明らかにするためだけでなく，実際にそれをあなたがたのものとするための，聖霊の第二の働きです．なぜなら，たとえもし精神がこれまでとても健全で，キリストがあなたがたのものであることを示し，これまでに何度もあなたがたにキリストを現してきたとしても，それにもかかわらず，もしあなたがたの心が造り変えられなければ，あなたがたの心のうちなる悪と邪な執着は，キリスト

よりもそれ自身を好み，またあなたがたもそれに同調することによって，あらゆるものを台無しにしてしまうことでしょう．ですから，わたしにとって自らの救いがわかっても，もしわたしにそれに参与する恵みが与えられていないとすれば，それは無益で愚かなことでしょう．悪がわかり，あなたがたを虜にする自らの罪がわかっても，もしあなたがたにそれらを忌避するための恵みが与えられていないとすれば，それは何に役に立つのでしょう？　そこで，聖霊の第二の働きは次のとおりとなります．つまり，霊は心のうちに入って来られると，心を治め，しかもはるかに素晴らしく造り変えてくださり，御心に従わせようとします．霊は，かつてはあなたがたが何かしらの偶像や自らが造り上げた他のものに注いできた感情を，いくばくかは生ける神に注がせるようにし，これまで頑迷だった感情を和らげてくださいます．したがって，神はその魂をあなたがたに仕えるべきものとして造られてはおらず，むしろ，精神だけは神に仕えるべく造られているのですから，精神が働く際には，心もその働きの一部を担っていなければ，魂全体が神にささげられることにはなりません．あなたがたの奉仕は，あなたがたが自らの精神だけでなく心も神にささげるとき，まさにそのときに限り，神に受け入れていただけるものとなります．

　すると，この問題は説明される必要のないほどに非常に明白ですが，あなたがたにもっと明らかにするために，同時に心の理解なくしては，精神の理解は不十分であることを実例で示したいと思います．わたしたちの肉体のために食べたり飲んだりするという身体上の事柄のなかには，二種類の理解があるはずです．つまりは，わたしたちの霊的な食べ物かつ飲み物であるイエス・キリストの体と血についても二種類の理解があります．物的な食べ物や飲み物には，視覚と味覚による，一つの理解があります．つまり，食卓の上に食べ物があなたがたの目の前にあるとき，その目はそれを見て，食べ物と見分け，認識します．さらに，目だけでなく味覚も，その食べ物の味を識別し，味わいます．これが第一

の理解とよばれます.

　すると, ここから第二の理解が生じてきます. あなたがたがその食べ物を咀嚼し, 飲み込み, そして, それが栄養素へと分解され, 摂取される胃袋まで運ばれた後, そのとき, その胃袋において, あなたがたは第二の理解を得ます. しかし, もしその食べ物を受けつけず, 味わいもしなければ, 第二の理解は生じません. なぜなら, それを吐き出すか, あるいはそれを受け入れないからです. あなたがたはもっと好みの食べ物の方を好んで食します. 好きではない食べ物は決して胃袋の中に入って来ないのですから, それがあなたがたの栄養分になることは決してありません. なぜなら, それだけが, わたしたちのこの身の糧において身体に栄養分をもたらす食べ物の第二の理解だからです. ですから, もしあなたがたがこの食べ物を咀嚼し, それを飲み込まなければ, それは栄養になりません. わたしたちの体を養うことは第二の理解によるのみです.

　この筋道を比較すれば, この事例は霊的な事柄ととてもよく似ています. わたしたちの魂と良心の命であり, また糧であるイエス・キリストの聖餐に関しては二とおりの理解があるはずです. ①第一に, 精神の目によるもの, つまりわたしたちの知識や理解によるものです. つまり, 外的な光によってその肉眼が（外的な事物を）識別するように, それと同じように, 精神の目が内的に新たにされた理解力をもって（霊的な物事を）識別することによって, わたしたちはキリストをめぐる第一の理解を得ます. すると, もしこのキリストをめぐる第一の理解にわたしたちが十分に満たされると, そのとき, 次のことが生じてきます. ②その時, わたしたちは自らの心の情熱をキリストへ注ぐようになり, わたしたちはキリストへと向かう善良な意志をもつようになります. なぜなら, わたしたちの情熱のすべてが自分たちの意志によってひき起こされるからであり, わたしたちの情熱が新たにされ, 聖なるものとされたとき, わたしたちはその情熱のすべてをキリストに注ぐようになるからです. わたしたちはキリストを愛します. そしてもしキリストを愛するのなら,

わたしたちはキリストを堅守し，キリストを食し，そしてキリストを養分とし，そのようにして，わたしたちは自らの魂にキリストを充足して，こうして，わたしたちがキリストを愛し，切望することから，キリストをめぐるわたしたちの第二の理解が生じてきます．

　しかし，もしわたしたちにキリストに向ける意志が何もなければ，さらにもしわたしたちにキリストへの愛も切望もなければ，わたしたちはどうなるでしょう？　わたしたちはキリストを拒み，そしてキリストよりも自らの偶像や自らの情熱に仕えることを好みます．そして第二の理解が生じることはありません．わたしたちはキリストを摂取することはありえず，それに，もしわたしたちがキリストを摂取しなければ，わたしたちのうちで霊的な命が育まれることはありえません．なぜなら，あなたがたの目がその身体に示す奉仕は，知識や理解が魂に示すものと同じであり，そして，手や口，味覚や胃袋が身体に示す奉仕は，心と情熱が魂に示す奉仕と同じだからです．ですから，わたしたちが手で取り，口で食べなければ，わたしたちの身体が養われることはありえないのと同じように，そこから第二の理解がひき起こされるためには，わたしたちがキリストを手に取り，そして意志と情熱によって心からキリストにあずからなければ，わたしたちの魂がキリストに養われることなどありえません．なぜなら，ただ内的な動作や心の理解によらなければ，わたしたちの体のどんな外的な動作によっても，わたしたちはキリストのもとに来ることにはならないからです．なぜなら，神は，わたしたちのすべてが永劫の刑罰を受ける状態にあるのをご覧になり，わたしたちの魂の情熱を改革することをとおして，わたしたちがキリストを愛する者へと改革してくださることによって，わたしたちをキリストのもとへ連れてきてくださるからです．ですから，その目だけでなく意志や情熱にもキリストが気に留めてくださらなければ，わたしたちがそれによって自らの救い主を切望するという第二の理解がわたしたちの魂のうちに生じることなど決してありません．そうであれば，もしわたしたちの意志や

情熱がキリストに全傾注するようなことが起きるなら、そのとき、間違いなく、わたしたちは信仰というこの宝石を得たことになります。あなたがたは、この世にあるすべてのものを前にして、キリストへと全傾注する、そのような熱心が自分たちの精神のうちにあるでしょうか、自らの心のうちにキリストへと向けられるそのような愛があるでしょうか？あるのならば、間違いなく信仰はあなたがたのうちに始まっています。

(3) さて、ある事柄が始められると、更なることが求められます。なぜなら、あなたがたの精神のうちに、また心と魂のうちにこの信仰が形作られ始めると、それだけでは十分とはなりません。つまり、形作られたものは育まれていかなければなりません。宿られたキリストは養われ、育まれなければなりませんでした。こうして、聖霊によってわたしのうちに始められた愛は、日々、日常的に養育されて成長しなければ、衰弱していくだけでしょう。主が御自身の聖霊の働きをとおしてわたしをキリストのもとに引き寄せ続けていてくださらなければ、わたしは信仰を保ち続けることができません。

わたしたちの魂のうちにある信仰をどのように養育し、保ったらよいのでしょう？①第一に、御言葉、すなわち、すべての言葉ではなくとも説教された神の言葉を聞くことによって、そして、すべての人の声を聞くことによってではなく遣わされたお方によって説教された御言葉を聞くことによって、わたしたちは自らの魂のうちに始められた信仰を育まなければなりません。なぜなら、これがそれによって主が御自身を結びつけた通常の手段であり、御言葉を聞くこと、そして、②サクラメントにあずかることをとおして、主は信仰を働かされます。そして、あなたがたが御言葉を聞けば聞くほど、ますますあなたがたはサクラメントに頻繁にあずかるようになり、ますます信仰が育まれます。ところが、わたしたちが信仰を育むのは、御言葉を聞くことやサクラメントにあずかることだけによるのではありません。御言葉とサクラメントは、それらのつとめと聖霊の働きが一つに結び合っていなければ、それ自体でわ

たしたちのうちなるこの信仰を育むことはできません．しかし，御言葉とサクラメントがわたしたちの魂のうちなる信仰を育むと言われるのは，わたしたちの魂の糧であり，飲み物であり，そして命であるキリストを，それらがわたしたちに提供し，表示するからです．わたしたちは，御言葉とサクラメントにおいて，わたしたちの魂の糧であるキリストにあずかるからこそ，御言葉とサクラメントはわたしたちの魂を育む，と言われるのです．こうして，キリストの弟子たちについて，「一同はひたすら，使徒たちの教えを守り，交わりをなし，パンを裂き，祈りをしていた」（使徒言行録2：42）と言われているのです．このようにして，彼らは自らのうちではじめられた信仰を保持し，養育し，成長していきました．こうして，御言葉を聞くことをとおして，またサクラメントにあずかることをとおして，聖霊は，この信仰をもたらし，創出し，働かせ，そしてわたしたちの魂のうちでそれを養育し，成長させてくださいます．これらが，主がわたしたちを育み，わたしたちに霊的な糧を与え続ける常套手段です．ですから，わたしたちの身体的な生命が，その始まりと同様の手段で養育されて成長するのと同じように，霊的な命も，その始まりと同様の手段で養育され，成長します．

　ですから，こうした手段により聖霊がわたしたちの魂のうちに信仰の働きを創出してくださることを理解しながら，聖霊が御自身で始められた働きを継続してくださいと祈ることは，わたしたちの義務です．そのために，御言葉が説教されるときはそれを聞き，そしてサクラメントが執行されるときはこれにあずかり，そのようにして，わたしたちは自らの魂のうちに永遠の命を与える糧を得ることをわたしたちは頼みとすべきなのです．しかし，何ということか！わたしたちはこの神聖な糧を嫌悪し，蔑ろにし，拒むといった状態に陥り，この国（スコットランド）には当初，ある人は20マイルもの道のりをかけて，またある人は40マイルの道のりをかけて御言葉を聞くために来ていた人たちがいましたが，今や自分の家から教会に集い，御言葉を聞くことに一時間を費やそ

うとする人はほとんどいなくなり，むしろ家に居座っているではありませんか．そこでわたしが申しあげたいのは，人は裕福になりすぎてしまうと，その頭の向きを変えてしまい，おびただしい数のこの御言葉に嫌悪すら抱くようになり，こうして，当初は彼らがそうしたいと望んでいた御言葉を聞くことへの渇望や欲求を見出すことはほとんどなくなっています．そして，貴族階級の人たちに関しても，彼らは自分たちを責め，誤りを悟らせるようなことを聞くことに耐えられないため，もはや御言葉を聞きたいとはまったく思わなくなっています．ですから，彼らは御言葉から逃げ出してしまうのですが，そうすべきではありません．彼らはキリストやキリストの御言葉を避けるべきではありません．むしろ，彼らは御言葉に聞き，そして御言葉が彼らを責めるときには，彼らはさらに自らを責めるべきであって，そうすることで彼らは自らの罪を告白するようになり，そのことによって，神の慈愛を得るでしょう．

　ですから，キリストがあなたがたを咎めるとき，あなたがたはキリストから逃げ出すべきではありません．むしろ，キリストのもとへと近づき，キリストとの親密な関係や相続権に訴えるべきです．また，そうすることで，これまで同様，キリストの御国へと押し入り，強引にでもその中に入るべきです．罪があなたがたに触れるとき，そしてキリストがあなたがたを咎めるとき，キリストから逃げることが取るべき手段ではありません．違います．あなたがたはキリストへと向き帰るべきです．あなたがたは自らの罪を告白し，「ペケイバイ（懺悔）」（わたしは罪を犯しました）と嘆き，憐れみを乞い求めるべきです．そして，あなたがたが慈愛にあずかった後，この御言葉はあなたがたにとって喜びとなり，そして，かつてはそこから逃げ出したときと同じように，今度はあなたがたがそれを聞こうと馳せ参じるときに，この御言葉を至福の歓喜として受け取るでしょう．しかし，何ということか！わたしたちの嫌悪と侮蔑はあまりにも肥大化しているため，今わたしたちに非常に豊かに注がれている主の慈愛と恵みに対するこの大きな侮蔑によって，それ

だけの原因で，わたしたちは主の憩いのうちには入れない，と主はそう結審されたと堅く信じるまでに到達しています．わたしたちの父祖たち，イスラエルの人びとに関して，彼らが生きていた当時としては，キリストの受肉からはるか隔たっていたため，福音はおぼろにしか語られず —— それというのも，その受肉から隔たれば隔たるほど，御言葉を語ることは，暗幕と影に覆われて不明瞭にならざるをえなかったため —— 福音を軽んじたのに対し，それでも神は父祖たちに対処するのと違った対応をとることはなされません．それにもかかわらず，説教される福音を聞いたものの，それを信じなかった父祖たちは皆，ただ二人を除いて，荒野で滅ぼされました．それは，かつてあなたがたがこの場所で聞いたことです．もし彼らが光をあまりにも暗くした咎によって滅ぼされたのなら，今や福音の説教においてはっきりと高く掲げられ，非常に鮮明に光り輝いている義の太陽に対する侮辱行為によって，彼らの子孫であるあなたがたはなおさら，滅ぼされないはずがありません．つまり，主がその慈愛において，あなたがたより先手を打ってくださらなければならない，そして，主の裁きに先行して熱心に探し求められることがなければならない，しかも，注がれている恵みを自ら目で見，感得することをとおして，内的な感覚と理解をあなたがたが探し求めることがなければならない，ということです．悔い改めによって主があなたがたの心を聖化し，あなたがたが自らの罪を悔い改め，そしていついかなるときも，誠実で敬虔な生き方へと導いてくださるよう，体も魂も主の日に救われるよう，くり返し祈ってください．主があなたがたの魂のうちでこの悔い改めを働かせ，あなたがたが主の慈愛を探し求められますように．そして，慈愛を探し求めることにおいて，それを得ることができますように．そして，どうか慈愛においてキリストの義の恵みに浴するために，キリストに堅く依り頼めますように．父と聖霊と共にいますお方に，すべての栄誉と讃美，そして栄光が，今もこれからもとこしえにありますように．アーメン

5　主の晩餐への備え㈡

人は自分を吟味したうえで，そのパンを食べ，その杯から飲むべきです．
コリントの信徒への手紙一 11 章 28 節

　わたしたちが吟味し，しかるべき審査をすべきであるとの教えのなかで，あなたがたも聞いてきたとおり，イエス・キリストを心から愛した使徒は，わたしたちに，わたしたちの誰もが自らを厳しく審査し，吟味すべきであると指示し，つまりは，すべての人が謙遜に自らの良心の内側に踏み入って，神と自らの隣人との関係において，それがどのような状態になっているのかを知るために，それを綿密に調べるべきである，との特別な命令を与えました．使徒はわたしたちに向けて審査を指示し，そしてわたしたち皆に対して，痛みをもって自らの良心を真摯に吟味するよう命じます．それはなぜでしょう？ なぜなら，自分で自分のことを知っている以上に，自分のことを知る人は一人もいないから，つまり，自分以外，誰一人，自らの良心の状態について知りえないからであり，自分自身が審査するのと同じくらいに正確かつ明確に自らの良心を審査できる人は誰もいないからです．ですから，男も女もすべての人が，自らが御言葉に聞くために進み出，御言葉に耳を傾ける前に，あるいはサクラメントにあずかる前に，自らの良心を審査し，吟味すべきことは，何にもまして重要なことです．使徒は他者をこの試みから除外しようと考えているのではありません．なぜなら，自分で自分を審査することがまったく正当であるのと同様に，疑いようもなく，わたしの牧師がわたしを審査することは正当です．わたしを牧会的に配慮する他者が，

わたしを審査し，吟味することは正当です．しかし，これをわたしに対してそのように適切にできる人は自分以外に誰もいません．それに，たとえわたしたちにこれまで大勢の審査員や検証者がいても，わたしたちが自らを審査しなければ，すべて台無しです．第二，第三の審査員がいてもいなくても，わたしたち銘々が一人の，そして第一の審査員でなければなりません．間違いなく，使徒が意図していることは，自らを審査する知識も能力もないままこの食卓に進み出る人は神聖を汚す陪餐者であり，ふさわしくないまま進み出ていることを，わたしたちにはっきりと教えることです．その者は自らの裁きを招くほかありません．ですから，すべての人は知識において，理解において，そして聖霊において成長していきましょう．そうすることで，各人はよりいっそう自らの良心を審査し，吟味することができるようになるでしょう．

あなたがたがこの吟味の作業において，よりよい速さ，よりよい成果を伴って前進し，前に向かっていくために，わたしたちはこの審査のために以下のような順序立てをしてみました．第一に，わたしたちが良心とよぶものが何か，またそれによって何が意味されているのかを示しました．第二に，わたしはこの審査や厳密な吟味のために自らの良心を対象とすべきその理由を示しました．そして，第三に，時間が許される限りでしたが，誰もが自らの良心を審査し，吟味すべき諸々の点について言及しました．良心に関して，もう一度その定義を思い出してください．わたしたちは良心を，神の義の裁きに似た心のうちのある特定の感覚，すなわち，わたしたちによってなされた行為に伴うもの，また精神のうちの知識に由来する，恐れや喜び，怒りや歓喜といった心のうちの動きに従う感覚，とよびます．わたしはこれらの点について明らかにしたことが，あなたがたの記憶に留まり，かつそれらがよく実践されるよう，神に祈ります．

次にわたしが取り上げるのは，誰もが自らの良心を審査し，吟味することに十分注意を払うべき理由です．第一に，わたしが幾つかの異なる

聖句によって明らかにしたように、神の御目は人間の良心と心から決して眼を離すことがないため、天にいます主には常にその良心に注ぐ御目があるからです。第二に、この神が良心のうちに御自身の住まいを選ばれ、御自身の玉座を構え、御自身の住まいとされたからです。そのため、神は清潔なところに住まわれるので、神が住まれる場所に関心を払わなければなりません。第三に、神は主であり、実にあなたがたの良心の唯一の主であって、ただこのお方だけに、支配し、救い、かつ遺棄する力があります。したがって、あなたがた自身の主に対して良心が良き奉仕をするためにこそ、自らの良心に注意を傾けるべきです。そして最後に、あなたがた自身の魂の健全さはその良心の状態に基づいているため、もし魂が健全な状態なら、あなたがたの身体は邪悪にはなりえず、魂も体も良心の状態に依拠しているため、誰もが自分の良心に目を注いでいなければなりません。わたしはこの点を詳述しませんが、魂の健全さと至福がいかに保たれるべきかを思い起こすべく、これをあなたがたの記憶に委ねます。

次に、わたしは、誰もが自分の良心を審査し、吟味すべき第三にして、最後のポイントに到達しました。あなたがたがご存じのとおり、わたしはあなたがたの良心を審査すべき二つの点について、つまり、第一に、あなたがたの良心が神と共なる平安にあるかどうかについて、第二に、あなたがたの良心が自らの隣人との、愛における友好の状態にあるかどうかについて、言及しました。この二点に関して、特にあなたがたは自らを審査し、吟味しなければなりません。あなたがたが神との平安の中にいるかどうかを知るためには、使徒が主張するとおり、まずは自分がキリストを信じる信仰に生きているかどうかを審査しなければなりません。なぜなら、もしあなたがたがその信仰に生きており、それによって義とされていれば、必然的に神と共なる平安があるはずです。ですから、あなたがたが次にすべきは、その信仰を審査することであり、自分に信仰があるかどうかを知ることです。信仰は、その成果によってのみ、審

査されえます。信仰は，その成果によってのみ，審査され，判断されえます。ですから，あなたがたが信仰に生きているかどうかを審査するためには，その成果に気を配り，あなたがたの口と手と行動に留意してください。なぜなら，あなたがたが自分の口で神をほめたたえ，自らの救いを告白することがなければ，さらに，自らのおこないにおいても神をほめたたえ，自らの聖なる生き方を自らの聖なる信仰の証しとしなければ，すべてはただ虚しく，ただの偽善にすぎないからです。

ですから，信仰の真相を知るためには，自らの手や口と自らの心の間に調和があるかを確認しなければなりません。あなたがたの自らのおこないと口が，自らの心に先行することなく，自らの口と手が共に自らの心の至誠を証明すべく，それらの間に相互的な一致があるかをよく確認しなければなりません。もし心と手と口が相互に調和し，一致していれば，疑うまでもなく，よい成果をもたらす心は神と一つに結び合わされています。したがって，あなたがたのおこないの光，人生の輝きが，あなたがたの神の御名をほめたたえるでしょう。

すると，わたしたちの審査のすべての重点が，そもそもわたしたちに信仰があるかどうか，信仰によってキリストがわたしたちのうちに宿っているかどうかを見極めることにかかっていることは明らかです。なぜなら，信仰がなければ，わたしたちとキリストとの一致や結合はありえず，信仰がなければ，わたしたちの心が聖化され，清められることもなく，そして，信仰がなければ，わたしたちは慈愛によって働くことができないからです。ですから，すべてのことがこのことだけにかかっています。そこで，あなたがたがよりよく理解するために，わたしはこの問題をもっと掘り下げ，そして，聖霊があなたがたの魂に，また心と精神のうちに，どのように信仰を創出するのかを明らかにしました。わたしは，聖霊があなたがたの心や精神に，この素晴らしい手段を形作り，創造する上で，どのような秩序を保たれるのか，つまり聖霊がどのように信仰を生じさせ，創始されるのかだけでなく，聖霊はどのように信仰を

養育し，成長させるのかについて明らかにしました．そして，このことのために聖霊が用いられる外的な手段や媒体についても明らかにしました．

わたしたちの魂のうちに信仰を生じさせる常套の手段ないし媒体として，遣わされた仕え人によって説教された御言葉を聞くこと，またサクラメントの執行を，聖霊は用いられます．聖霊が，外的にわたしたちの耳に鳴り響く御言葉と外的にあずかるサクラメントをわたしたちの心のなかで内的に重ね合わせるときにのみ，その結果が表れます．御言葉とサクラメントに聖霊の一致協働がなければ，御言葉もサクラメントも信仰を生み出すことはないでしょう．ですから，すべては聖霊の働きにかかっています．つまり人間の新生のすべて，心と良心の刷新のすべては，聖霊の力にかかっています．ですから，わたしたちは聖霊の力に注意を傾け，神御自身であられる聖霊を，神に呼び求める（祈る）必要があります．聖霊がわたしたちのうちに信仰を創始し，しかも，聖霊がすでに御自身で始めてくださったことを育み，増し加えるのは，この（祈りの）道筋によるほかありません．ですから，わたしたちが御言葉を聞くことによって信仰を得ていくに従って，しかも，何度もくり返し勤勉に聞き続けることによって，自らのうちにこの信仰が増し加えられ，育まれていきます．ここで，わたしは勧告を重ねて強調します．もしあなたがたが自らのうちに育まれた霊的な命を切望し，しかも，もしさらなる天の保証を得たいのであれば，祝福された神の言葉を継続的かつ勤勉に聞き続ける必要があります．

個人へのこの教えの適用

次に，あなたがた皆にとって，この教理を注意深く自らの魂に適用すること，またこの信仰があなたがたの心や精神のうちで始められているのかどうかを知るために，自らの良心を綿密に精査する課題がまだ残っています．そこで，わたしたちは，聖霊がどのくらい，またどの程度，

この働きを推し進めてくださっているのかを吟味していきましょう.

あなたがたの精神は変わったか？

あなたがたが信仰のうちにあるのかどうかを知るために自らの精神を審査することにとっての聖霊の第一の効果は, このようにしてわかります. つまり, あなたがたの記憶を呼び戻し, 思い返してみて, どのようなときに, 主がその御恵みをもって, あなたがたの精神の闇を光に変えることを喜びとされたか, つまり, あなたがたが生来そうだったものを見えなくさせている闇, あるいはキリストにおける神または神の慈愛のどの部分も見えなくさせているその闇を取り除くことを主御自身が喜びとされたことを, 思いめぐらせてください. わたしが言いたいのは, 聖霊の働きによって, 生来の理解を覆うこの闇が, 光へと変えられているかどうかを吟味していただきたいということなのです. もしあなたがたが光の子, 昼の子とされているのなら, もし使徒が言うような「主にある光」とされているのなら, もしあなたがたのうちで, かつては闇や無知の本性で閉ざされ, 空虚と過誤しかなかったものにある変化が生じているのなら, もし主がどんなときであれ, あなたがたが, 自らの惨めさや自らの本性の醜悪さ, また生まれながらに付きまとう憎むべき罪を, あなたがたの精神の目に光を照らして見えるようにしてくださっているのなら, もし各自に対する洞察力を主が与えてくださっているなら, もし救いの道筋やイエス・キリストにおける神の慈愛への洞察力を, 主がさらに与えてくださっているのなら, なおかつ, もしキリストにおける主の恵みの豊かさについて, あなたがたがそのような (霊的な) 視野を得ているのなら, そうであれば, 聖霊はあなたがたのうちに悔い改めをひき起こし, そして聖霊が御自身のよしとされるときに完成してくださる善き業を, すでに始めておられることは間違いありません. ですから, このことは, あなたがたが自らの惨めさを知り得る手段によって, そこに光があるかどうか, またキリストにある神の慈愛への洞察力があるか

どうかを見極めるために，あなたがたが関心を注がねばならない第一のことであり，自らの精神を吟味しなければならない第一の点です．

さらにあなたがたの心も改革されているのか，そして，あなたがたの意志は従順か？

　もしあなたがたが自らの精神のうちで上記の二点についてのビジョンを見出せるのなら，あなたがたの精神から心へと進みゆき，自らの精神を審査したように，次は自らの心も審査してください．そこで第一に，自らの心が大きく変えられ，改革されて，自らの意志が神への従順へと作り変えられて，神に従っているかどうかを知るため，また，かつては虚しさへと注がれ，不浄へと注がれ，この世のものへと注がれていたはずのその感情が，神の愛へと向きを変え，神に注がれるようになったかどうかを知るために，自らの心を吟味してください．あなたがたの動機や感情がそこから発生するその根拠，その源泉が聖化されているかどうかを見極めるために，自らの心を審査してください．なぜなら，聖なる水は聖なる泉から湧き溢れる，つまりは，聖なる泉から聖なる動機，聖なる考え，そして聖化された状態が溢れ出てくるに違いないからです．

　次に，神の霊が心のうちにそのような改革を起こしてくださっているのかどうかを知るために，自らの心を審査し，吟味してください．そして，あなたがたが（聖霊がおもにその住まいとしておられる）自らの良心と心のうちにおられる聖霊の働きをよりよく理解するために，聖霊が心のうちで形づくり，宥め，そして神への従順へと心服させることで結実させるその最初の成果について説明したいと思います．その成果をとおして，あなたがたは聖霊の働きを認めることができるようになります．つまり，もしあなたがたの精神が，何が良いことであるのかを理解し，それに目を注ぐならば，また，自らの惨めさやあなたがたを虜にする罪に気がついてそれを注視するならば，さらには，もしキリストにおける神の慈愛の豊かさを理解し，注視するのならば，もしあなたの精神がこ

の二つのことを会得して，あなたがたの心が革新されて，キリストにおける神の恵みを仰ぐようにそなえられたならば，またさらには，もしあなたがたに慈愛を切望する心があり，その慈愛に参与しようとの渇望や熱い要望があるならば，こうした希求や渇望があるところに聖霊はいてくださり，そして聖霊は間違いなくあなたがたの心を打ち開いています．さらには，もしあなたがたが神の慈愛を理解するとともに，自らの惨めさも自覚するなら，自らの精神が自らの惨めさに気づくとともにその惨めさを溢れ出す源泉，つまり，自らの罪の由来がわかったならば，さらには，あなたがたの心がそれを憎むなら，そのとき，聖霊は間違いなくそこに臨在します．そして，もしあなたがたがそれを憎み，さらにそれを悲しみ，しかも，その悲しみが神聖な悲嘆であるのなら（なぜなら，もしあなたがたが罪を犯すことに嘆かなければ，ただ罪を憎むだけでは不十分であるから），聖霊はそこに臨在されます．そしてさらに，もしあなたがたが嘆きをもって，そうした罪を斥けることに注意を払い，かつそのことに熱心であるなら（もしその吐しゃ物のところに舞い戻る犬のように，あなたがたが再び同じ落とし穴に落ちるならば，嘆いたところで，それが何の役に立つでしょう？），そのとき，聖霊はそこに臨在されます．ですから，罪への憎しみと嘆きがあるところならどこでも，罪を避けようとする配慮や決意のあるところならどこでも，間違いなく，聖霊はあなたがたの心を開き，あの素晴らしい手段（である信仰）を働かせてくださいます．

　自らの心を吟味してください．そうすれば，聖霊のこの働きすべてによって，あなたがたのそうした頑なな心のうちに熱心で勤勉な願望を生み出すため，そして，あなたが背反してきた偉大な神との不断の和解が与えられるよう，慎重な心配りを生み出すために，聖霊があなたがたのうちにいかに深く入り込まれているかに気づき，理解してください．自らの幾多の背きによって逆らってきた天上の神と親しくありたいという渇望や宿願が，あなたがたにあるでしょうか？　神との和解に向けた熱心な宿願と渇望が心のうちにあるのなら，その心は間違いなく，罪を放

棄し，あなたがたを神から引き裂いた不敬な行為のすべてをも放棄しようとするだけでなく，もしこの渇望をもって耐え忍ぶなら，その心は確実にそれ自体を否認し，さらにはかつては頑迷だった心も全能の神の足もとにひれ伏し，神の聖なる御心によって永遠に治められることにすっかり満足するでしょう．心は，かつてはそうしていたはずの，それ自体の欲望，それ自体の意志や肉欲に従うことを拒むようになるでしょう．あるいは，心は，神の御心に支配されるため，また神の御命令に従うために，全能の神の御手のうちに自らをすっかり委ねるでしょう．そして，あなたがたが自らを放棄し，捨て去るために，自らの心のうちでこうした本心に気づかなければ，あなたがたが神との和解を渇望しているといくら主張しても，それは空しいことです．ですから，自らの和解への渇望が強ければ強いほど，自らの願望が成長すればするほど，さらに，自らの惨めさ，自らの魂が隷属する深い深淵と地獄の理解が自分の魂のうちで増し加えられれば加えられるほど，ますます神と和解したいとの思いは募っていきます．和解させていただくためには，わたしは何ら躊躇せず自らの心の肉欲を放棄するでしょう．わたしは自らの心そのものを放棄し，自らの意志や願望への服従すら放棄するでしょう．なぜなら，主が御自身の慈しみにおいてわたしと和解してくださらなければ，わたしは自ら永遠に死ななければならないことがわかっており，最終的にまったき惨めさの広大な深淵と大海に呑み込まれてしまうことがわかっているからです．こうした深淵と悲惨から逃れるために，それらを自覚し，それらに動かされているこの心がそれ自体を何よりも喜んで放棄することに，何の疑いがあるでしょうか？

　そしてさらに，わたしが呑み込まれていたはずのこのような惨めさからわたしを救い出すために，主が骨を折って労苦してくださり，そしてわたしの身代を，非常に高い値で，金や銀によってではなく，またこの世の屑みたいなものによってでもなく，実に高価な値打ちで，そして高額な賠償金によって，素晴らしいしかたで買い取ってくださったのです

から、わたしたちが自らの惨めさのそのあまりの酷さに目を留め、そして主がわたしたちを贖ってくださったその値打ちの絶大さに目を留めるとき、わたしたちは神と和解させられなければならず、わたしたちが呑み込まれ、しかも、わたしたちがそのなかにいて、その後ますます巨大化していく地獄から救い出されるための贖いにあずかるためには、心にはそれ自体を喜んで放棄すること以外にほかの手立てがあるでしょう？ですから、これを選択したときには、その心のうちでは、適度に喜んでそれ自体を放棄しようとする本心が心に加わります。この教えが、キリストによって、御自身の福音書において、わたしたちに教えられています。つまり、わたしたちは、わたしたちがキリストに従う前に、自らを捨てて十字架を背負わなければなりません。心のうちでこの渇望が成長すればするほど、ますますこの自己改革も大きく成長します。その一方で、心のうちでこの渇望が衰退し、縮小すればするほど、ますますわたしたちはこの世に、また肉なるものに執着し、わたしたちはそれらに支配され、誘導されていきます。ですから、わたしたちは永遠の命への熱望、慈愛への渇き、キリストのうちにある義への渇望のどれも育まなければならず、そうしなければ、どんな手段をもってしても、わたしたちはキリストの弟子になることはできないでしょう。

平安と天国の予兆

　先に進みます。このようにして整えられた心、つまり神との和解への思いが募り、自らを放棄する準備が整った心は、決してその期待が挫かれることも、失望させられることもありません。しかし、主が心のうちに、和解されたい、キリストを得たいと願う熱心な願望を刻印してくださっているため、探し求めるその慈愛を、イエス・キリスト御自身を、適度に心に与えてくださいます。キリストが心に与えてくださる平安のうちにあって、その心は間違いなくこのキリストの獲得ないしは取得を実感します。こうして、かつては恐怖心でいっぱいで、極度に悩み、混乱し

ていた良心は，そこにこの平安が満ちあふれ，しかも御自身の恵みを伴ってキリストが入って来てくださることで，直ちに静められ，宥められます．静けさや健やかさが心のうちに染み入り，諸々の煩いや騒乱のすべてが取り除かれます．

　この平安とともに，来るべき世の力の味わいがそこに加わります．心は，キリストのうちにある甘美を，つまり，その命のうちで魂と体が溶け込んでいくあの十全かつ完全な喜びの予兆にすぎないとはいえ，その永遠の命のうちにある喜びを味わいます．あなたがたもご存じのとおり，手付金［前もって支払う保証金］は全額の一部でなければならないだけでなく，その同類の前金に違いありません．ですから，喜びに関するこの手付金は，わたしたちがその全額を受け取る際に，それが驚くばかりの喜びとなることを保証します．これらの担保は，心を高めるとともに，永遠の命を期待することに心を倦ませたり弛んだりさせることはありません．それらは，手付金の頻繁な支払いの度毎に，折にふれてわたしたちをリフレッシュし続け，それによって，わたしたちが忍耐しながらもどんな困難にも耐えられるだけの，その喜びの十分な実現をわたしたちに保証します．ですから，聖霊がわたしたちのうちにキリストへの渇望，慈愛とキリストとの和解への渇望を起こさせるため，同一の聖霊がその期待を失望させず，むしろ，魂と心にキリストを与えます．こうして，良心は宥められ，心は喜びに溢れ，そうして，わたしたちは来るべき命のその力とその甘美を味わうことになるのです．

　すべての知解を超えた，この味わいに関する明確な感性とは何でしょうか，またそれがわたしの心と良心のうちで何を生じさせるのでしょうか？　それは，神はわたしを愛してくださっている，という素晴らしい保証と確信を生じさせます．わたしの心の奥深くで，良心の根底において感得する神の慈愛の感性は，神はわたしの神であり，キリストのゆえに神がわたしを救ってくださるという確実な保証と確信を生じさせ，そしてかつてはわたしの命に向けられた慈愛の約束を，自らの良心に大胆

に活かすことはしてきませんでしたが、今や神の慈愛を感得したことにより、わたしは思い切って大胆に活かして、そしてこう言います。「慈愛がわたしのものに、命と救いがわたしのものになった！」と．

信仰そして慈愛の確証は成長する

　良心が酷い恐怖心で覆われ、神のうちに烈火のごとき責苦と憤怒のほかに何も見えないとき、良心は神から逃れようとするほかありません．焼き尽くす炎には近づけません．しかし、良心がこの平安、慈愛、そして優美な味わいを得たときから、かつては神からできるだけ早く逃れようとしてきたものが、この和解の後には、良心は今や神のもとへと駆け寄り、そして神ともっと十分に近しくされたいと望みます．こうして、慈愛の確証および確信は、心と良心のうちで慈愛を感得することから生起します．心がなんとか実際にそれを感得し、味得しなければ、わたしは神と神の慈愛を自らにあえて応用しないでしょうし、わたしの良心も何としてでもそうしようとはなりません．一般的に、わたしがそれを感得することに先立って、自らの罪のすべては赦されていることや、わたしが慈愛を得ていることを確信しているかと思います．しかし、わたしがその味わいを実感しない限り、わたしはこの慈愛を、とりわけこの自分自身に対してどうしても応用しようとはしません．ですから、あたかもキリストにあずかる資格があるのは自分たち以外にないかのように、わたしたちが神もキリストも自分たちのものと訴えるほどの格別な応用や、そのようにしてキリストをわたしの神、わたしの救い主とよぶことや、それにあたかも神に関心があるのは自分たちだけであるかのようにキリストの約束に訴えることなどはどれもみな、心のうちで慈愛を確信し、かつ感得することから生じてきます．この感性が成長すればするほど、また、わたしたち自身の心のうちでこの平安と慈愛の実感が深まれば深まるほど、ますますわたしたちの信仰は強められ、確証が成長していきます．ついには、わたしたちは使徒と共に「誰が、キリストの愛か

ら私たちを引き離すことができましょう。死も命も，天使も支配者も，現在のものも将来のものも，力あるものも，……（略）私たちの主キリスト・イエスにある神の愛から私たちを引き離すことはできないのです」（ローマの信徒への手紙 8：35，38–39）と大胆に主張するほどまでに，わたしたちの信念は強められます。

　神の慈愛を感得し，確信することから間違いなく生じるこの独特の応用は，それによって教皇派の平板な信仰とは区別される，わたしたちの（すなわち，キリストの血において義とされたわたしたちにとっての）信仰の明確な相違点，主要なしるし，そして固有の目印です。わたしたちの信仰は教皇派の平板な信仰から区別されるだけでなく，世上のあらゆる教派の浅はかな信仰のすべてからも区別されます。なぜなら，教皇派は慈愛の約束をその人自身の心にあえて応用することもないままで，その人は厚かましくも「わたしは選ばれており，わたしは救われ，義とされている」と，はばかりなしに口にするからです。しかも，それはいったいどんな根拠によるのでしょう？　彼らの良心において，自らが慈愛をまったく感得したことがなく，聖愛と恩寵と甘美をまったく味わっていないという事実に由来するだけです。なぜなら，御覧なさい，神の甘美を少しでも味わう前から，良心が神から逃げ出してしまうのと同じくらいに素早く，そこでまた今，良心は，熱心に神のもとに駆けつけてはその愛を神に無理強いしているからです。こうして，彼らは，ああ，なんと惨めな人たちでしょう，歴史的な信仰であるにすぎない，一般的な信仰に満足し，神の約束が真理であるとわからしめる，まさにその神の真理に依存するほかありません。しかし，教皇派の人びとはあえて「これらの約束はわたしのうちなる真実である」と述べるまでには及ぼうとしません。なぜでしょう？　なぜなら，当人はまだそれを感得したことがない，つまりは当人の心が開かれていないからです。しかし，わたしたちの義認の信仰が，わたしが述べたように，魂の全体をキリストにおける神への服従へと聖別します。ですから，それはただ単に神の真理に，

あるいは神の力に基づくだけでなく（もちろん，これらはわたしたちの信仰の二つの主要な大黒柱なのですが），とりわけ，また決定的に，キリストにおける恵みと慈愛の約束に基づきます．慈愛を感得することも味わうこともない教皇派の人びとの魂は，この各個への応用にあえて取り組もうとせず，そのため当人は義とされえません．しかしながら，疑いようもなく，神の慈愛において義とされる当人たちは，自分たちが死ぬ前に，神の優しさを確かに味わいます．その効果たるや，実に絶大です．

　次に，あなたがたが思い起こすべきはこれだけです．つまり，心を開くこと，良心を和らげ，静めること，キリストにおける神の確信と強固な信念です．心が開かれれば開かれるほど，良心が和らげば和らぐほど，その甘美な味わいが長く持続すればするほど，さらに留まれば留まるほど，ますますあなたがたは神の慈愛を確証させられます．ですから，もし自らの信仰が強いのかどうか，神の慈愛に対するあなたがたの確証が確かであるのかどうかを知りたいと思うなら，自らの良心を見つめてください．もし良心が［何らかの罪によって］損傷を被っているなら，間違いなくあなたがたは疑念を抱くでしょうし，それにもし疑念を抱いていれば，疑念が取り除かれてはじめてもてるような力強い確信など，もてはしないでしょう．信仰がこの世の生涯においては，それに伴う疑念が一切なくなるほどまでに完璧になれる，とわたしは言いたいのではありません．わたしはそのような完璧さを主張しているのではありません．傷ついた良心は常に疑ってしまうのであり，またわたしたちが疑えば疑うほど，ますますわたしたちの確信は小さく萎んでしまうのです．ですから，あなたがたが自らの良心を傷つければ傷つけるほど，ますますあなたがたの信仰は小さくなるでしょう．したがって，あなたがたはこの点に徹しなければなりません．つまり，健全な良心を保ち，良心に平和を保つことです．そうすれば，あなたがたは信仰を保ち，しかも，自らの良心に憩いと安息をもつことに比例して，確信ももつでしょう．良心が安らえば安らうほど，ますますあなたがたの信仰と確証は大きくなる

でしょう．

善良な良心を保つ

そこで，この議論が堅実です．疑念を抱いた良心は弱い信仰の原因となり，そしてあなたがたの良心のうちで疑えば疑うほど，ますます信仰は弱められます．そのため，信仰は良心のうちを住まいとし，そこに固守され，封印されている，と使徒が主張したとき，彼は嘘をついていません．ですから，もし善良な良心を保つなら，あなたがたは強い信仰を保つでしょうし，それにもし［罪が抗って］自らの良心を損なうなら，自らの信仰を損なうことになるでしょう．そこで，この点をもっと確かにするため，わたしの良心が，神に対する多くの背きのゆえに自分は有罪であると自覚し，この自分に対して燃え盛る怒りを向けられるその神からの慈愛を，どのようにして確信させられるでしょうか？ 神の御怒りを実感すればするほど，わたしが背きの感覚を持続させればさせるほど，ますます神がわたしに慈愛を与えてくださるとの強い確信をより強固にもてなくなります．しかし，わたしが神の然りにあずかり，神がわたしを赦してくださっているとわかるとき，わたしは確信させられていきます．ですから，善良な良心を保つことで，あなたがたは自らの信仰を保つことになり，良心がよりよい状態であればあるほど，ますます信仰は強められるでしょう．

貴族，裁判官，弁護士，そして商人の方々へ

この事実から，わたしたちが集約したところの全体的な勧告はこの点に基づきます．すなわち，あなたがたがいかなる社会的な地位に属していようとも，誰もが自らの良心に注意を払うべきであるということです．なぜなら，あなたがたは良心を失うことで信仰を失い，そして信仰を失うことで［あなたがたが入手したはずの］救いを失うからです．あなたがたは上流階級に属しているのでしょうか？ 特に，主があなたがたを

偉大な召しのうちに置かれたのですから，自らの良心に注意を払うべきです．あなたがたには，神に対しても，あなたがたよりも下級の人たちに対しても，多方面にわたる義務が課せられているのですから，どんな仕事であれ，着手をする前に，自らの良心を管理し，それを制御すべきたくさんのことがあります．

　もしわたしたちのうちの何人かの上流階級の人たちが自らの良心を内省することに注意を払っていれば，彼らの身にあれほどの堕落は生じなかったことでしょう．貧しい人びととの現在の苦しみも，また同じ身分同士での徹底した反目も，それほど激しくは起きなかったでしょう．しかし，彼らがあまりにも自らの良心を気にかけていないことを主はご覧になり，彼らから信仰および慈愛の希望を取り去り，それにより，彼らの最期は間違いなく惨めなものとなるでしょう．よく見つめる眼差しを具えているあなたがたは，天にいます神が，あまりにも放縦な態度で生きる人たちを世界の前で神御自身の裁きの見せしめとすることがおわかりになるでしょう．なぜなら，主はそのような人たちを罰せずに放置しておかないからです．彼らの見せしめから，必然的に，下級の人びとは自分たちの良心を配慮するようになり，またそれゆえに，すべての人は，自分の召しに従って，自らの良心の法則によって，自らを吟味するようになるでしょう．

　それは特に，裁判官であるあなたがたが判決を下し，宣告するに先立って，自らの良心とその定めるところを熟慮すべき場合に，まさに妥当します．なぜなら，判決を下す際には，自らが好む意向にではなく，自らの良心の定めるところに従うべきだからです．同じように，裁くことでは従属階級にあり，また弁護者であるあなたがたは，自らの良心によって自らの行為を制御すべきです．この国の領主たちや国民に，あなたがたについて不平を口にする正当な理由を与えてはなりません．途方もない料金の請求やとんでもないふるまいによって，人びとを脅して裁判の訴訟を阻んではなりません．むしろ，良心の定めるところがあなたがた

のうちにある限り，正義が消えてしまわぬように，彼らがあなたがたの良心の定めるところに従うようになるために，自らのすべての行為を調整してください．

　わたしが彼ら（裁判官）に告げることを，わたしは商人であるあなたがたにも告げます．良心が自らのうちに備えられていることや，神が与えてくださる知識の物差しに則して考慮すること，自らの行為は良心に従っておこなうものであることなど，こうしたあれこれのことに注意を払い，そしてあなたがたの行為は悉くあなたがたの知識に背いておこなっていることに注意を払ってください．あなたがたの知識は，本来ならそうあるはずの水準まで身についておらず，そしてこのことが，数々の歪んだ行為の原因となっていることを，わたしは認めます．それでも，自らの知識に背くような行為を誰にもさせないようにするのではなく，むしろ，疑念を抱きつつなされる行為は何であれ罪になるのであれば，すべての人に，神がその人に授けられた知識の物差しに則して行為をさせ，そして，たとえ当人に知識が十分に具わっていなくとも，推測で何かをおこなわせるのではなく，自らの良心に照らしてもらい，その知識に従わせましょう．そういうわけですから，あなたがたがすることは何であれ，自らの目や手や体のどこにも，自らの知識に背いて行為させてはいけません．なぜなら，それは聖霊に背く重大な罪への一歩だからです．もし人が知識に背いて行為し，しかも行為し続けるなら，最終的に，彼らは闇に飲み込まれてしまうでしょう．したがって，これはあなたがたの精神からすべての知覚を消し去る確実な方法であるのです．主なる神が，彼らの精神からすべての知覚を取り去り，また彼らの心からは慈愛を感得するすべての感覚を拭い去られることでしょう．ですから，皆に主の知識に従ってもらい，そして，自らの知識の物差しに則して互いの行為を担ってもらいましょう．

（その賜物を授かるに）値しない罪人たちへのすばらしい賜物

このぶどう酒やこの素晴らしい香油をわたしたちに注ぐことを，主はお喜びになられます．たとえわたしたちが壊れやすい土の器であり，惨めな被造物であっても，それでもなお，わたしたちの心と精神にそのようなすばらしいぶどう酒を注ぐこと，そしてその貴い信仰を保つことを委ねてくださり，それによってわたしたちの義，知恵，聖化，そして贖いであられるキリストを抱かせることを，恵み深い神はお喜びになられます．たとえわたしたちがどんなに惨めな被造物であろうとも，それでも主は御自身の慈愛において，キリストにあるわたしたちを気にかけてくださり，それによってわたしたちの魂が永遠の命にふさわしい者とされるこの素晴らしい賜物をわたしたちに与えてくださいます．主が信仰の賜物をわたしたちの心のうちに注がれることにおいて，それがわたしたちの心のうちで成長するのでも，わたしたちの本性のうちで自生するものでもないことが，わたしたちにははっきりとわかります．この信仰の賜物は，自生するものでもなければ，あたかも信じるも信じないもその人自身が好むままのようなものでもありません．それは人の命令のもとにはなく，人の裁定権のもとにもありません．それは，キリストにおける神の慈愛の豊かさにおいて，わたしたちに不相応な神の恵みから自由に注がれる，神の賜物なのです．

どのようにしてわたしたちは信仰の賜物をもっているとわかるのか？

使徒の言葉から，それが賜物であるとはっきりわかります．「ある人には同じ霊によって信仰……」（コリントの信徒への手紙一 12：9）が与えられています．さらには「なぜなら，あなたがたには，キリストを信じることだけでなく，キリストのために苦しむことも，恵みとして与えられているからです」（フィリピの信徒への手紙 1：29）とあります．このように，信仰とは聖霊の賜物でありますが，使徒が「すべての人に信仰があるわけではないからです」（テサロニケの信徒への手紙二 3：2）と

はっきり述べているように，この賜物は，すべての人に与えられているわけではありません．この賜物はすべての人にではなく，選ばれた人だけに，つまり，主が永遠の命に定めてくださったのと同じ数の人にしか与えられません．しかしながら，この賜物は至る所にあり，またどんな心にも見出されており，それは決して無為なものではなく，不断に働き続け，そして使徒が宣言するように（ガラテヤの信徒への手紙5：6），愛と慈愛によって健全に働きます．また，使徒ヤコブが彼の手紙の第2章で証言しているとおり，この賜物が見出されるところならどこでも，それは死んだものではなく，生きており，活気に満ちています．それが生き生きとしているかどうか，働いているかどうかをよりよく知る方法は，そこから生じる成果や効果を見つめるほかありません．またそのため，あなたがたが自らのうちで，その効果をとおして，自らの信仰の美点をよりいっそう確信するために，それによって判断する，観察すべき三つの特別な効果を，わたしはあなたがたに提供したいと思います．

（1）第一に，自らの心を見つめ直し，吟味してください．もし自らの罪に神の慈愛を尋ね求め，慈愛と恵みを主の聖なる御名に呼び求めようとする強い願望があるなら，もし心のうちに祈りへの切望があるなら，実際に，心のどこかで慈愛と恵みへの関心や渇望があるなら，たとえ心の大部分がかき乱されて，祈りから引き離されてしまいそうになっても，それでも，いかほどかでも祈りへの切望があるなら，それは間違いなく本物の信仰の真の効果です．たとえこの切望がささやかでも，神に祈る心があなたがたにあるならば，魂に命があることを確信させます．なぜなら，祈りはあなたがたの魂の命であり，その信仰を生きたものとするからです．なぜそうなのでしょう？祈りは神御自身からの賜物であって，わたしたちの持ち分ではありません．なぜなら，もし祈りがわたしたちの自前のものであるならば，それは悪しきものとなることでしょう．しかし，祈りは神がこれまでに人に与えてくださった最善の賜物です．そして，祈りは神御自身の聖霊の賜物以外の何ものでもありませんし，

神御自身の賜物であるからこそ，それがわたしたちの信仰を生き生きとさせます．使徒が言うように（ローマの信徒への手紙 10：14），この賜物がなければ，自らが信じてもいない神に願い求めることはできませんし，ましてや，願い求めようとすらしません．ですから，祈りは義とする信仰，その神への信仰の確実な証拠です．なぜなら，自分が信頼してもいない神に語りかけることなどできず，ましてや祈ろうともしないからです．というのも，たとえ心が完全にすっきりとはせず，十分にまとまってはいなくとも，それでもいかほどでも祈りへと趣く部分があるなら，それが心の支えとなるからです．それはあなたがたが心のそのところで信じている確かなしるしです．

（2）あなたがたのうちに信仰があるかどうかを知る第二の方法は次のとおりです．まず自らの内側を見直し，そして，心が喜んで自らの憎しみを断ち切り，自らの怨恨を赦し，しかも神のために自由にそれをすることができるかどうかを見極めてください．そうすることができますか？ あなたがたは，神があなたがたを赦してくださったのと同じように自由に，自分の隣人を赦せますか？ 間違いなく，この赦しは聖霊による本物の効果です．なぜなら，あなたがたの生来の本性がそれを与えることなど決してありえないからです．憎しみや嫉妬に対する以上に，生来の本性が自ら屈従するものはほかになく，そしてまた個人的な復讐心にもまして，生来の本性がより貪欲に自らの栄誉を希求するものはほかにありません．すると，もしあなたがたの心が，神のためであれば侮辱する人びとをも喜んで赦せるほどに従順かつ謙虚であるとすれば，それは聖霊による本物の効果です．これはわたしが言っていることではなく，キリスト御自身が福音書のなかで「もし，人の過ちを赦すなら，あなたがたの天の父もあなたがたをお赦しになる．しかし，もし人を赦さないなら，あなたがたの父もあなたがたの過ちをお赦しにならない」（マタイによる福音書 6：14–15）と言われていることです．このように，実際にキリストは，過ちを赦す者は自らの過ちに赦しを受けますが，過ち

に自ら仕返しする者は，翻って自らも責めを負わされる，と言われます．ですから，もし全能の神に対して犯した過ちに赦しを望むなら，あなたがたは自分の隣人を赦してください．もうこれ以上，わたしは強調しようとは思いません．あなたがたに信仰があるかどうかを吟味してください．祈りの渇望によって，そして，自らの私的な怨恨を取り消すというしかたで，それを吟味してください．もしこれらが欠如していれば，祈りを失い，怨恨で満ちた心は，信仰のない，地獄にふさわしい心なのです．

（3） 第三の信仰の効果は同情です．あなたがたは自ら心からへりくだり，そしてキリストの体のうちにいる貧しい人びとに哀れみの手を差し伸べ，もしたくさんのものを持っていれば，彼らを欠乏したままに置いてはなりません．なぜなら，もしこの同情がなければ，あなたがたに信仰はありません．これら三つの効果によって，自らを吟味してください．そしてもし，たとえ最低限でも，それらすべてを見出せられれば，あなたがたの心のうちには本物の，真実の，生きた信仰があります．間違いなく，神はあなたがたに対して慈しみ深いお方でいてくださいます．

葛藤のただ中にある信仰が養われるべき大いなる必要性

たとえわたしたちの信仰が生き生きとしてはいても，しかし，現世においては，それは完全なものではありません．信仰は，常に，日毎，時間毎に，不断の増幅を求めます．つまり，それは常に成長を求めるのです．使徒たち自身が「私どもの信仰を増してください」（ルカによる福音書17：5）と言って，信仰が増し加えられるために祈りました．しかも，わたしたちの主御自身が，そのことのために祈るようわたしたちに命じておられます．「主よ，私どもの信仰を増してください．わたしは信じます．主よ，どうかわたしの不信仰を助けてください」．キリスト御自身の命令が，この信仰は常に養われ，助けられる必要があることを，わたしたちにはっきりと教えます．祈りによる以外に，信仰は助けられる

ことはなく，それゆえに，わたしたちは絶えず祈り続けなければなりません．最も立派な神の僕たちすら陥るその恐るべき疑念や自暴自棄など，そうした未知なる落とし穴から，信仰は救助される必要があること，そうして，恐れやおののきのなかで信仰が増し加えられることを絶えず尋ね求め続けるべきことを，はっきりと教えています．そうです，実際に神の最高の僕たちは，自らの魂のうちで折にふれての激しい疑念や未知の揺さぶりをもって悩まされ，しかも，それらは断続的に襲い掛かり，そうして，まさにその自暴自棄の瀬戸際で疑心暗鬼が現れ出てきます．こうした疑念や揺さぶりは，わたしたちのこの信仰は常に助けを求め，そして信仰が増し加えられるために，わたしたちは常に祈る必要があることを示しています．彼らを謙遜にするために，折にふれて，御自身の僕たちに自らをわからせることや，罪がどれほど醜いものかを彼らにわからせることは，主の御心に適うことです．罪の苦しみのなかに彼らを落ちたままにしておかれることを主がよしとされるのは，主が彼らを消滅させようと望まれるからでも，あるいは彼らが自暴自棄に飲み込まれるのを黙認しようとしているからでもありません．なぜなら，ヒゼキヤは「朝まで私は助けを求めたが，獅子のように，主は私の骨をことごとく砕かれる．昼も夜も，あなたは私の息の根を止めようとされる」（イザヤ書38：13）と嘆きましたが，それでも主は彼が絶望することをお許しにはなりませんでした．それに，ダビデは「主よ，いつまでなのですか．あなたは永遠にお怒りになるのでしょうか．あなたの妬みは火のように燃え続くのでしょうか」（詩編79：5）と嘆きましたが，それでもダビデは失望しませんでした．キリストがあの庭で，また十字架の上で，その魂と体において，彼らのために耐え忍ばれたことを，御自身の僕たちが自らの心と良心で感得するために，主は，彼らを非常な低さにまで貶めます．実際に，もしわたしたちが自らの魂のうちで，キリストがわたしたちに代わって存分に耐えてくださった地獄のようなものを感得することがなければ，御父と御子の間ではっきりとした密約があり，した

5 主の晩餐への備え㈡

がって，キリストの苦しみは本当の苦しみではなかったと考えたくなる誘惑に陥るかもしれません．そこで，わたしたちが罪の辛苦をはっきりと理解するため，わたしたちの罪ゆえにあれほどまでの拷問を耐え忍ばれたキリストの恩恵にどれほどあずかっているのかを知るようになるために，そして，よりいっそうキリストに感謝し，その御名をほめたたえるようになるために，キリストは御自身の僕であるわたしたちが，絶望するのではなく，疑うことを御許しくださいます．キリストはわたしたちの疑念を赦し，わたしたちの戸惑いを赦し，そして，キリストは御自身のよしとされるときに，わたしたちを支え，そしてわたしたちを命の水際に伴ってくださいます．

　こうした疑念は，わたしがこれまで何度も述べたように，信仰とともに，魂のうちに留まるものでしょう．なぜなら，疑うことと信じることは真っ向から対立するものではないからです．信仰と絶望だけは真っ向から対立するのであり，信仰と絶望は同一の魂のうちに留まることはできません．絶望は希望という大黒柱を切り倒します．すなわち，希望のないところには信仰もありえないのです．しかし，疑念に関しては，神がこれまでに従えた最高の僕たちの魂のうちにすら留まると思われ，きっと留まるでしょうし，実際に留まってきました．「私たちは，……途方に暮れても［ジュネーヴ版聖書では，ここは「疑念の中でも」と訳されている］失望せず」（コリントの信徒への手紙二 4：8）との使徒の言葉を思い起こしてください．このように，疑念も信仰も共に一つの魂のうちに宿るかもしれません．この疑念はどこからやってくるのでしょう？ 生まれ変わった人たちのうちに腐敗の残滓が残っていることを，わたしたちは知っています．なぜなら，わたしたちはこの地上にあっては自らの天国をものにすることはないからです．わたしたちは自らの天国をこの地上で始めるとはいえ，この地上でそれを完全にこの手にするわけではありません．もしわたしたちのすべての腐敗が取り除かれたならば，この地上には，完全な天国だけが残るのではありませんか？ で

すから，わたしたちの天国は，この世の生涯において始まりはしたものの完成はしないため，魂のうちには，決して活動を止めることのない，常に占拠し続ける大きな腐敗が残ります．この腐敗が折々に罪を何度も生じさせます．あらゆる罪が良心を傷つけ，そして，傷ついた良心は確信を弱め，そうして，そこに疑念が入り込んできます．わたしたちが犯す罪がそこにあるのではなく，罪が光をかき消し，そして信仰の目を覆うように障害を投入し，そうして視界が損なわれることによって，わたしたちは疑い，躓くのです．そして，主が御自身の慈愛において，わたしたちを引き寄せ，わたしたちに悔い改めの賜物を与え，わたしたちを日毎に作り上げ，わたしたちが罪を犯すたびに慈愛を注いでくださり，そのようにしてわたしたちの信仰の欠けや慈愛の感性の欠如を修復してくださらなければ，わたしたちは罪の中に留まり続け，それと相共に，その光を消してしまうでしょう．しかし，たとえわたしたちが日毎に罪を犯しても，悔い改めの賜物を与え，そして悔い改めをとおして信仰を取り戻し，わたしたちのうちに慈愛の感覚と感性とを取り戻すことで，かつてわたしたちが抱いていた確信と同じ状態にまで回復させることは，主の御心に適うことです．ですから，もし神が慈愛をもって始め，保持し，そしてまっとうさせてくださらなければ，神が御自身の慈愛をわたしたちから取り上げた途端に堕落していくでしょう．ですから，わたしたちは神の慈愛を常に尋ね求め続けなければなりません．わたしたちは慈愛の感性を得るために，常に熱心に呼び求め続けなければなりません．以上，疑念をめぐる問題はこのとおりです．

わたしたちがどんなに疑おうと，信仰の賜物は決して無効にされることはない

次に，神の最良の子どもたちの信仰が疑念に左右されることは事実であり，確実なことではあるものの，まさにそれとちょうど同じように，疑念が完全に消えて無くなることがないのもまた事実であり，真実です．

たとえその疑念がいつかとても弱まったとしても，その疑念がひとたび心に宿った以上は，疑念が心から完全に消え去り，取り除かれることは決してないでしょう．苦悩する心を支えるために，聖霊は神の御言葉においてこの慰めと安心をもたらしてくださり，弱い信仰であるにもかかわらず，あるいは弱い信仰であっても，その信仰も信仰なのであって，信仰があるところならどこにでも，そこには必ず慈愛があります．ローマの信徒への手紙 11 章 29 節で，わたしたちはこの聖句を読みます．「神の賜物と招きは取り消されることがないからです」．しかし，これらのすべての神の賜物のうちで，信仰は最も偉大な賜物の一つです．したがって，信仰が取り消されることなど決してありえません．ユダの手紙の 3 節には「聖なる者たちにひとたび伝えられた信仰のために」と記されていますが，この「ひとたび伝えられた」とは，つまり，永久に与えられたということであり，後から変えられたり取り去られたりすることは決してないということです．主はこの賜物を悔まれることはなく，ひとたび愛した魂を，主は永久に愛してくださいます．

　聖霊によって心のうちで燃え立つ信仰の炎が長期間にわたって覆われ消されかねないこと，あるいは，わたしたち自身の腐敗という灰によって，また自らの悪行や邪悪によって，覆い尽くされかねないことは，事実であり真実です．生き生きとした信仰の効果が中断されかねず，そして肉欲や悪しき感情が長期間にわたってはびこることも真実です．その結果，魂と心にのしかかる神の審判という光の中で，人が自らを見つめ直したとき，しかもその人が自らの怠惰な生活を見つめ，それに対する神の怒りを見つめるとき，自らの信仰を隠蔽し，抑圧してきたその当人の精神，心，良心の内側においては，当人は視線を自分にばかり注ぐため，自分は見捨てられた者，追放された者であり，神の慈愛を決して取り戻せない，との確信がしばしば沸き上がりがちです．主があなたがたを召した後，そうした酷いしかたでこの腐敗が進行するところでは，主がもう一度目覚めさせてくださったならばすぐに，あなたがたの視線を

直ちに自らの生き方に注ぎ，自らの罪の重大さと，それに下されると自覚する神の憤激の重圧の両方を，とても真剣に熟慮してください．しかし，もしこれら熟慮すべきことのうちに固執しつづけ，そうして神の慈しみ深さの上で憩うという考えに委ねるのが嫌ならば，不可避的に自らの審判において，自分が遺棄される者だと感じるほかはありません．それでも神はそうなることをお許しにはならず，あなたの魂の内側の腐敗でこれらの聖霊の炎が覆い尽くされても，それでもその炎が完全に消されることはありません．

　その炎が消えないことを明らかにしましょう．世間がそれによって信仰者として再認識させられるような外的な活動をとおしてその炎が明るみにはならなくとも，①それにもかかわらず，これらの炎が無駄ではなく，それらが自らのうちで何の役にも立たないわけではないことに，あなたがたは気づくでしょう．それらが何の役にも立たないわけではない，というわたしの主張を確認するため，わたしたちのうちに有効な召しを受けた後に，もしわたしたちの身体が不摂生に陥ってしまったら，灰でうずもれた火種のことを考えてください．なぜなら，それはいまなお火なのです．それが灰でうずもれたからといって，その火種が消えたと主張する人は誰もいないでしょう．なおさらのこと，魂のうちで信仰が覆い隠されて，外側に向けてそこから何も光が射してこない，または光がきらめかないからといって，信仰が消えたと言えるはずがありません．ダビデにおいてこの明白な実例が，わたしたちにはあります．悔い改めの詩編で，嘆きの後，彼は「あなたの前から私を退けず，聖なる霊を私から取り去らないでください」（詩編51：13）という言葉で，神に祈りをささげています．自らの姦淫と暗殺によって，ダビデは霊を失っていたのではなかったのでしょうか？　そうではありません．そのとき，彼はわたしに「取り返してください」と言おうとしたのではなく，「私から取り去らないでください」と言っています．その後の節で「救いの喜びを私に返してください」とダビデが同じ言葉を用いているのは確かで

す．それは，彼が霊をすっかり失ったのではなく，霊が彼のうちで力を失ったために，補強され，守護される必要があったということです．霊は奮起させられる必要があり，それによって，その炎は燃え立ってもきます．こういうわけで，自身による姦淫と暗殺の後に，ダビデは「聖なる霊を私から取り去らないでください」と率直に口にした事実は，信仰者からは，たとえ彼らの最大の悪行においても，神の霊を取り去られることは決してないことを示す確かな論拠になります．

②第二のポイントはこれです．つまり，その効果の表出が妨げられているにもかかわらず，この炎が失効してはいないことを，どうしたら明らかになるのでしょう？　ダビデが自らの良心でこれを感得したのと同じように，誰もが自らの良心で感得することでしょう．人の心のうちに宿る神の霊は無為無効なものにはなれません．なぜなら，身体が怠惰に陥っているときにも，霊の炎は常にあなたがたの怠惰を咎め続け，そしてあなたがたの振る舞いのなかにある過ちを探し続けるからです．霊の炎は，大きな胸の痛みや絶えざる自責の念もなしに，あなたがたが自らの肉の喜びを享受することをお許しにはならないでしょう．そして，霊の炎が留まり続けるところ，つまり魂のうちにあって，霊の炎は折にふれて，少なくとも一日 24 時間のうちに一度は，その叫びを響かせるでしょう．「ああ，自分が望まない悪行をわたしは現にしているではないか．ああ，もしわたしに自らの肉欲に抗うだけの力と強さがあれば，ああ，もしわたしが自らの欲望の統治者になれるなら，わたしは全世界に向かってしているような悪行をすることはないだろうに．もしわたしに自分がしたいと思う善をおこなえるだけの力があれば，わたしはこの全世界のためにそれをせずにはいないだろうに」と．このように，あなたがたが肉欲に抗い，悪行を避けようとするそのときに，こうした霊の炎に十分な力と強さがなくとも，それでも，堕落に伴う過ちに気づかせながら，そして心に痛みを感じることもなく自らの快楽に身を委ねてしまわないよう気をつけさせながら，霊の炎は常に心のうちで働いていま

す．そしてついには，それは「もしわたしに抗う力があれば，自分がしている悪行をもうしないだろう」といった言葉をあなたがたに表明させます．このような叫びがあるなら，疑いようもなく，それは主が聖化を始められた魂の叫びです．そして，心のうちに邪悪や堕落があったとしても，一たびそれが聖化されたなら，その信仰は決して消えることはないでしょう．

　しかしながら，もし魂全体が，その内側から何ら反論もなく，むしろ貪欲な欲求や快楽に同調し，何のためらいもなく悪に夢中になるなら，そのような魂は悪い状態にあります．主がそうならないようにしてくださらない限り，わたしはそのような魂には死のほかに何も見つけ出せません．しかし，魂のうちに自責の念や悲しみや，それによる叫びがあるのなら，神がよしとされるそのときに，魂全体は強さを取り戻すでしょう．主は決して，霊の炎が完全に消し去られることをお許しにはなりません．むしろ，主御自身のよしとされるそのときに，神はその炎を燃え立たせ，そして，善き業において，この世の面前で，それらを照り輝かせてくださるでしょう．主御自身のよしとされるそのときに，それらを聖化してくださるでしょう．主が堕落の灰を吹き散らして，炎をかき立て，そして，これまでしてきた以上に，もっと良い生き方へと燃え立たせることでしょう．このようにして，ダビデの悔い改めは，彼が決して堕落していなかったかどうかといったこと以上に，神の教会にもっと良い貢献をしていることが，はっきりとおわかりになるでしょう．

　たとえ悔い改めの成果が実らなくても，それでも，その炎は消えていません．朝に火がつけられた際には，その火は昨夜燃えていたのと同じように勢いよく燃えるのですから，灰で覆われた火種が消え去ったと考える人は誰もいません．冬には，木々から葉も果実も消え，外見上の美しさもなくなったからといって，誰もその木々が死んでしまったとは考えないでしょう．太陽が黒雲や霧に覆われたからといって，誰も空から太陽が消えてしまったとは考えないでしょう．睡眠と死とでは大差があ

り，彼が眠っているのであれば，彼は死んだのではありません．しかし，睡眠の状態ほどに，より死と似た状態はありません．酔いつぶれた人と死人との間に大きな違いがあるのと同じように，しばらくの間，隠されていてそれ自体を表に出してこない信仰と，完全に消去された光との間には大きな違いがあります．わたしたちが外的な行動に打って出ないからといって，これらの炎は完全に消し去られたと考えてはならないと，神は禁じられます．実際に，その召しからの離反，またその知識に対して背く卑劣な離反の後から，魂がかつてのその美しさを取り戻すまでの間，魂は重大な危機的状態にあります．なぜなら，もしあなたがたの腐敗が進行していくのを主が御許しになるなら，その結果，その腐敗は自ら望むままにあなたがたを連れていき，あなたがたに新生の炎を消火させるためなら，できることは何でもし，その後から，主があなたがたに相対されようとするとき，あるいは主があなたがたにこれまでの生き方に決着をつけさせるとき，あなたがたの魂は非常に危機な状態にあるからです．

　ですから，あなたがたの怠惰な生活や，あなたがたの召しへの侮辱と悪態を主が告発しはじめたときには，確実に，あなたがたの魂はありえる限りの絶体絶命のまさに瀬戸際にいます．なぜなら，もしあなたがたが神を見つめるなら，あなたがたに対し烈火のごとく燃え盛る神の怒りしか見えないはずだからです．もしあなたがたが自らを見つめ直せば，主の怒りをよび覚ます罪しか見えないでしょうし，神の怒りを増し加えるほかのない，召しに対する侮辱と悪態を見ることになるでしょう．要するに，あなたがたには絶望しか見えてこないでしょう．

　　人生の最も厳しい試練における，わたしたちの逃れ家
　それほどまでに絶体絶命の瀬戸際にある魂が依り頼む最善の大黒柱，最も安全な逃れ家とは何でしょうか？　あなたがたが厳しい試練に襲われたとき，安らぎを見出せるような逃れ場を，わたしは紹介したいと思

います．あなたがたの前に，死以外には何もなく，あなたがたが自らを苛む悪魔を面前にし，邪悪を孕んだあなたがた自身の良心が不利な証拠となり，自分の生きざまが自らを責め，そして召しに対する自らの悪態が自らを責めるとき，あなたがたはどこに逃れようとしますか？

(1) 第一に，自分の過去の経験を顧み，自分の記憶を思い返し，そして，どんなときであれ，神があなたがたを愛したときのことをいつでも思い起こし，あなたがたもこれまでに自分の心と良心のうちに神の愛と慈しみを感得したことをいつでも思い起こしてください．これまでに主があなたがたの心をそのように整えてくださったことがあったかどうか，そこで，主があなたがたを愛してくださったように，あなたがたも主を愛して，主を得たいとの強い願いを抱いたかどうか，そのことを思い起こしてください．主がひとたびあなたがたを愛してくださったなら，主は常にあなたがたを愛してくださっており，したがって，そのような愛をあなたがたに死ぬまでに確実に取り戻させようとしておられることを思い起こし，その事実にあなたがたの確信を委ねてください．この神の愛をひとたび感じとった心は，それを再び感得するでしょう．すべての被造物に対して，彼らがこの命から引き離される前に，神はその同じ賜物を，恵みを，あるいはこの命の中で主が既に彼らに与えてくださっている，来るべき世の力の味わいを，いつでも回復させてくださるでしょう．ですから，現在の経験が助けとなれないところにある，厳しい試練や重大な脅威でかき乱された魂は，過去に頼らなければなりません．そして，主が魂に対して自由にさし示された慈愛について，かつての経験を記憶に留めねばなりません．この同じ記憶は魂の喜びとなり，その結果，主が心を宥め，魂に慰めを与えるそのときが来るまで，その記憶が現在の絶望から魂を守り，保つでしょう．そのとき，神はお怒りになられても，ほんの束の間のことでしかないことが，魂にはわかるでしょう．

わたしがこれらに言及するのは，誰もがそれを実感したことがある，とわたしが考えているからではなく，むしろ，それをまだ実感していな

いという人でも，神の僕たちは死ぬまでに，一定程度はそれを実感しなければならないと考えているからです．またそれゆえに，あなたがたがそれらを実感したことがあるかどうかにかかわらず，自らの心のうちにこの教えを大事にしまい，信仰をもってそれを記憶しておくことは間違いなく有益になり，主がいつの日か心の扉をたたかれるときはいつでもあなたがたはそれを思い起こして，自分自身に「わたしは自分の過去の経験を思い返して，憩いを見つけ出す仕方を教わりました」と言うでしょう．そして，あなたがた自身は，今はまだそれに該当してはいなくても，しかし，良心のうちに苦悩を抱える人たちを訪ねたとき，彼らの前で，これらを慰めとして提示し，そして，うちなる良心の深い叫びに対処するうえで最もふさわしい薬としてそれらを適用してください．こうして，この教えから成果を収穫し，そして，自分の魂を良好な状態に保つでしょう．このように，これがあなたがたの誰もが自らの良心を審査し，吟味しなければならない第一の点です．

　(2)　第二の点はあなたがたに自らの隣人への愛があるかどうかを見極めることです．なぜなら，わたしたちが信仰によって神と一体とされているのと同じように，愛の絆によって，わたしたちは自分の隣人と一体とされており，愛は信仰の根から生い立つ主要な枝だからです．愛は，秘義的な体の一体性において，信仰の成員すべてを互いに結びつける聖なる接着剤です．宗教は，わたしたちにとって主要な至福へわたしたちを導く通路として，神によって制定されており，したがって，わたしたちは神に似た者（神の像）とならなければ，わたしたちは幸せになることができません．しかし，わたしたちが愛をもたない限り，わたしたちは神に似た者にはなれません．なぜなら，ヨハネの手紙一 4 章 8 節で「神は愛だからです」と言われるからです．こうして，神は愛であるため，神に似た者となろうとする人は，自らに注がれる愛をもたねばなりません．愛は宗教において命じられるすべてがそこへと導かれるべき最も主要な目的地であることを，このたった一つの論旨が明らかにします．

聖書が愛の賞賛を鳴り響かせているので，愛を讃美することに長々と時間を費やす必要はありません．むしろ，わたしたちが曖昧に口にしないよう，この言葉が聖書の中でどのように用いられ，理解されているのかを説明しましょう．

愛についての聖書の教え

愛とは，他のあらゆるものがそこから始まる源泉，根源であり，それこそが，それによってわたしたちが神を愛する，その愛である，と考えられます．そして，愛は先ず神から来るため，また愛は神の聖霊によってわたしたちの心のうちに注がれるため，①それは，第一に，神の愛は常に被造物の愛に先立ち，まず神御自身へと上に翻り，遡ります．②第二に，それによって神の被造物を，わたしたちの隣人を，また特に信仰の家族の構成員の人たちを愛する，その愛のために，わたしたちはこの言葉を用います．③そして第三に，この愛から溢れ出す，神の律法（十戒）の第二の板のおこないのために用いられます．今わたしがここで愛に言及するときは，わたしは第二の意味で，つまり，わたしたちの隣人を愛することに用います．そして，わたしが「神の賜物」とよぶこの愛は男女の心のうちに注がれています．まず救い主なるキリストにおいて，わたしたちが神を愛するのは，この賜物によります．そして，そのとき，神において，神の目的のために，わたしたちは神の被造物のすべてを愛し，しかも殊に信仰の家族であり，わたしたちと共に唯一の父を共有する子どもたちである，信仰の兄弟姉妹を愛します．

わたしたちは次にこの定義を吟味したいと思います．

(1) わたしが主張するのは，第一に，神の愛は神から来て，そして神へと帰って行く，つまり愛は神から降ってくるのと同じように，それは再び神をめざして昇っていきます．こう主張するためのよい論拠はないものでしょうか？あなたがたが自らの心の愛を被造物に注ごうとするとき，神をその礎としなければ，決して満たされることも充実すること

もないでしょう．しかし，もしひとたびあなたがたが自らの心で神を愛し，そしてあなたがたの思いを神に注ぎ，そしてひとたび神をしっかりと捉えたなら，あなたがたが長く神を愛すれば愛するに従って，その抱く満足も充実感もますます大きくなるでしょう．あなたがたは他の何ものかを渇望することはないでしょう．神が創造した被造物について，その一つひとつに神御自身の特徴が刻まれており，そしてすべての人が神の像を宿しています．あなたがたが被造物の中に神の像を見出すとき，それはあなたがたを神のもとへと引き寄せずにはおかず，その結果，あなたがたは被造物自体に自らの心を定めはしないのではないのでしょうか？　神の被造物のうちにある神御自身の像はあなたがたを神御自身へと自ずと導くため，神の被造物をより深く知れば知るほど，被造物に関する知識の多様性が大きくなればなるほど，被造物に関する知識のどんな細部も自ずとあなたがたを神のもとに引き寄せずにはおきません．こうして，自ずと神を愛すれば愛するほど，ますます神に対する自らの義務がわかるようになります．

　さらに，喜びは知識によって溢れ，またあらゆる知識にはそれ自体の喜びがあるため，神の被造物から生じる知識の多様性は精神を神の知識へと高揚させるはずですから，この知識の多様性から生じる喜びの多様性は神の愛へと心を押し上げるはずです．心が神を捉え，神の愛で支配され，そして精神が神の真の知識で占められたとき，そのときこそ，心と精神が神で満たされた途端に，心は穏やかになり，精神は満たされます．ですから，この知識が精神のうちで増し加えられれば加えられるほど，ますますあなたがたの充足感は大きくなります．そして，神の愛が心のうちで成長すればするほど，ますます自らの魂のうちに生じる楽しみや喜びも大きくなります．なぜでしょう？　すべての被造物だけでなく，それ以外にも，神において，あなたがたは神御自身を知ります．またそれゆえに，神において，あなたがたは被造物から得られる知識と喜びのすべてを得，そしてさらに，被造物以外にも，創造者であられる神

御自身を得ます．そこで，わたしが主張するのは，ソロモンがただの被造物について，移ろいゆくもの，空しいものとよぶように，人の精神はその知識においては決して満たされることなく，また人の心は被造物に対する愛のうちだけに決して自らを定住させることができない，ということです．しかし，無限の神のうちで正しく知られ，かつ熱心に愛されることで，精神はまったき安息を知ることとなり，そして心は完全な喜びを得るでしょう．わたしたちの感情はあまりにも貪欲であるため，有限の存在が自らに満足を与えることなど決してないでしょう．それに，はかなく移りゆくものに永遠に満足するなどありえません．そのため，愛は神へと高められ，しかも，神の方へと真っ先に帰っていくべきであり，その心は神の御顔のうちに豊かで完全な喜びを見出すことでしょう．

(2) わたしが用いる第二の論拠は次のとおりです．わたしたちの主によって残された，わたしたちが従うよう命じられた指針は一つしかありません．すなわち，わたしたちは皆互いに愛し合うべきであるということです．愛のあるところにはさらなる律法は必要ではないこと，また，愛によってのみ，人の生涯は最も幸福なものとなるべきことを十分に理解して，わたしたちの賢明な主は「愛」という一語で律法と福音の全体を要約する，この唯一の主要な戒めを残されました．そして，もし人の心が愛で満たされたら，その人の人生は最も幸いなもの，祝福されたものとなるでしょう．なぜなら，わたしたちが神と共有する類似性，また似像性のほかに，この世の人生を幸福にするものは何もないからです．わたしたちが神に近づく距離が近ければ近いほど，ますますわたしたちの人生は祝福されます．なぜなら，神の命と同じくらいに幸せな命はあり得ないからです．そこで，使徒ヨハネはその第一の手紙で「神は愛だからです」（4：8）と言うのです．ですから，わたしたちが愛に近づけば近づくほど，ますますそのような幸いな命に近づくことになります．なぜなら，そのとき，わたしたちは神のうちにあり，そして神の命にあずかる者になっているからです．

5 主の晩餐への備え(二)　243

　わたしがこのように述べるからといって，あなたがたは神のうちなる愛とわたしたちのうちなる愛が同一だと考えてはいけません．なぜなら，わたしたちのうちなる特質でしかない愛は，神の特質である愛とは異なっており，神のうちには神御自身以外の何ものもないため，神のうちなる愛とは神御自身の本質だからです．したがって，あなたがたが愛において成長すればするほど，ますますあなたがたは神に近づき，そうしてあの至福と祝福の人生へと近づいていきます．愛すること以上に，そして何よりも神を愛すること以上に，本性にとって，有益で，ふさわしく，適合するものはほかにありえません．ですから，神とその御使いたちは最も幸せで，祝福されています．なぜなら，彼らはすべてのものを愛し，善をなすことを常に欲しているからです．その反対に，ねたみや憎しみで燃え盛ること以上に，本性にとって，危険，有害，破壊的なものはほかにありません．ひとたびそうなると，その結果，すべての被造物に有害であろうとする激しい欲求で燃え盛り，絶えざる悪意と憎悪で自らを苦しめる最も悲惨な悪魔となります．悪魔はねたみと憎悪で満ちているため，悪魔の命が最も不幸であるのなら，もしわたしたちが愛で満ちていれば，わたしたちの命は最も幸せでなければなりません．もしあなたがたに愛があれば，コリントの信徒への手紙一の13章4-7節に記されているような愛の果実に着目してください．もしこうした果実が，ある程度，あなたがたになければ，本物の愛がないことになります．それについてもうこれ以上わたしは述べるつもりはありません．

　わたしはここで終わりにします．誰もがどのような点について備えなければならないのか，あなたがたはおわかりになったでしょう．あなたがたはこの愛と信仰を授かっていなければなりません．さらには，たとえどれほど小さくともそれらを授かっていれば，御言葉にあずかるため，サクラメントにあずかるために，大胆に前に進み出てください．これが，わたしたちが考慮すべき備えです．この点において教皇派の人たちは非常に異なる備えをしていますが，彼らは神の言葉からその保証を何も得

られないと，わたしは言明します．最後に，わたしたちは自らを吟味しなさいと命じられていますが，知識を欠いた人は自らを吟味できません．分別を失った人は自らを吟味できません．幼い子どもは自らを吟味できません．ですから，幼い子どもたちは主の食卓に進み出るべきではありません．これらすべてのことについて然るべき説明がなされるとき，それなりにふさわしい愛と信仰がある人は，主の食卓に進み出るべきです．そして，このことは御言葉を聞くことにも，サクラメントにあずかることにも等しく当てはまります．ですから，主が御自身の慈しみにおいて，あなたがたの精神を照らし出し，あなたがたの心のうちにふさわしい信仰と愛を働かせてくださいますように．御言葉とサクラメントにおいて差し出されている天の命に参与する者となり，そして，イエス・キリストの義の益をとおして，あなたがたの天への道をここから開始し，その十分な成果を来るべき生において刈り取らせていただけますように．御父と聖霊と共なるこのお方に，すべての誉れと讃美と栄光が，今もとこしえにありますように，アーメン

訳者あとがき

　本書は Robert Bruce (Thomas F. Torrance ed.) *"The Mystery of Lord's Supper"*, Rutherford House & Christian Focus, 2005. の全訳です．本書は当時，スコットランド神学界を牽引した代表的な神学者の一人，トーマス・F. トーランスの編纂によって，1958 年に James Clarke 社から出版され，その後しばらく絶版状態でしたが，21 世紀に入り，2005 年に Rutherford House と Christian Focus 社が共同の出版元となり，これまでのハードカバーからペーパーバックの廉価版に新装再版されました．

　日本では著者のロバート・ブルースについてはほとんど紹介されたことがなく，『キリスト教大辞典』（教文館より刊行）にもその名の記載はありません．また，現在進行中の同辞典の改訂版に新たに追加される予定もないため，日本の多くの教会関係者にとっては「知る人ぞ知る」人物です．しかし，そうした日本の現状とは裏腹に，近年，ブルースの聖餐論と説教は母国スコットランドで再評価され，特に 2005 年の再版である本書に序文を寄稿したデヴィッド・シールの貢献によって，次の 2 冊の説教集が次々に刊行されました．

- Robert Bruce,(David C. Searle Tr. & Ed.) *"The Way to True Peace and Rest: Six Sermons on Hezekiah's Sickness Isaiah 38;1-22"* The Banner of Truth Trust (Puritan Paperbacks), 2017.
- Robert Bruce,(David C. Searle Tr. & Ed.) *"Preaching Without Fear or Favour: Previously Unpublished Sermons on Hebrews 2"*, Christian Focus, 2019., Christian Focus, 2019.

　また，訳者がかつて『長老教会の大切なつとめ』（一麦出版社，2010 年）を翻訳した，スコットランド自由教会の教義学者ドナルド・マクラウ

ド（Donald McLeod）の近書 "*Therefore the Truth I Speak: Scottish Theology 1500-1700*"（Mentor, 2020.）で，彼は全13章の構成のうち，第6章をロバート・ブルースひとりに焦点を当てて論じています．

このように近年，母国スコットランドで再評価されているロバート・ブルースの代表作である本書を日本語で刊行できることをとても嬉しく思います．本書が日本におけるスコットランドの宗教改革研究の進展に多少でも寄与できれば幸いです．特に，聖餐をめぐる理解が地滑り的に崩れつつあるここ数十年間の日本のプロテスタント教会においては，本書により，スコットランドの長老教会の歴史に深く浸透した聖餐論をとおして，聖餐の意義を再確認し，学び直すことは非常に意義のあることだと確信します．

さて，本書は彼が実際に語った5篇の説教です．編集者のトーランスはこの説教集について，序文でこう述べていました．「神学生としてエディンバラ大学のニュー・カレッジに入学してからも，H. R. マッキントッシュ教授の強い薦めもあり，この説教集をより深く学ぶ機会が与えられました．マッキントッシュ教授自身が講じていた主の晩餐に関する講義内容の多くの部分が，ブルースの説教から多くの示唆を得たものであり，スコットランド教会におけるサクラメントの伝統のまさに核心部分として，これまで以上にそれらを大切にすべきことを教わりました」．この引用から，トーランスが「スコットランド教会におけるサクラメントの伝統のまさに核心部分」としてこの説教集で示される聖餐論を非常に高く評価しているのがわかります．

さらに，マッキントッシュ教授への言及がみられるように，実はエディンバラ大学ニュー・カレッジの歴代の神学教授たちが，本書『主の晩餐の奥義』と深く関わってきました．この説教集は，初めて出版された1590年以降，さまざまな編纂者のもとで出版され続けてきました．スコットランドでは，1843年にウィリアム・カニンガム（William Cunningham: 1805-61年）によって，さらに1901年にはジョン・レイドロー

（John Laidlaw: 1832-1906年）によって刊行されていますが，二人ともエディンバラ大学のニュー・カレッジ（神学部）の教授でした．こうした経緯からも，先のトーランスの引用が示すように，ニュー・カレッジに入学した神学生たちが代々と教わってきた聖餐論は，ブルースから少なくない影響を受けていたものと考えられ，後にトーランスが編纂者になったのも，そうしたニュー・カレッジの学統の必然だったと言えるでしょう．

　ブルースは著作を次々に生み出す執筆家ではなく，説教を語り続け，教会と共に生きた牧会者でした．『主の晩餐の奥義』も聖餐について論じた「神学論文」集ではなく，セント・ジャイルズ教会の説教壇から一般の教会員に語られた説教です．16世紀という宗教改革時代のブルースの貢献を知るためには，本書の主題となっている「聖餐」の文脈からだけでなく，説教者としての「説教」の文脈から捉えていく必要があります．たとえば，17世紀前半のスコットランド教会において最も重要な役割を担った牧師アレクサンダー・ヘンダーソン（Alexander Henderson: 1583-1646）は，ブルースの説教と深い縁がありました．ヘンダーソンは，1614年頃までは，主教制度支持者の一人とみなされていました．彼は1614年に牧師としてルーチャーズ教会に着任したものの，この人事は長老派の有力者たちが願っていたものではありませんでした．そのことで苦悩していたこの牧師は，ある日，秘密裏にブルースの説教を聞きにフェルガンに足を運び，そこでブルースが語る説教を聴いたのがきっかけで，決定的に長老派に回心したと言われています．これは一例ですが，等しく説教の務めを担う同労者からの「説教者」としてのブルースの評価が非常に高いことは，本書の序文に記された証言からもはっきりと窺えます．もっとも，大学での神学の学びを終えたばかりのブルースが，改革者ノックスが牧師を務めたセント・ジャイルズ教会に牧師として招聘されたことそれ自体が，彼に具わる説教の賜物の豊かさを雄弁に物語っているでしょう．宗教改革後のスコットランド教会史において重要な役割を担った説教者ロバート・ブルースが，当時の一大

論争をひき起こした聖餐（主の晩餐）に関して，教会員に向けてどのように説教をしたのか，またその説教の内容が，編纂者であるトーランスをして，上記のとおり「スコットランド教会におけるサクラメントの伝統のまさに核心部分」とまで言わしめたのかを，読者諸氏は本書から読み取り，感じ取ることができるのではないでしょうか．なお，説教として語られた内容であることを考慮して訳文は口語調で整えました．そして，本文中での聖書引用は聖書協会共同訳（2018年）からのものであることを申し添えておきます．

　私事ですが，一麦出版社からの訳書の刊行も本書で10冊めを数えます．振り返れば，それらすべての「訳者あとがき」で言及してきた日本基督教団大阪南吹田教会牧師の秋山英明先生には，今回も事前に訳稿に目をとおしていただき，貴重な助言を数々いただきました．10冊の節目に，20年を超えても変わらない秋山英明先生の友情と献身に対し，衷心より感謝と敬意を申しあげます．なお，本書の訳文における至らない点はすべて訳者に帰すものであり，読者の皆様からの御叱正をお願いする次第です．

　今回も最後になりますが，著訳書の刊行に際しては常々御支援をいただいている一麦出版社の西村佳勝氏に，重ねて感謝を申しあげます．

Soli Deo Gloria

2024年12月
仙台市にて
原田浩司

主の晩餐の奥義

発行............	2025 年 4 月 22 日　第 1 版第 1 刷発行
定価............	［本体 2,200 ＋消費税］円
著　者........	原田浩司
発行者........	西村勝佳
発行所........	株式会社一麦出版社
	札幌市南区北ノ沢 3 丁目 4 - 10　〒005 - 0832
	TEL (011)578 - 5888　FAX (011)578 - 4888
	URL https://www.ichibaku.co.jp/
	携帯サイト http://mobile.ichibaku.co.jp/
印刷............	モリモト印刷株式会社
製本............	根本製本株式会社
装釘............	鹿島直也

©2025, Printed in Japan
ISBN978-4-86325-165-6 C0016 ￥2200E
落丁本・乱丁本はお取り替えいたします。

一麦出版社の本

原田浩司
〈スコットランド信仰告白〉による信仰入門
──歴史・本文・講解

聖霊と改革者の熱い息吹が注がれた歴史的な信仰告白から教理の要点を学び、今日を生きる教会の確かな信仰の盾とする．
A5判　定価[本体1,600＋税]円　ISBN9784863251335

ドナルド・K. マッキム　原田浩司訳
カルヴァンと共に祈る日々

祈りをめぐりカルヴァンとマッキムがタッグを組んだ！　二人がわたしたちを祈りの人へと導く．
四六判　定価[本体2,000＋税]円　ISBN9784863251267

デヴィッド・ディクソン著　原田浩司・石田静江訳
長　老
──そのつとめと実践

長老の召命の厳粛さと重要性を伝える古典的名著．神の民の群れを導く治会長老のつとめとは．
A5判　定価[本体2,000＋税]円　ISBN9784863251168

ドナルド・K. マッキム　原田浩司訳
長老教会の問い，長老教会の答え 2
──キリスト教信仰のさらなる探求

新たな問いに，前著で取り上げた問いにも視点を変えて，わかりやすく答える．信仰の足腰を鍛えるために．
A5判　定価[本体2,000＋税]円　ISBN9784863250536

ドナルド・K. マッキム　原田浩司訳
長老教会の信仰
──はじめての人のための神学入門

専門的な言葉遣いを避け，鍵となる神学的な主題をめぐって，長老教会が何を信じているのかを明確に説明する．
A5判　定価[本体2,000＋税]円　ISBN9784863250093

ルイス・B. ウィークス　原田浩司訳
長老教会の源泉
──信仰をかたちづくる聖書の言葉

聖書によって形作られる信仰の基礎を，長老教会の伝統の中で大切にされてきた聖書箇所から学ぶ．
A5判　定価[本体2,000＋税]円　ISBN9784863250642

ドナルド・マクラウド　原田浩司訳
長老教会の大切なつとめ
──教会の優先課題を考える

会衆席に受身で座っているだけでいいのか？　教会が優先すべき課題とは何か？　このきわめて差し迫った大切なテーマに切り込む．
A5判　定価[本体2,000＋税]円　ISBN9784863250321

ドナルド・K. マッキム　原田浩司訳
宗教改革の問い，宗教改革の答え
──95の重要な鍵となる出来事・人物・論点

キリスト教界全体を劇的に変えた複雑な宗教改革の全体像をマッキムが明快に整理．最良の書！
A5判　定価[本体2,000＋税]円　ISBN9784863251069